무령왕, 신화에서 역사로

무령왕,
신화에서
역사로

정재윤 지음

푸른역사

백제는 고구려, 신라와 더불어 삼국시대를 이끈 한 축이었다. 그중 고구려는 광개토왕과 장수왕 때 북방의 여러 나라와 자웅을 겨루는 동북아시아 강국으로 등장하였다. 우리가 고구려에 주목하는 것은 만주 벌판을 질주하는 민족의 역동성을 느낄 수 있기 때문이다. 신라는 후발 국가였지만 결국 삼국을 통일하여 오늘날 민족문화의 형성과 발전이라는 측면에서 주목을 받았다.

그렇다면 백제는 어떠한가? 한 설문조사에서 '백제' 하면 떠오르는 이미지를 물었더니 삼천궁녀, 낙화암, 의자왕, 계백 등 백제 멸망에 관한 응답이 70퍼센트에 육박하였다. 고대로부터 많은 나라의 부침이 있었고 백제도 그중 한 나라인데, 유독 멸망의 이미지가 강하다. 백제사를 30년 넘게 연구한 필자로선 그 장막을 걷어내는 역할을 하고 싶었다. 그것이 이 책을 구상하게 된 배경이다.

백제 하면 떠오르는 또 다른 이미지로 근초고왕과 성왕을 들 수 있다. 근초고왕은 백제의 전성기를 구가한, 대표적인 정복군주로 알려져 있다. 하지만 관련 사료가 턱없이 부족해 근초고왕의 실체를 밝히기에는 한계가 있다. 사극 드라마로도 제작되었지만, 작가의 상상력에 지나치게 의존한 결과 백제에 관한 관심을 진작시키기에는 역부족이었다. 성왕은 사비 천도를 단행하여 백제 통치 체제를 완비한 군주로 평가받지만, 신라와의 관산성 전투에서 전사하는 비극적인 결말이 멸망의 이미지와 연결되기도 한다.

백제 역사와 문화에 관한 관심과 실체를 드러낼 수 있는 인물로 고심 끝에 선택한 사람이 무령왕이다. 무령왕은 고구려와의 한성 전투에서 패한 백제가 웅진으로 천도한 이후 혼란에 빠진 정국을 수습하여 백제를 중흥시킨 군주로 알려져 있다. 실제로 무령왕은 521년 중국 양梁나라에 사신을 보내, '고구려를 수차례 격파하여 다시 강국이 되었다'라고 선언하였다. 그리고 1971년에 온전한 상태로 발견된 무령왕릉은 백제 문화의 우수성을 만방에 드러냈다. 살아서, 그리고 죽어서도 백제를 강국으로 만든 장본인인 무령왕은 백제의 대표적인 인물로 보기에 손색이 없는 것이다.

삶을 들여다보면 더욱 흥미진진하다. 왕궁이 아니라 가카라시마各羅嶋라는 일본의 외딴 섬에서 태어난 무령왕은 태어나자마자 아버지인 곤지와 헤어졌다. 그리고 501년 이복동생인 동성왕이 정변에 시해되자 불혹의 나이에 왕으로 즉위하였다. 탄생과 즉위가 드라마틱한 것이다. 왕자로서 순탄치 않은 삶을 산 인생 역정이 백제의 고난과 겹쳐지면서, 무령왕은 만들어진 영웅이 아니라 자수성가형 실천적 인간으로 자리매

김한다.

왕으로서 남긴 성취도 대단하다. 섬진강과 영산강 유역의 지배를 확고히 하여 숙적인 고구려를 격파할 수 있는 기반을 만들었다. 통치 체제를 정비하고 국정 지배력을 견고히 하여 백제의 국력을 강화하기도 하였다. 필자가 무령왕을 다시금 주목하는 가장 중요한 이유는 바로 백성들을 위한 위민爲民 정치를 실천하였다는 점이다. 오랜 전쟁의 상흔으로 유망流亡한 백성들에게 농사를 지을 수 있는 기반을 마련해준 것은 실천적 지도자로서의 무령왕이 이룩한 가장 큰 치적이었다.

빠뜨릴 수 없는 무령왕의 또 하나의 치적은 동아시아 교류를 주도하였다는 사실이다. 무령왕은 경남 하동의 대사 지역을 확보하여 일본 열도의 왜倭와 직접 교류할 수 있는 바닷길을 열었고, 남해안의 거친 항로를 보완하는 섬진강 통로도 개척하였다. 무령왕 때 확립된 바닷길을 통해 한자와 불교, 유교와 율령이라는 동아시아의 공유 문화가 왜에 전파되어 일본 고대 국가의 형성과 아스카 문화 형성에 크게 공헌하였다. 무령왕릉에서 출토된 중국과 일본, 그리고 동남아시아산 유물은 무령왕 대 백제의 개방성과 국제성을 단적으로 보여주는 명백한 증거이다. 또한 6세기 초반 중국에서 제작된《양직공도梁職貢圖》라는 화첩에는 무령왕이 보낸 사신의 모습이 생생하다. 그렇게 무령왕은 개방성과 국제화를 선도했던, 시대를 앞선 선각자였다. 이는 필자가 무령왕을 선택하게 된 결정적인 이유이기도 하다.

한꺼번에 백제를 다 보여줄 수는 없다. 가장 백제적인 인물을 선택하여 백제의 이미지를 바꾼다면, 이후 백제에 관한 관심이 높아지고 내용도 더욱 풍부해지리라 확신한다. 독자의 판단을 두려워하면서도 감히

이 책을 저술한 이유다.

한국 고대사, 그중에서도 백제사는 사료가 매우 부족하여 글을 전개하는 데 곤란한 점이 많다. 그렇다고 기록에만 의존하기에는 기록 자체가 역사적 사실을 진정으로 보여주는 것인가 하는 의구심이 해결되지 않은 상황이다. 따라서 고대사의 특성상 사료 비판과 역사적 상황을 제시하여 논리적으로 타당성 여부를 검증받고자 한다.

《무령왕, 신화에서 역사로》역시 사료를 줄기로 삼되, 부족한 지점은 최대한 역사적 상황에 맞게 재구성할 것이다. 역사적 줄기에 부합되는 방향에서 무령왕에 대한 이해도를 높이기 위해 무령왕 옆에서 그를 지켜본 것 같은 묘사도 시도할 것이다. 그것이 역사를 덮어버리는 우를 범하지 않도록 최대한 절제하겠지만 책임은 필자가 감당해야 할 몫이다. 아무쪼록 백제의 실체에 다가서기 위한 필자의 진정성과 노력이 독자들에게 잘 전달되었으면 하는 바람이다.

책의 길라잡이

이 책은 먼저, 무령왕을 다시 역사의 수면 위로 떠오르게 한 무령왕릉의 발굴과 그 성과를 음미하는 것으로부터 시작하고자 한다. 1971년 무령왕이 발굴된 지 50여 년이 지난 현 시점에 무령왕은 백제의 역사와 문화를 중흥시킨 군주로 각인되고 있지만 한편으로 이를 견인한 무령왕릉의 발굴 그 자체가 신화화된 측면도 없지 않다. 이에 1부에서는 '백제사의 역주행, 무령왕릉 발굴'이라는 주제로 무령왕의 역사적 실체에 접근하고자 한다.

2부 '탄생과 성장'에서는 무령왕의 탄생 설화에만 초점을 맞추던 기존의 연구에서 탈피하여 무령왕의 탄생과 성장 과정을 최근의 고고학적 성과와 연결하여 풀어보고자 한다. 무령왕의 성장지인 규슈 일대와 곤지와 동성왕의 근거지인 가와치 지역은 백제 역사를 새롭게 이해할 수 있는 토대가 될 것이다.

3부에서는 무령왕이 백제에 입국하여 왕으로 즉위하게 된 과정을 서술하고자 한다. 동성왕의 즉위와 왕권 강화에 도움을 주었지만 끝내 내쳐진 무령왕이 민심을 얻는 과정이 그려질 것이다. 동성왕이 권력에 취해 몰락의 수렁에 빠졌을 때 무령왕이 그 대안으로 떠오르면서 권력을 거머쥐게 된 경로를 이해하게 될 것으로 기대된다.

끝으로 4부에서는 백제를 중흥시킨 무령왕의 실체를 살펴볼 것이다. 대부분 백제가 고구려를 여러 차례 격파하며 다시 강국으로 등장하게 되었다는 사실만 알고 있을 뿐 어떻게 해서 백제가 강성해질 수 있었는지는 잘 모른다. 이 책을 통해 무령왕이 어떤 나라를 꿈꾸었고, 어떻게 실천에 옮겼는지를 하나하나 가까이서 지켜보게 될 것이다. 이를 통해 무령왕 이야기가 더 이상 신화의 영역에 머무는 것이 아니라 역사의 당당한 한 축으로 자리 잡을 수 있는 계기가 되었으면 한다.

2021년 9월
정재윤

차례: 무령왕, 신화에서 역사로

IV부 갱위강국 更爲强國

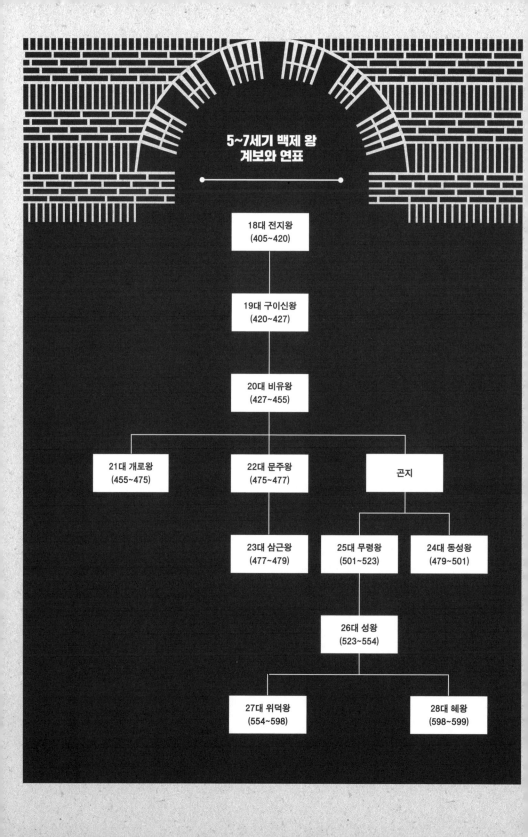

5~7세기 백제 왕
계보와 연표

18대 전지왕
(405~420)

19대 구이신왕
(420~427)

20대 비유왕
(427~455)

21대 개로왕
(455~475)

22대 문주왕
(475~477)

곤지

23대 삼근왕
(477~479)

25대 무령왕
(501~523)

24대 동성왕
(479~501)

26대 성왕
(523~554)

27대 위덕왕
(554~598)

28대 혜왕
(598~599)

18대 전지왕	아신왕 6년(397) 5년(409)	왜국에 볼모로 파견되다 사신을 왜국에 보내다
19대 구이신왕	원년(420) 8년(427)	전지왕의 맏아들, 구이신왕 즉위하다 왕이 돌아가시다 고구려가 평양으로 천도하다
20대 비유왕	2년(428) 4년(430) 7년(433)	왜국의 사신 50인이 오다 송宋으로부터 작위를 받다 신라와 화친하다
21대 개로왕	4년(458) 7년(430) 18년(472) 21년(475)	송에 신하들의 관작을 요청하다 곤지를 왜에 파견하다 북위北魏에 사신을 보내다 한성이 함락되고 왕이 살해되다
22대 문주왕	원년(475) 3년(477)	도읍을 웅진으로 옮기다 4월 곤지를 내신좌평으로 삼고, 맏아들 삼근을 태자로 책봉하다 7월 내신좌평 곤지가 죽다 9월 병관좌평 해구가 왕을 시해하다
23대 삼근왕	원년(477) 2년(478)	13세의 나이로 즉위하다 해구의 반란을 진압하다
24대 동성왕	6년(484) 22년(500) 23년(501)	남제에 사신을 파견하다 궁궐 동쪽에 임류각을 세우다 7월 탄현에 목책을 세워 신라에 대비하다 11월 백가가 자객을 보내 왕을 시해하다
25대 무령왕	10년(510) 13년(513) 21년(521)	제방을 쌓고 백성들을 농사짓게 하다 기문을 확보하다 11월 사신을 보내 양나라에 조공하고, '누파구려 갱위강국' 표문을 올리다 12월 양 고조가 왕을 책봉하다
26대 성왕	2년(524) 16년(538) 19년(541) 32년(554)	양 고조가 왕을 책봉하다 도읍을 사비로 옮기고, 국호를 남부여라 칭하다 양나라에 모시박사와 열반경 등을 요청하다 관산성 전투에서 전사하다
27대 위덕왕	14년(567) 17년(570) 24년(577) 28년(581)	능사를 창건하다 제齊나라가 왕을 책봉하다 왕흥사를 창건하다 수隋나라가 왕을 책봉하다
28대 혜왕	원년(598) 2년(599)	성왕의 둘째 아들, 혜왕이 즉위하다 왕이 돌아가시다

프롤로그
5~6세기 한반도의 전운

백제의 달콤한 승리, 평양성 전투

평양은 고대 사회 초기에 한반도의 정치 중심지였다. 중국 대륙으로
부터 선진 문물과 제도가 수입되는 길목이었기에 이점이 많았고, 고
조선의 도읍과 낙랑군의 중심지가 평양이었던 것도 다 이유가 있었던
것이다.

낙랑과 대방군이 한반도에서 축출된 이후 이곳을 차지하기 위한 치
열한 싸움이 전개되었다. 평양 일대를 차지하는 세력이 정치적 영향력
을 확대할 수 있었기 때문이다. 이에 압록강과 동가강 일대를 평정하고
강국으로 등장한 고구려가 점차 한반도로 남하를 추진하였고, 한강 일
대를 중심으로 성장한 백제도 마한을 복속시킨 후 북상하면서 두 나라
사이의 충돌은 불가피했다.

371년 벌어진 평양성 전투는 두 나라 전쟁의 분수령이었다. 이 전쟁에서 백제는 고구려 고국원왕을 패사시킴으로써 우위를 점하였다. 전쟁을 주도한 왕은 백제의 대표적인 정복군주로 알려진 근초고왕(재위 346~375)이다. 왕은 여세를 몰아 372년 중국 동진과 통교하여, 동진으로부터 '진동장군영낙랑태수鎭東將軍領樂浪太守'라는 작호를 받았다. 중국의 관점에서 낙랑은 한반도를 지칭하는 정치적 수사이다. 근초고왕에게 진동장군이라는 3품의 관작과 낙랑태수를 거느린 직책을 준 것이다. 근초고왕의 이러한 책봉은 백제가 명실상부하게 한반도를 대표하는 세력으로 인정받았음을 말해준다 하겠다.

광개토왕과 장수왕의 등장 그리고 평양 천도

난세는 영웅을 낳는 법이다. 백제에 근초고왕이 있었다면 고구려에는 광개토왕(재위 391~412)과 장수왕(재위 413~491)이 있었다. 고구려를 동북아시아 강자 반열에 우뚝 솟게 한 이들이 잇따라 등장한 것은 백제에게는 매우 불운한 상황이었다. 광개토왕은 중국과 북방 민족들에게 고구려의 존재를 널리 드러내면서 한반도에서도 남하를 추진하였다. 파죽지세로 내려오는 고구려에 밀려, 백제 아신왕은 396년 굴욕적인 항복으로 목숨을 부지할 수밖에 없었다. 397년 일본 열도에 태자인 전지를 파견하여 왜와 군사 협력 체제를 모색한 것도 이러한 힘의 열세를 극복하고자 한 노력의 일환이었다. 정복군주 광개토왕의 등장이 백제와 왜에게 공포감을 심어주었고, 그에 따라 국제적인 합종연횡이 시작된 것이다.

광개토왕은 아홉 개 사찰을 세우는 등 민심을 수습하여 평양을 고구려의 중심지로 만드는 사전 작업을 하였다. 뒤를 이은 장수왕은 427년 평양으로 도읍을 옮기는 대역사를 추진했는데, 이는 고구려가 확실하게 한반도에 중심을 두는 승부수를 던졌다는 것을 말해준다. 요동 일대에서 중국 및 북방 민족들과의 치열한 경쟁에 밀리지 않기 위해 한반도를 평정하고 그 힘을 배경으로 이들과 싸우려는 전략을 취한 것이다. 일종의 이보 전진을 위한 일보 후퇴인 셈이다.

이러한 고구려의 남하 정책에 대응하여 백제 비유왕은 433년 신라와의 적대적 관계를 청산함으로써 이후 군사적으로 협력할 수 있는 틀을 만들었다. 신라와 왜, 가야까지 참여한 백제 중심의 반고구려 연합전선이 형성된 것이다.

백제와 고구려는 주몽을 시조로 모시는 부여족이 세운 형제의 나라였다. 두 나라는 부여에서 파생했지만, 주변의 나라들을 점차 통합하면서 어느덧 한반도의 패권을 다투게 된 것이다. 처음에는 백제와 고구려의 전면전이었지만 힘에 밀린 백제가 주변 세력들을 규합하여 공동으로 대응하는 양상으로 치달았다. 그 와중에 고구려 고국원왕(재위 331~371)이 전사하였고, 백제 아신왕(재위 392~405)은 동생과 대신을 왜에 인질로 보내야 하는 치욕을 겪어야 했다.

백제와 고구려의 전력, 마이너 리그와 메이저 리그

고국원왕의 전사는 고구려엔 치욕이었지만 백제 근초고왕은 정복군주로서의 명성을 얻는 계기가 되었다. 그래서 일반적으로 백제가 근초고왕 때 고구려와의 전쟁에서 일방적인 우위를 점했다고 생각하지만 이는 오해이다. 실제 근초고왕 때 두 나라 사이에 네 차례의 전쟁이 있었는데 고구려가 세 차례나 선제 공격하였고 백제는 반격을 하는 양상이었으며 371년 평양성 전투에서만 선제 공격을 하였다. 이처럼 백제가 강성했던 근초고왕 때에도 고구려가 주도권을 쥔 상황이었다.

그렇다면 어떻게 해서 백제가 371년 평양성에서 고구려를 이길 수 있었을까. 이는 전쟁에 임하는 백제와 고구려의 자세가 달랐기 때문이다. 고구려는 당시 북쪽 방면에서 새로운 패자로 등장한 전연前燕과 치열한 전쟁을 벌였지만 결국 355년 전연에 인질을 보내고 조공을 하면서 굴복할 수밖에 없었다. 서북 방향으로의 진출이 막힌 고구려의 출구는 남쪽이었고, 이에 남진 정책을 적극적으로 추진한 것이다. 반면에 백제는 대방군이 축출된 황해도 지역으로 북상하여 이곳의 물적·인적 자원을 흡수하고자 했다.

이미 두 나라의 충돌이 예견된 상황이었기 때문에 백제는 고구려와의 전쟁에 대비하였다. 366년 신라 및 왜와 통교하고, 369년 마한을 정벌하고 가야에서 왜로 이르는 길을 개척하는 등 만반의 준비를 한 것이다. 이에 반하여 고구려는 전연과 오랜 기간 전쟁을 치르면서 남으로 진출 방향을 틀었지만, 이는 궁여지책이었지 전력을 다한 전쟁이 아니었다. 요컨대 두 나라 전력의 차이가 아닌 백제의 주도면밀한 준비가 있었기에 가능한 승리였다.

과연 당시의 백제와 고구려의 전력은 어떠하였을까. 섣불리 두 나라의 우열을 논할 수는 없으나 객관적인 전력 비교는 가능하다.

우선 무대가 다르다는 점이다. 고구려가 속해 있는 요동 지역은 서남쪽으로는 중국, 서북쪽으로는 북방 민족이 있는 곳이다. 중국은 선진 문물과 제도를 바탕으로 체계화된 국가이기 때문에 동북아시아의 정세를 주도할 수 있었다. 그리고 북방 민족들은 유목을 생업으로 하는 국가로서 기동성과 전투력이 뛰어나 힘을 결집하면 막강한 파괴력을 지닌 집단이 된다. 세계사에 커다란 발자취를 남긴 몽골이 좋은 예다.

당시 북방의 패자로 등장한 세력은 선비족이 세운 연나라였다. 이들은 말을 잘 다루는 민족이었다. 기동력을 갖춘 기마민족의 등장에 주변 국가들은 이들과 대적할 수 있는 새로운 전술을 개발하였다. 고구려는 연나라와 싸우면서 자연스럽게 전력이 매우 강해졌다. 고구려와 연나라의 싸움은 당시의 최첨단 무기와 전술이 등장하는 경연장이었으며, 야구에 비유하면 가장 수준이 높은 메이저 리그라 할 수 있다.

반면 백제가 속한 한반도 중남부 일대는 상황이 달랐다. 백제가 주변 세력들과의 경쟁에서 우위를 점하고 장차 동아시아 강자로 도약을 꿈꾸기는 했지만 고만고만한 세력들이 다투는 이 지역의 각축전은 야구로 치면 트리플 A단계 정도의 마이너 리그 수준이었던 것으로 평가된다.

이처럼 백제와 고구려는 객관적인 전력에서는 분명한 차이가 있었지만, 실제 전쟁 양상은 다르게 전개되었다. 백제는 주변 국가들과 교류하면서 대외적인 안정을 확보하고, 마한을 정복하여 후방을 안정시키

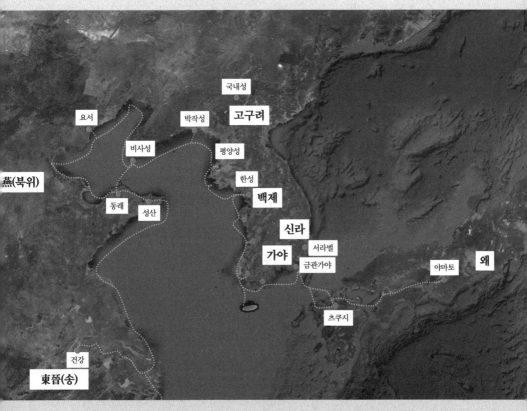

4~5세기 동아시아 형세와 항로

당시 동아시아 항로는 육지에 일정한 거리를 두고 항해하는 연안 항로였다. 따라서 한반도의 서남해안에 위치한 백제는 중국과의 항로를 장악하고 있었다. 이러한 지리적 조건은 백제가 주변 나라와의 군사적 협력을 가능하게 하는 요인이 되었다. 중국은 당시 남북조 대치 국면으로 북쪽에는 북위가 주변을 통합하였으며, 남쪽에는 동진을 이어 송나라가 건국하였다.

는 동시에 이들의 물적·인적 자원을 활용하여 만반의 준비태세를 갖추었다. 고구려는 북방이 불안하였으며, 백제보다 전력상 우세하다고 생각하였기 때문에 긴장감도 상대적으로 덜하였다.

이와 같은 상황에서 단기전을 치르면 누가 이길까? 고구려의 상황에 따라 백제에도 충분한 승산이 있었다. 백제 근초고왕이 거둔 승리는 이처럼 여러 가지 상황과 각고의 노력이 합쳐진 극적인 승리였다.

대고구려 강경론자, 개로왕의 집권

427년 고구려의 역사적인 평양 천도가 이루어지자 433년에 신라가 고구려 세력권에서 벗어나 백제와 협력관계로 돌아서는 등 주변에서는 여러 갈래의 소용돌이가 일고 있었다. 그러나 장수왕의 집권 이후 백제와 고구려는 이상하리만큼 직접적 충돌이 없었다. 이러한 소강상태에는 두 나라 모두 피치 못할 사정이 있었다.

먼저, 고구려는 평양 천도에 따른 내부 정비 시간이 필요했을 것이다. 국내성에서 평양으로 천도하면서 국내성에 기반을 둔 구 귀족들의 반대가 만만치 않았다. 수도의 이전은 곧 세력 개편을 뜻하는 것이므로 국내성에 기반을 둔 귀족들로선 엄청난 재앙이었다. 평양으로 도읍을 옮긴 이후에 시스템을 갖추는 것도 만만치 않았을 것이다. 이처럼 고구려는 내부 정비에 우선적인 비중을 두었다.

반면, 백제는 고구려와의 전쟁에서 힘의 열세를 절감하였다. 왜까지 끌어들였으나 고구려의 공세에 속수무책이었다. 이럴 때 어떤 방향을 취하는 것이 현명했을까. 고구려의 힘을 인정하고 타협을 통해 실리를 취하기, 힘에는 힘으로 맞서기, 주변 세력을 끌어들여 고구려의 남하에 대비하면서 추세를 살펴보기 등 다양한 의견이 있을 수 있다. 이 중 가장 지지를 받은 방안은 현 상황을 인정하자는 것이었다.

진씨 세력에서 해씨 세력으로의 권력 교체

근초고왕이 정복군주로서 명성을 떨칠 수 있었던 것은 내부적인 뒷받침이 있었기에 가능하였다. 진고도는 근구수왕의 장인으로, 내신좌평이라는 최고의 직책을 맡아 국정을 장악하였다. 이후 백제 왕들은 진씨를 왕비로 맞이하여 진씨 왕비족 시대를 열었다. 진씨의 강력한 지원을 받으면서 백제 왕은 내부적으로 안정을 확보한 것이다.

그러나 왜에 있던 태자 전지가 귀국하여 즉위하려 할 때 숙부인 설례가 섭정하고 있던 형 훈해를 죽이고 스스로 왕이 되는 비상 상황이 발생하였다. 이때 한성인 해충이 전지왕을 도와 즉위시키는 일등공신이 되어 이후 해씨가 권력을 장악하게 된다. 이처럼 해씨가 최고의 귀족으로 등장한 것은 진씨가 계속된 고구려와의 전쟁에서 패한 것이 가장 큰 요인이었다. 무능함이 드러난 진씨가 이를 무마하기 위해 무리수를 두다가 해씨에게 주도권을 빼앗긴 것이다.

405년 왜에서 귀국한 18대 전지왕(재위 405~420)을 옹립하면서 백제 최고의 권력으로 등장한 해씨 세력도 기반을 다지기 위한 시간이 필요했다. 백제 최고의 귀족이었던 진씨 세력이 대고구려전에서 밀리면서 급격하게 세력이 약해진 상황을 고려하면 모험을 할 필요가 없었다. 두 나라 모두 이런저런 이유로 잠시 관망의 자세를 취한 것이다.

백제와 고구려의 소강상태는 어디까지나 일시적이어서 전지왕 이후 해씨 세력이 집권한 기간인 구이신왕(재위 420~427)과 비유왕 재위 시기(427~455)에 불과하였다. 고구려는 455년 백제 21대 개로왕(재위 455~475)이 즉위하자마자 백제를 공격했는데, 이는 고구려가 개로왕의 즉위를 달가워하지 않았다는 발로이기도 하다. 그렇다면 고구려는 왜 개로왕 정권에 대해 의구심을 품었을까.

먼저, 개로왕의 즉위가 순탄치 않았다는 점을 들 수 있다. 《삼국사기》에 따르면 선왕인 비유왕은 검은 용이 출현한 이후 죽음을 맞이하였다. 보통 용은 임금을 상징하고, 검은 것은 불길함을 뜻한다. 따라서 역사가들은 이 기사를 비유왕의 신변에 발생한 변고를 의미하는 것으로 보고 있다. 이쯤 되면 백제 왕위를 둘러싼 치열한 권력 투쟁이 벌어졌다는 점 정도는 충분히 짐작할 수 있다.

실제 개로왕의 즉위 후 권력에 큰 변화가 일어났다. 이제까지 권력의 핵심 세력이었던 해씨가 정계에서 사라지고, 정치는 왕족 중심으로 운영된다. 집권 이후 대고구려 유화 정책을 추진했던 해씨 세력이 권력에서 배제되었다는 것은 고구려에 대해 강경 정책을 추진한 인물이 집권 세력이 되었다는 것을 말해준다. 실제 개로왕은 한강 이북에 있는 쌍현성을 수리하고 국경 요새에 청목령을 설치하는 등 고구려와의 전쟁에 대비하였다. 이제 두 나라 사이에 서서히 전운이 감돌기 시작한 것이다.

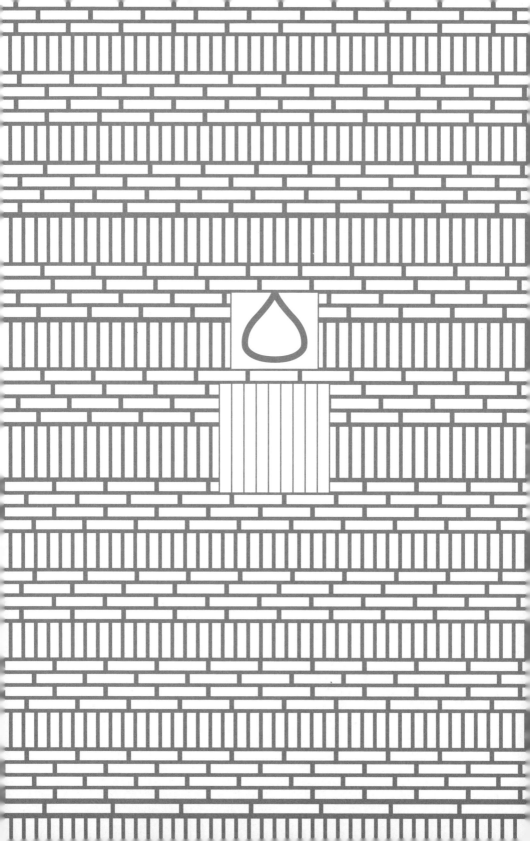

I부

백제사의 역주행,

무령왕릉 발굴

1,500여 년 만에 드러난 무령왕릉

운명의 그날, 삽자루에 걸린 벽돌

무령왕릉이 발견되기 전 공주박물관은 작은 도시의 보잘것없는 박물관에 불과했다. 발굴 당시 김영배 박물관장의 증언에 의하면 박물관 존폐설이 나돌 정도로 매우 열악한 상황이었다 한다. 백제의 수도였던 공주를 생각하면 상상이 되지 않지만, 사실 지금도 국립공주박물관이 대부분 무령왕릉 출토 유물을 중심으로 최근 발견된 유적과 유물을 전시하고 있는 상황을 감안하면 수긍이 가는 면도 있다. 광복 직후 인계받은 유물이 고작 230여 점에 불과했다니 기가 찰 노릇이다.

노심초사하던 김영배 관장은 1971년 7월 4일 돼지꿈을 꾸었다고 한다. 산돼지가 박물관 정원에서 나무를 손질하고 있던 자신에게 덤벼들기에 진땀을 흘리며 필사적으로 도망 다니다가 겨우 꿈에서 깨어났다는 것이다. 하도 이상해서 한밤중에 박물관을 찾아갈 정도였으니 이상한 꿈이었음은 틀림없다.

김 관장의 길몽이 통했던 것일까. 운명의 그날, 장마철인 7월 5일 송산리 5호분과 6호분에 물이 스며드는 것을 막기 위한 작업이 진행되었다. 특히 6호분에는 사신도 벽화 때문에 찾는 이가 많아서 이 무덤으로 흘러내리는 빗물을 차단하기 위한 배수로 공사가 한창 이루어지고 있었다. 그런데 작업하던 인부의 삽에 강돌 하나가 걸렸다. 김영일 현장 소장은 무덤에 쓰는 돌이 있음을 의아하게 생각하며 조심스럽게 작업

무령왕릉 발굴 직전의 모습
1971년 무령왕릉 발굴 이전의 모습이다. 오른쪽에 송산리 5호분이,
왼쪽에 송산리 6호분의 봉분이 보인다. 중앙의 낮은 구릉이
발굴 이전의 무령왕릉이다.

을 지켜보았다. 아니나 다를까, 무언가 둔탁한 돌덩이가 걸렸다. 확신을 갖고 다른 곳을 파니 역시 돌덩이, 즉 벽돌이 걸린 것이다. 현장 소장은 이를 현장 감독관에게 보고했고, 이 소식을 듣고 제일 먼저 달려온 이는 김영배 관장과 공주대학교 안승주 교수, 공주교육대학교 박용진 교수였다.

정신없이 벽돌을 따라가자 드디어 무덤의 입구라는 것을 확신할 만한 윤곽이 드러났다. 역사적인 무령왕릉이 세상에 모습을 드러내는 순간이었다. 원래 배수로 공사를 할 때 송산리 6호분의 뒤 2미터 지점에서 파려고 했지만, 무덤과 너무 가까워 훼손될 위험이 있다고 4미터 지

무령왕릉 발굴 초기의 모습
무령왕릉을 본격적으로 발굴하기 이전의 모습으로
1971년 7월 7일 촬영한 자료이다. 벽돌 밑으로 아치형 모습이 보이는데,
이는 무덤 널문의 입구이다.

점에서 하는 것이 좋다는 의견이 있었고, 이를 두고 옥신각신 끝에 중간 지점인 3미터로 결정되었다. 그 결정이 무령왕릉을 극적으로 발견하는 계기가 되었다. 사실 이 지점은 무령왕릉 입구 천장부였으며, 조금만 비켜 갔어도 세상에 드러나지 못할 수 있었다니, 역사적 발견의 뒤안길에는 이처럼 우연의 손길이 작용하는 모양이다. 현장 소장인 김영일의 생일이 음력으로 5월 7일이며, 무령왕이 돌아가신 날짜가 5월 7일이라는 점도 마치 운명의 끈처럼 두 사람의 연을 맺게 해준 실타래가 아닌가 하는 생각도 든다.

발굴단이 구성되었고, 김원룡 서울대 교수가 단장에 임명되어 발굴을 지휘하게 되었다. 드디어 7월 7일 오후 4시 무덤의 입구를 막은 폐쇄 벽돌을 들어내는 작업을 했다. 하지만 석회 다짐을 한 폐쇄 벽돌을 파는 데 시간이 오래 걸렸다. 더욱이 비가 폭우로 변하면서 송산 위에서 내려오는 물이 무덤 속으로 들어올 가능성이 있어서 빗물을 다른 곳으로 보내는 배수로 작업을 병행해야 했다. 하늘이 뚫린 것처럼 갑자기 비가 퍼붓자 사람들 사이에는 무덤의 주인공이 노해서 그런 것이라는 소문이 나기도 했다. 그렇게 7일의 밤은 지나갔다.

돼지꿈이 현실로

단단한 입구를 본 발굴단은 누구도 건드리지 않은 완벽한 백제 왕릉이 틀림없다고 확신했다. 기대에 차서 폐쇄 벽돌을 거둬내기 전 간단한 위령제를 지냈다. 드디어 7월 8일 오후 4시 벽돌 한 장을 조심스럽게 빼내자 무덤 내부에서 응집된 공기가 분출되기 시작했다. 발굴에 참여한 조유전 소장의 증언에 의하면 마치 성에 같은 하얀 기운이 순간적으로 뿌옇게 눈에 서렸다가 이내 사라졌다 한다. 지금도 오래된 무덤에서 가스가 분출되기도 하는데, 아마도 오랜 세월 농축된 가스가 분출된 것으로 생각된다. 이는 무덤 내부와 바깥 공기와의 차이 때문에 일어난 현상이겠지만 사람들에게는 그 자체가 또 하나의 신화가 되었다. 혼이 연기로 변해 사라졌고, 바깥 공기가 들어가자 무령왕릉의 유물이 순식간에 썩고 관이 내려앉았다고 하는 등 확인되지 않은 소문이 공주 시내를 떠돌게 된 배경이다.

입구가 드러나자 김원룡 단장과 김영배 관장이 무덤 안으로 들어가서 처음 만난 것은 이상스러운 돌짐승이었다. 더욱이 여느 무덤에서 보

널길 입구에서 바라 본 무덤방 모습
아치형 막음벽돌을 제거하자 무덤의 모습이 드러났다.
유물을 수습하기 이전 찍은 사진으로 묘지석 뒤로 석수가 무덤 입구를
바라보고 있는 모습이 특이하다. 벽돌 틈새를 비집고 나온 아카시아나무 뿌리들이
입구 주위에 늘어져 있다.

무덤방 유물 출토 모습

널길을 지나 무덤방 내부를 찍은 사진이다.
정면에 등감이 보이고, 4평平 1수竪로 정연하게 쌓은 벽면이 보인다.
널브러진 관재官材 사이로 붉은색 왕비의 베개 바닥면이 보인다.

이는 것처럼 나무뿌리가 무덤 안으로 뻗어 나와 괴기스러운 분위기를 더했다. 두 사람의 놀람은 충분히 짐작된다. 그런데 이 무슨 조화인가! 눈이 어두운 무덤에 적응하자 드러나는 돌짐승은 바로 김영배 관장이 꿈에서 본 돼지와 비슷했다. 하늘이 인도해준 것인지 몰라도 김영배 관장과 돼지의 인연이 세기적 발굴의 한 장면을 이끌었다 하면 지나친 상상일까? 무령왕릉은 이처럼 많은 인연과 신화를 남기며 우리 앞에 드러난 것이다.

무덤 안에는 세월의 흔적을 나타내듯 무너진 관대와 유물이 널브러져 있었다. 다행히도 고대 무덤으로는 유일하게 묘지석이 발견되어 이 무덤의 주인공이 누구인지 알 수 있었다. '영동대장군 백제 사마왕'이라는 작호에서 무령왕임이 밝혀진 것이다. 이 놀라운 소식이 전해지자 언론사의 취재 열기는 대단했다. 또한, 왕릉이 발견되었다는 소식에 공주 시민들도 몰려들어 현장은 그야말로 아수라장이 되었다. 보도진들의 집요한 요구가 거세지자 김 단장은 이를 먼저 언론에 공개하기로 했다. 마치 마魔가 씐 것처럼 시간과 공간이 사람을 압박하며 순식간에 내린 판단이었다. 통상 고고학 발굴은 작업이 끝난 후 언론에 공개하는 것이 상식적인데, 발굴도 하기 전에 언론의 촬영이 시작된 것이다.

언론의 본질상 취재가 과열될 수밖에 없었다. 그런데 이를 허용하였으니 다음은 눈에 보이듯 뻔한 방향으로 치달았다. 무덤 내부가 짓밟혀 도떼기시장 판이 된 것이다. 촬영 경쟁 과정에 돌짐승 머리에 꽂힌 철제 뿔과 뒷발, 그리고 청동숟가락이 부러졌다는 말이 돌았을 정도니 당시 혼돈의 상황을 미루어 짐작할 수 있다.

통제가 어려운 상황이 되자 발굴단은 회의를 거쳐 밤샘 발굴을 결정했다. 중요 유물 중심으로 얼개만 그린 실측도, 사진이 거의 없는 것 등은 발굴을 서두르는 바람에 나온 결과라서 몹시 아쉬운 감이 있다. 8일 오후 10시쯤 실측이 끝나자 유물을 무덤에서 옮기기 시작했다. 이렇게 좁은 무덤 공간에서 유물을 들어내는 세기적 발굴의 밤이 지나고 동이 트면서 무령왕릉은 그 면모를 세상에 드러냈다. 7월 9일 오전 8시 무렵 불과 하룻밤 만에 발굴이 끝난 것이다. 이처럼 무령왕릉의 황급한 발굴 과정은 구설수에 올라 뼈아픈 역사적 교훈으로 남았다.

| 소원이 이루어지다, 국립공주박물관 개관 |

무령왕릉의 유물은 공주박물관으로 옮겨졌지만 발굴한 유물을 보관하

무령왕릉 발굴 장면을 보고 있는 시민들
무령왕릉의 발굴 소식이 전해지자 시민들이 발굴 현장을 보기 위해 모여들었다.
사진은 1971년 7월 8일 무령왕릉 앞쪽에서 발굴을 지켜보는
시민들의 모습을 촬영한 것이다.

기엔 공간이나 시설이 턱없이 부족했다. 유물의 정밀 실측과 보존 처리를 위해선 이에 적합한 국립중앙박물관으로 옮겨야만 했다. 그런데 유물이 서울로 옮겨진다는 소문이 퍼지면서 공주 시민들이 하나둘씩 박물관 앞으로 모여들었다. 무령왕릉의 유물이 서울로 가면 다시 돌아오지 못하니 공주 시민이 합심하여 이를 지키자는 선동과 함께 점차 시위가 격렬해지기 시작했다. 일부 시민들은 유물의 반출을 저지하기 위해 서울로 가는 길인 금강 철교를 막기 위해 집결했다.

심상치 않은 분위기를 감지한 정부는 당시 윤주영 문화공보부 장관의 담화 형식으로 '유물을 서울로 보내 정리하고, 새로운 박물관을 제대로 지어 모두 공주로 되돌려주겠다'라고 약속했다. 이렇게 발굴이 끝났지만 7월 13일 또한 온종일 어수선하게 지나갔고, 시민들은 농성을 계속하면서 정부의 책임 있는 답변을 요구했다. 결국, 당시 김종필 국무총리가 '서울에서 학술적인 조사가 끝나면 공주에 새로운 박물관을 건립하는 즉시 이관·전시하겠다'라는 담화 형식의 약속을 하며 수습에 나섰다. 김 총리는 공주고등학교 졸업생이니 공주 시민들에겐 어느 정도 신뢰성 있는 약속이라 생각이 들었을 것이다. 이처럼 우여곡절 끝에 7월 16일 무령왕릉 출토 유물은 공주를 떠나 서울로 옮겨졌다.

약속대로 1973년 국립박물관 공주 분관이 신축 개관되었다. 그리고 1975년 다른 지방 분관과 함께 국립공주박물관으로 승격되어 오늘에 이른다. 열악한 조건으로 문을 닫을까 봐 노심초사하던 공주박물관이 어엿한 국립박물관으로 거듭난 것이다.

이때 지어진 신축 건물은 국립박물관으로서 소임을 다하다가 2004년 무령왕릉과 인접한 외곽에 새로운 현대식 박물관이 들어서자 지금은 충남역사문화연구원 전시관으로 활용되고 있다. 새 국립공주박물관은 걸어서 무령왕릉에 이를 수 있을 정도로 인접한 곳에 있어서 무령왕릉을 위한 전시관이자, 수장고로서의 역할을 하는 듯하다. 이 때문에 무령왕릉을 포함한 송산리 고분군이 세계유산에 등재될 때 유적과 유물을 안전하게 보존하기 위해 인접한 곳에 박물관을 지었다는 주장을 할 수 있었다.

무령왕릉 발굴 – 우연인가, 필연인가

백제가 멸망한 후 왕족들은 끌려가거나 망명하는 길을 택했다. 의자왕과 태자 등이 당에 끌려가 한 많은 생을 이국땅에서 마쳐야 했다. 이들 중 일부는 당의 유화 정책에 활용되어 부여융처럼 웅진도독으로 임명되는 예도 있었다. 이들 후손이 당에서 비교적 좋은 대우를 받은 것도 백제 유민들을 통치하기 위한 하나의 방편이었다. 반면 부여풍처럼 나당연합군에 맞서 백제 부흥 운동을 이끌고 저항했던 인물들도 있다. 하지만 부흥 운동이 실패로 끝나자 이에 참여했던 왕족 중 일부는 왜로 망명했고, 의자왕의 직계들은 일본에서 백제 왕씨로 특별한 대우를 받아 그 명맥을 유지했다.

그렇지만 백제 고지故地에 남아 있는 왕족들의 흔적이 보이지 않는 점은 아쉽다. 고려가 멸망할 때 많은 왕씨들이 죽임을 당하거나 안전한 곳으로 도망가 은신했다는 사례를 보면, 백제 왕족들도 자신의 몸을 보존하기 위해 안간힘을 썼을 것으로 보인다. 부여 서씨가 백제 왕족인 여씨의 후예라는 주장도 있긴 하지만 인정받기에는 넘어야 할 산이 많다. 이처럼 백제 왕족들은 백제 멸망 후 나라를 등지거나 숨어 살아 그 흔적을 찾을 수 없게 되었다.

금관가야의 후예인 김유신은 신라에서 흥무대왕이라고 추존될 정도로 우대를 받았다. 그 이유는 무엇일까? 바로 신라에 항복해서 몸을 보존할 수 있었기 때문이다. 역시 신라의 왕족도 고려에 항복하여 우대를 받았다. 그 때문에 경주 시내에 있는 신라 왕릉은 조상들의 무덤이라 하여 잘 보존될 수 있었다.

하지만 백제 왕릉은 이를 지켜야 할 후손이 자신의 몸도 건사하지 못하는 형편이어서 제대로 보존될 수 없었다. 나아가 그 무덤들은 백제가 멸망한 순간부터 도굴꾼의 표적이 되었으리라는 것은 쉽게 짐작할 수 있다. 더욱이 백제의 무덤은 비교적 낮은 구릉에 위치하여 접근하기도 쉬웠고, 신라의 돌무지덧널무덤은 돌이 덮여 있어 도굴하기가 매우 까다롭지만, 백제의 굴식돌방무덤은 입구만 찾으면 일사천리로 도굴되었다. 보존할 수 있는 여건이 되지 않았고, 적극적으로 돌보려는 사람도 없으니 천년이 넘는 세월이 흐르면서 그 무덤들이 보존되기란 하늘의 보살핌 아니면 불가능한 상황이었다고 해도 과언이 아니다.

무령왕릉의 발굴은 앞서 살펴본 것처럼 여러 우연이 겹쳐 일구어낸 기적에 가까운 발견이었다. 여기에 하나의 극적인 사실이 더해진다. 일제강점기의 가루베 지온輕部慈恩이라는 공주공립고등보통학교 교사의 활동이다. 그는 교사로 재직하면서 공주에 있는 백제 유적의 발굴을 주도했고, 송산리 6호분 등의 발굴도 그의 성과이다. 182기의 백제 무덤을 조사했다고 하니 얼마나 많은 백제 무덤이 그의 손을 거쳐 갔는가는 미루어 짐작할 만하다. 가루베는 그의 대표적 성과인 송산리 6호분을 발굴하면서 그 위에 있는 불룩한 구릉의 존재를 발견했다. 그런데 그는 이 구릉을 5호분과 6호분을 위해 북쪽에 인공으로 만든 현무의 산으로 착각했다. 통상 무덤군에서 불룩한 구릉이 확인되면 일단 무덤으로 보는 것이 상식이다. 그런데 어떤 영문인지 나름의 고분 전문가인 그가 비상식적인 사고를 한 것이다. 어쩌면 풍수지리설에 입각한 그의 현란한 지식이 상식을 가로막았을지도 모른다. 인공으로 만든 산이기 때문에 당연히 발굴 대상에서 제외된 것이다.

고구려와 견주면서 동아시아 교류를 주관한 백제는 멸망 후 철저히 묻혔다. 백제 문화가 녹아 들어간 통일신라 문화, 즉 한국 문화가 생겨났지만, 이는 어디까지나 찬란한 신라 문화의 발전으로 포장되었다. 역사도 백제가 멸망할 수밖에 없는 이유를 도출했다. 잘하고 있는 백제를 공격하여 멸망시켰다면 신라는 부도덕한 나라가 된다. 그런데 도탄에 빠진 백제 백성들을 구하기 위해 신라가 정벌했다면 명분도 얻을 수 있을 뿐더러 백제 유민들을 통치하는 데 유리한 국면이 형성된다. 이런 까닭으로 백제는 역사와 문화에서 철저히 폄하되었다.

이 과정에서 좋은 점은 지워졌다. 백제가 문화를 전파해준 왜 또한 찬란한 아스카 문화를 만들었다. 이는 불교 문화이며, 백제 문화가 기여한 바가 크다는 것은 자명하다. 그런데도 백제는 중국 문화의 매개체로서 이야기할 뿐 중국의 문화와는 다른 아스카 문화가 일본에서 꽃피웠다고 선전을 한다. 이처럼 멸망한 나라는 역사와 문화에서 그 흔적이 희미해지고 점차 사라진다.

그러나 어떤 역사와 문화도 완전히 지울 수는 없다. 왜곡된 역사를 걷어내고 원래의 모습을 되찾으려는 노력이 있듯이 지워진 문화라도 조각들을 모아 보면 충분히 대강의 얼개를 그릴 수 있다. 이러한 노력이 쌓여 동아시아 문화 교류를 주도한 백제 문화의 모습을 주장하는 연구가 차츰 힘을 얻게 되었다. 그러던 와중에 역사적인 대발견이 이루어진 것이다.

백제 왕릉들은 아무도 지켜주지 않고 더구나 도굴까지 어렵지 않아서 철저하게 파괴되었다. 여러 우연적 요소가 하나라도 어긋났다면 무령왕릉도 온전하게 세상의 빛을 보기가 힘들었을 것이다. 우연이 겹치면 필연이 되는 법! 역사에서 사건을 우발적으로 보지 않고 그 배경과 과정, 그리고 결과를 구명하는 것은 이 때문이 아닌가?

무령왕릉의 발굴 이후 적지 않은 불가사의한 사건들이 있었다. 이는 호기심을 갖는 사람들을 자극하여 확대 재생산되었다. 마치 무령왕이 자신의 무덤을 발굴한 이들을 향하여 저주한 것처럼 말이다. 그러면 이것이 과연 사실일까? 사실 확인을 해보자.

투탕카멘의 무덤은 피라미드로 유명한 이집트 왕들의 계곡에서 도굴되지 않은 상태로 발견된 매우 드문 무덤이다. 이집트 박물관이 자랑하는 황금마스크가 출토된 무덤이 바로 그것이다. 그런데 이 무덤에는 '왕의 안식을 방해하는 자는 죽음의 날개에 닿으리라'라는 문자가 새겨져 있었다고 한다. 이 글귀 때문인지는 몰라도 발굴의 후원자와 참여자들이 차례로 의문의 죽임을 당했다고 하는데, 일설에는 무려 22명에 달한다는 이야기도 있다. 이는 극적인 투탕카멘의 발견이 무덤의 문구, 그리고 사람들의 의문의 죽음과 연결되면서 마치 사실인 양 회자된 것이다.

사실 투탕카멘의 저주는 극적인 발굴에 더해진 일화에 지나지 않는다. 잇따른 사람들의 죽음이 무덤에 서식한 미생물과 관련된 것이 아니냐는 그럴듯한 추정도 있지만 냉정하게 보면 사람들의 죽음이 과장되게 그려졌다는 비판도 있다. 또한, 문구도 사실과 다르다. 투탕카멘의 저주가 널리 알려진 것은 위대한 발굴의 극적인 효과와도 관련지을 수 있을 것이다.

무령왕릉의 발굴도 투탕카멘의 발굴처럼 극적인 요소가 많았다. 도굴되지 않은 유일한 무덤이며, 백제 문화의 정수를 보여주는 수많은 유물의 출토 등 여러 면에서 통하는 바가 많다. 더욱 유사성을 보여주는 것은 앞서 살펴본 것처럼 극적인 발굴에 더하는 후일담의 성행이다. 나아가 투탕카멘의 저주와는 급이 다르긴 하지만 저주라는 요소도 더해진다.

무덤을 열자 성에 같은 하얀 기운이 안에서 나와 사라졌다, 이는 무령왕의 혼이 나간 것이다, 발굴 장소로 접근을 막기 위해 통제선을 설치하였는데, 새벽에 생전 처음 보는 짐승의 발자국이 남아 있었고, 왕릉을 파니 하늘이 노해 비가 억수같이 쏟아졌다는 등 무령왕의 혼과 관련된 내용이 주종을 이루었다.

이와 같은 믿음은 발굴 후 많은 소문의 근원지가 되었다. 유물을 운반하던 차의 운전기사가 휴게소 화장실에 가다가 넘어져 정맥이 터져 결국 운전을 하지 못하는 일이 발생했다, 허련 당시 문화재관리국장의 차가 교통사고가 났다, 김원룡 단장의 차가 시골 담장에 잠깐 세웠을 때 담장이 무너져 차가 망가졌다 등 이처럼 우연인지 모를 사고가 잇따르자 호사가들의 입방에 오르내리기에 좋은 소재가 되었다. 이 밖에도 《한국일보》 서영환 기자는 이후 큰 수술을 하는 등 개인적인 어려움에

직면했다. 이쯤 되면 무령왕의 저주라 할 수 있을까?

　무령왕릉을 관리하는 현재의 문화재과 사적지관리팀도 유사한 경험을 했다. 사적지관리팀의 전신인 문화재관리소에서는 매해 한 해의 안녕을 기원하는 제사를 지내곤 했다. 그런데 어느 한 해에 일이 바빠 제사를 지내지 못했다. 공교롭게도 제사를 지내지 않아서 그런지는 모르나 장마철에 성벽이 무너져 직원이 사망하는 사건이 터졌다. 이에 섬뜩함을 느낀 직원들이 현재도 빠뜨리지 않고 제사를 지낸다니 무령왕릉은 여전히 공주 시민들에겐 현재진행형의 외경스러운 대상임을 보여준다. 이처럼 공주 시민들은 무령왕릉을 자기들이 애정을 가지고 돌보아야 하며, 가꾸어 나갈 대상으로 인식하고 있는 것이다.

　무령왕릉은 발굴 이후 지금까지도 갖가지 에피소드를 쏟아내며 이야기가 진행 중이다. 공주 시민이 가장 자랑스러워하는 문화유산이면서 한편으론 공주 그 자체가 되어 가고 있는 것이다. 나아가 공주를 넘어 백제로, 백제를 넘어 대한민국의 문화유산으로 자리매김되었다고 할 수 있다.

무령왕릉 발굴 이후

1971년 무령왕릉의 발굴은 신문에 대서특필되었고, 백제의 문화는 새롭게 조명되었다. 특히 무령왕릉에서는 무덤의 주인공을 알려주는 묘지석과 12종 17점의 국보 등 5,200여 점의 유물이 쏟아져 나와 백제 문화의 진수를 보여주었다. 그 결과 신라의 대릉원 일대에 산재한 수많은 고분보다 무령왕릉 하나가 더 낫다는 이야기까지 있었다. 이에 경주 시민들이 우리도 대릉원에 있는 거대한 황남대총을 발굴하여 신라 문화의 정수를 보여주자는 주장이 나왔다. 당시 한국 사회는 1972년 10월 유신 체제가 선언되고 이에 반대하는 시위가 연속되는 등 혼란의 시기여서 무언가 반전이 필요한 상황이었다. 결국 경주 시민들의 열망과 정치적인 이유 등 여러 요소가 결합하여 경주 대릉원의 고분을 발굴하기로 결정되었다.

그런데 대릉원에 있는 고분은 돌무지덧널무덤으로 돌무지가 무덤을 덮고 있어서 자칫 잘못하다 무덤이 무너지면 원형을 크게 훼손할 수도 있었다. 이에 가장 규모가 큰 황남대총을 발굴하기 전에 시험적으로 조그마한 무덤인 155호분을 발굴하기로 했다. 그런데 이 발굴에서 금관과 관모를 비롯한 국보 4점, 관식을 포함한 보물 6점 등 1만 1,297점의 유물이 출토되었다. 특히 천마가 그려진 말안장의 장식품이 나와 이 고분은 천마총이란 이름을 갖게 되었다.

천마총 발굴을 경험 삼아 경주에서는 드디어 1973년 7월 황남대총을 발굴했다. 98호분이었던 이 무덤은 북분과 남분으로 이루어진 부부총으로 발굴 결과 금관과 금제 허리띠 등 국보 4점, 유리잔을 비롯한 보물 10점 등 수많은 유물이 출토되어 세인을 놀라게 했다. 유물의 양은 많았지만, 무덤의 주인공으로 내물왕과 눌지왕 등 여러 왕이 언급되고, 시기도 4세기 중엽에서 6세기 초까지 편차가 매우 커서 무덤의 주인공이 확인된 무령왕릉과는 확연히 대비된다.

이처럼 무령왕릉은 이후 천마총과 황남대총 등 우리나라 고고학계의 획을 긋는 굵직한 발굴을 선도했다. 특히 무령왕릉의 졸속 발굴에 대한

황남대총 발굴 모습

황남대총이란 경주시 황남동에 있는 큰 무덤이란 뜻을 가졌다. 일제강점기에는 98호 무덤으로 명명되었다. 1973년에서 1975년에 걸쳐 발굴되었으며, 신라 양식의 표주 박형 쌍무덤이다. 돌무지덧널무덤으로 남분에는 남성이, 북분에는 여성이 묻혔으며, 둘은 부부 사이로 추정된다. 윗사진은 정상부를 발굴하고 있는 장면이며, 아래 사진은 황남대총 목관 내부이다. '出'자형 금관과 금동 허리띠, 허리띠 꾸미개 등 위세품으로 치장한 피장자의 모습이 보인다. 대체로 남분은 5세기 초에서 중반, 북분은 5세기 중반에서 중후반 사이에 축조된 것으로 보고 있다.

아쉬움과 한이 남아서, 이후부터는 문화재 발굴 때 철저한 원칙을 세우고 보존에 만전을 기하는 등 획기적인 발굴 방법의 향상을 가져오는 계기가 되었다.

천마도

천마도는 1973년 발굴된 천마총에서 출토된 장니障泥(말다래)에 그려진 그림이다.
백화수피를 여러 겹으로 겹쳐서 장니를 만든 다음 그린 그림으로,
하늘로 비상하는 형상이다. 이를 대체로 천마로 보는 의견이 많지만
기린 혹은 상서로운 동물을 형상화한 것이라는 반론도 있다.

2

백제 문화의 진수를 보여주다

정교하고 화려한 금속공예품

무령왕릉에서 발견된 유물은 당대 최고의 장인들이 정성을 다해 만들었을 것이 분명하다. 다른 귀족이나 왕족들과 차별성을 갖는 금제 관식은 물론이고 다른 물품의 제작에서도 분명한 차이가 있다. 무덤을 지키는 석수와 무덤의 주인공을 알려주는 묘지석, 왕과 왕비로서의 위엄을 더해주는 갖가지 부장품들은 최고 지배자의 신분을 알리는 증표였다. 관식부터 신발까지 모든 격식을 갖추고 나란히 누워 있는 왕과 왕비는 장엄한 백제 문화의 진수를 보여주는 대표적인 표지이며, 모든 유물은 생전에 애착을 가졌던 물건 혹은 왕의 위엄을 상징하거나 의미가 있는 것이었다.

| 지배자의 위엄, 관식과 뒤꽂이 그리고 칼 |

금제 관식은 검은 비단으로 된 오라관에 착용한 것으로 왕과 왕비의 신
분과 권위를 나타내는 상징물이다. 관식은 생전에 실제 혹은 특별한 의
식용으로 사용하거나 죽은 사람을 위해 만든 부장용으로 보기도 한다.
최고 지배자인 왕의 상징물이기 때문에 넝쿨무늬와 연꽃무늬, 불꽃무
늬가 새겨져 있다. 이 중 넝쿨은 베어도 끊임없이 자라나기 때문에 넝
쿨무늬는 영원한 생명력을 상징한다. 불꽃 또한 활활 타오르는 속성을
가지고 있어서 번영과 번성을 의미한다. 연꽃은 불교의 상징으로 연꽃
무늬는 불교에 침잠한 왕비의 취향을 보여준다.

금제 뒤꽂이는 머리 장식으로, 새가 날아가는 모습을 형상화했다. 마
치 웅비하는 백제의 모습을 보여주는 것 같다. 이처럼 왕과 왕비의 관
식과 뒤꽂이에 사용한 문양은 왕의 염원이 담겨 있는 것임을 기억해야
한다.

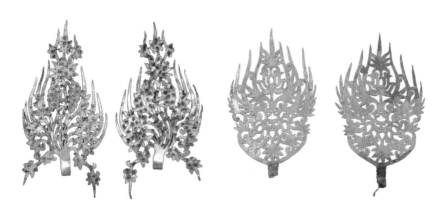

무령왕(좌)과 무령왕비(우) 금제 관식(출처: 국립공주박물관, 이하 동일)

무령왕과 무령왕비 귀걸이

금제 뒤꽂이

금동용무늬둥근고리큰칼

금동용무늬둥근고리큰칼의 둥근 고리는 용 모양으로 주조했다. 표면은 아말감 판금 기법으로 제작하였으며, 인각 기법으로 용의 비늘무늬를 찍어내었다. 아말감 기법은 오늘날 치과에서 흔히 사용하는 방식으로 수은의 증발을 이용해 붙인 방식이다. 손잡이에는 4개의 거북등무늬 문양과 봉황이 투조된 은제의 통형 금구를 씌웠다. 이 같은 장식용 칼은 무기로서의 실용성보다는 정치적인 지위나 신분을 나타내주는 위신 과시 용품임을 보여준다. 용은 왕을 상징하기 때문에 이 칼은 최고 지배자인 왕의 위엄과 신분을 상징한다. 당대 최고의 금속공예 기술과 화려한 문양, 그리고 이를 상징하는 의미가 곁들어진 것이다.

탄성이 절로 나오는 장신구

왕과 왕비의 귀걸이는 누금세공 기법으로 제작했고, 현미경으로 확인해야 할 정도로 섬세하게 구석구석을 표현했다. 도대체 백제 장인의 시력이 얼마나 좋았을까 궁금할 정도이지만 그 작은 알갱이를 구석구석 붙이는 기법은 오늘날의 기술로도 따라가지 못할 수준이다.

무령왕릉에서 주목되는 것은 흑옥으로 만든 목걸이다. 흑옥은 식물이 퇴적되어 오랜 세월 동안 토양의 압력을 받아 화석화된 것으로 보석의 일종이다. 검은빛 때문에 탄목으로도 불리며, 몸에 지니면 나쁜 기운을 물리친다는 의미가 있었다. 왕비는 금으로 만든 목걸이를 착용했다. 대표적인 9절의 목걸이는 6각의 금 막대기를 만들고 끝부분을 끌어당겨 9개의 마디를 연결한 것이다. 이러한 방식은 백제만이 가지고 있었던 독특한 제작 기법이다.

무령왕릉 출토 장신구에서 주목된 것 중의 하나는 은제 팔찌이다.

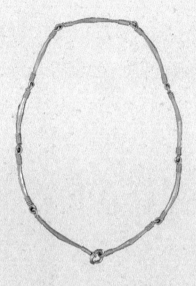

흑옥 목걸이와 9절 금제 목걸이

다리 작 은제 팔찌

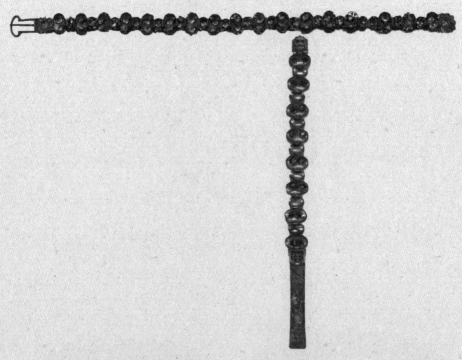

은제 허리띠 장식

무령왕(위)과 무령왕비(아래) 금동 신발

이 은제 팔찌는 두 마리의 용을 부피감있게 표현한 것이 인상적이다. 특히 다리多利라는 사람이 경자년(520) 대부인(왕비)을 위해 만들었다는 문구가 새겨져 있어 주목된다. 이는 왕비 생전에 팔찌가 제작되었다는 것을 말해주며, '다리'라는 장인의 이름이 새겨질 정도로 백제가 장인을 우대했음을 보여준다. 일본 호류지法隆寺의 석가 삼존상에 백제 장인인 도리止利가 새겨져 있는 것과 비교되어 흥미롭다. '리'자 돌림의 새김글에서 장인의 자부심과 예술인을 우대했던 백제 사회의 모습을 살필 수 있다.

허리띠 장식 또한 빼어난 공예의 극치를 보여준다. 과대는 은으로 만들었으며, 그 끝에 꽃 모양의 금구金具와 고리 형태의 교구鉸鉤를 달았다. 돋보이는 것은 두꺼비 문양의 금구와 도깨비 문양의 방형판 장식이다. 두꺼비는 사악한 기운을 쫓는 영물이며, 도깨비 문양 또한 비슷한 의미를 지닌 것으로 본다. 이처럼 무령왕이 착용한 장신구는 예술적인 문양과 형태, 그리고 뛰어난 기술에 더하여 주술적 의미도 지니고 있다는 점에서 유물로서의 가치가 더욱 높다 하겠다.

| 금동 신발 – 생전에 신었나, 부장용인가 |

무령왕릉에는 왕과 왕비의 신발이 각각 1세트씩 부장되었다. 금동제 신발로 안쪽과 바깥쪽, 그리고 바닥을 붙여 제작한 것이 특징이다. 이들은 거북등무늬로 구획되고, 이 안에 봉황문과 꽃잎무늬, 넝쿨무늬 등을 새겼다. 거북등무늬는 거북의 등 껍데기에 나타나는 무늬로, 거북의 상징인 장수와 상서로움을 나타낸다. 봉황도 왕을 상징하기 때문에 넝쿨무늬와 함께 여러 상징을 고려한 무늬가 새겨진 것임을 알 수 있다.

왕의 신발은 금동판을 은판 위에 덧대어 제작하였으나, 왕비 신발은 은판 대신에 금동판을 사용했다. 바닥판에 10개의 스파이크가 박혀 있는 점도 특이하다. 이 스파이크가 전혀 손상되지 않은 점을 볼 때 생전에 사용했다기보다는 부장용으로 만들었을 가능성이 크다. 금동 신발은 주로 삼국시대 대형 고분에서 출토되며, 일본의 에다후나야마 고분 등에서도 출토되어 두 나라의 교류 상황을 보여준다.

| 백제금동대향로의 시원, 동탁은잔 |

동탁은잔은 받침과 잔, 뚜껑 세 부분으로 구성되었다. 높이 15센티미터로 받침은 황동이며, 잔과 뚜껑은 은으로 만들어졌다. 접시형의 받침이며, 중앙에 높은 턱이 있어 잔을 받치고 있다. 전체적인 형상을 볼 때 구도와 비례미가 돋보인다. 16엽의 연화문이 새겨져 있으며, 사슴과 용, 새 등의 상서로운 동물을 선각했다. 잔은 8엽의 연꽃과 연판마다 고사리 문양과 같은 꽃술을 모조 기법으로 새겼다. 뚜껑은 꼭대기에 단판 연화 8엽을 돌렸으며, 중심부에 연꽃 봉우리 형상의 꼭지를 표현했다. 뚜껑의 하단부에는 3개의 산이 펼쳐져 있으며, 산 밑에 나무가 음각되어 있고, 봉황이 날고 있다. 만개한 연꽃과 사슴, 용, 새 등의 상서로운 동물들을 표현한 동탁은잔의 무늬나 모양은 고구려 고분 벽화와 상통하는 점도 많을 뿐만 아니라 이후 제작된 백제금동대향로에 있는 무늬들과 유사한 부분이 많다.

백제금동대향로는 연꽃 봉우리 형상의 꼭지 대신에 봉황이 서 있다는 차이가 있지만, 기법이나 천상 세계를 상징하는 뚜껑, 백제를 형상화한 몸통, 그리고 지하 세계를 상징하는 받침의 구도 등이 동탁은잔을 계승하고 있다. 특히 동탁은잔의 제작 기법과 인면조(사람의 얼굴을 한 새) 등은 백제금동대향로의 제작지 논쟁이 벌어졌을 때 백제에서 만들어진 수작秀作임을 확인해주는 중요한 근거가 되었다.

| 무덤의 수호신 – 유리동자상과 석수 |

유리동자상은 2.5센티미터의 소형 유리 조각상이다. 안면 윤곽을 표시했을 뿐만 아니라 합장한 손, 바지와 두 발 등을 잘 표현했다. 허리에 구멍이 나 있는데, 여기에 끈을 넣어 펜던트처럼 매달아서 수호신이나 부적의 역할을 했던 것으로 보인다. 이런 유물을 중국에서는 옹중翁仲이라고 불렀다. 옹중은 중국 진시황 때 흉노족을 격퇴한 공로로 신격화된 수호신인데, 관아 입구 등에 그 형상을 세워놓았다고 하며, 작게 만들어 몸에 지니고 다니거나 죽은 후 무덤에 넣는 것도 유행했다. 무령왕릉에서 출토된 동자상은 근엄한 표정을 가진 중국의 옹중과 달리 민

유리동자상

동탁은잔

머리에 작고 둥근 얼굴이 귀여워 보인다. 불교 승려이거나 도교의 도사를 묘사한 듯하다. 백제의 예술 표현 기법으로 주목될 뿐만 아니라 인상도 백제인의 얼굴을 표현한 것으로 보인다. 중국에서 유래했지만, 백제화된 인물상과 의미가 있는 작품이라는 점에서 주목된다.

석수는 무령왕릉을 지키는 임무를 가진 일종의 진묘수로, 우리나라 고분에서 처음 발견된 것이다. 원래 진묘수는 무덤 안이나 입구에 놓아서 사악한 귀신을 쫓고 죽은 자를 지킨다는 신상神像으로 중국의 장례 풍습에서 나온 것이다. 매우 험상궂은 형태를 하여 귀신이 접근하지 못하게 하는 것이 일반적이다. 사찰 입구에 있는 사천왕상을 연상하면 그 의미를 알 수 있을 것이다.

이에 반하여 무령왕릉의 석수는 뭉툭한 입과 코, 작은 귀, 약간 살찐 몸통, 짧은 다리, 등에 돋아난 4개의 갈기, 4개의 다리 위에 붙은 날개,

중국 남조 석수
중국 장쑤성江蘇省 난징南京 영산灵山 남조묘에서
출토된 진묘수로 난징시립박물관에
소장되어 있다. 길이 38.7미터, 높이 22.8미터
이며, 재질은 석회암이다.

석수

정수리에 꽂힌 사슴뿔 모양의 쇠로 만든 뿔 등이 있으나 전혀 무섭지 않다. 무덤을 지키는 수호신이라기보다는 애완동물처럼 정감이 간다. 마치 무령왕의 반려동물로 여겨질 정도로 친숙하다. 유리동자상처럼 진묘수가 백제적인 모습으로 만들어졌다는 특징이 있다.

무령왕릉 발굴의 성과

| 묘지석, 유물에 가치를 불어넣다 |

무령왕릉에서는 5,200여 점의 유물이 출토되었다. 이 유물이 보다 생명력을 갖게 된 것은 유물의 제작 시기와 이력을 알 수 있는 단서가 있었기 때문이다. 출토품 중에서 가장 가치가 있는 것은 무령왕과 왕비의 묘지석을 들 수 있다. 이 묘지석을 통해 무덤의 주인공이 밝혀졌으며, 이를 통해서 유적과 유물의 편년이 확정되는 등 단아한 백제 문화를 재조명하는 계기가 되었기 때문이다.

| 백제사 연구의 활성화 |

무령왕릉 묘지석은 왜곡이 심하여 거들떠보지도 않았던 《일본서기》를 재평가하는 계기가 되었다. 묘지석에 나온 무령왕의 사망 연대를 통해 확인된 출생 연도가 《일본서기》에 기록된 출생 연도와 일치했다. 사마라는 무령왕의 이름도 《일본서기》의 탄생 설화와 연관되었다. 연구가 진행되면서 《일본서기》는 백제 사서를 바탕으로 왜곡되었으며, 왜곡된 부분을 걷어내면 원사료에 접근할 수 있다는 가능성을 발견했다. 이에

따라 《일본서기》에 언급되고 있는 백제계 자료들을 전면적으로 검토할 수 있게 되었다.

멸망된 국가의 아픔이지만 백제는 유독 자료가 많지 않았다. 그런데 《일본서기》에 인용된 백제 관련 자료에 대한 사료 비판을 거쳐 자료로 활용할 수 있게 된 것은 가뭄에 단비를 만난 격이었다. 1980년대 조정기를 거쳐 1990년대 이후 《일본서기》가 백제 연구의 사료로 활용됨으로써 백제사 연구는 양과 질적으로 더욱 풍부해지고, 내용 면에서도 큰 진전을 가져왔다. 백제사 연구가 도약기를 맞이한 것이다. 이는 무령왕 묘지석이 가져온 가장 큰 공로라 할 수 있다.

| 고고학 연구의 도약 |

묘지석을 통해 무령왕이 525년, 그 뒤를 이어 왕비가 529년에 왕릉에 안장되었음이 밝혀졌다. 즉 두 번에 걸쳐 유물이 부장된 것이다. 부장품의 절대 연대 확인은 유물 편년의 기준을 제시해주었다. 상대적인 편년차가 심한 고고학계에 기준점이 제시됨으로써 고고학 연구가 발전할 수 있는 계기가 된 것이다.

무령왕릉에서는 백제 토기가 한 점도 나오지 않았다. 반면에 중국제 청자 등과 더불어 동탁은잔 등 빼어난 유물이 출토되었다. 무령왕릉 자체가 중국식 벽돌무덤이고, 송산리 6호분 폐쇄 벽돌에서 양나라 관리를 스승으로 삼았다는 문자의 내용을 참조하면 중국 무덤으로 볼 수 있는 요소도 있다. 만약 무령왕릉 묘지석이 없었다면 어떻게 되었을까? 묘지석 덕분에 무령왕릉에서 출토된 유물이 백제 유물로 확정되고, 이를 통해 고고 미술사 연구가 진행되어 큰 발전을 이룰 수 있었던 것은

• 무령왕 묘지석
•• 무령왕 간지도

• 무령왕비 묘지석
•• 무령왕 매지권

참으로 천만다행한 일이라 하지 않을 수 없다.

| 문화 강국, 백제의 실체 확인 |

무엇보다도 무령왕릉의 발굴이 가져온 최대의 성과는 백제 문화의 실체를 보여주었다는 점이다. 기록을 통해 본 백제의 단아한 역사와 문화는 그때까지 눈으로는 확인할 수 없는 안타까움이 있었다. 하지만 무령왕릉의 발굴은 백제사에 대한 인식을 송두리째 바꿔놓았다. 왕릉에서 나온 화려하고 세밀한 금속 세공품과 고대 한·중·일의 교류를 여실히 보여주는 도자기, 관목 등은 무령왕 시대 백제의 역량을 고스란히 담고 있다. 생전에 혼란한 백제를 수습하고 중흥을 일구어냈던 무령왕이 죽어서 다시 한번 잃어버린 백제 문화를 복원할 수 있는 계기를 만들어준 것이다. 즉 무령왕은 백제를 문화 강국으로 부활시킴으로써 자신의 나라를 두 번이나 강국으로 만든 인물이 된 것이다.

무령왕릉에 대한 발굴의 흥분이 가라앉고, 역사와 고고학 분야, 그리고 미술사 분야에서 연구가 진전되고 축적되면서, 무령왕 시대에 대한 재평가가 이루어졌다.

백제 문화의 정수를 보여주는 무령왕릉의 존재 덕분에 공주는 백제 그 자체로 승격되었다. 나아가 무령왕릉은 공주와 우리나라를 넘어 세계적인 문화유산의 가치가 있다는 자부심이 생겨났다. 이에 무령왕릉을 세계유산에 등재하자는 운동이 일어났고, 1995년에는 세계유산 잠정 목록에 등재되었다.

세계유산 등재는 쉬운 일이 아니다. 무엇보다도 공주 지역민에겐 무령왕릉이 대단한 유적이지만 국가적인 차원에서 세계유산으로 등재할 수 있는 경쟁력이 있느냐는 문제가 제기되었다. 또한, 무령왕릉이 세계유산으로 손색이 없지만, 단일 유적보다는 백제 유적으로 묶어 추진하는 것이 좋겠다는 문화재청의 조언도 있었다. 그래서 백제 유적을 확대하여 공주와 부여·익산의 8개 유적이 2015년 세계유산으로 등재될 수 있었다. 사실 백제 역사의 절반 이상을 차지하는 서울 지역이 제외된 것은 아쉽게도 백제 왕성이었던 풍납토성에 거주한 주민들의 협조가 미진했기 때문이다. 하지만 백제역사유적지구가 세계유산에 등재된 이후 주민들의 좋은 평가가 이어지자 최근 서울을 중심으로 백제역사유적지구 세계유산을 확장 등재하려는 움직임이 있는 것은 고무적이라 할 수 있다.

이처럼 무령왕릉의 발견은 백제의 역사와 문화를 도약시키는 큰 계기가 되었다. 그 와중에 많은 이야기가 회자되면서 신화화된 면도 있다. 반세기가 지난 오늘 이제는 신화를 넘어 냉철하게 역사를 돌이켜볼 시점이다. 무령왕이 남겼던 자취를 따라 걸어보자.

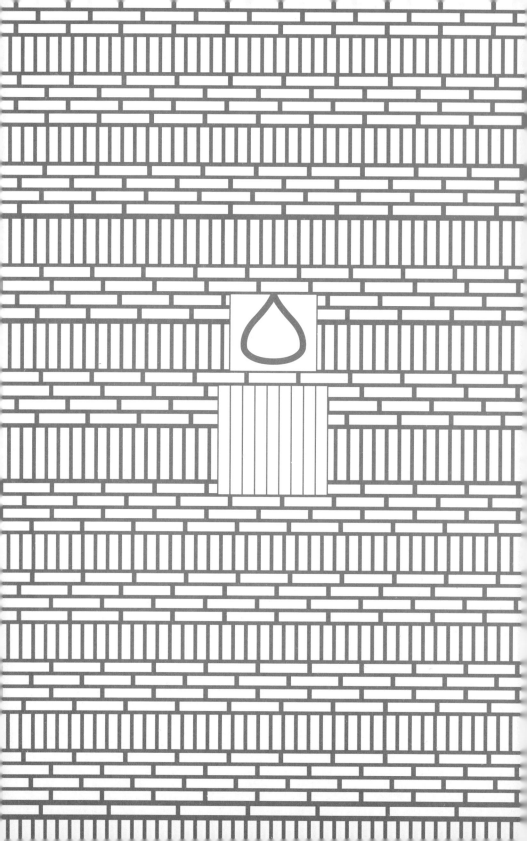

II부
탄생과 성장

위기의 백제를 구하라 - 왜로 간 곤지

고구려에 대한 강경론자인 백제 제21대 개로왕(재위 455~475)의 집권 이후 백제의 변화는 어느 정도 예견된 상황이었다. 비유왕의 석연치 않은 죽음이 도화선이 되었다. 정권 초기의 주요 자리에 왕족을 대거 포진한 것으로도 왕족 중심의 친정 체제를 지향한 개로왕의 의도를 엿볼 수 있다.

흥미로운 점은 개로왕 초기 정권의 핵심 인물이 웅진 천도 이후 즉위한 동성왕(재위 479~501)과 무령왕의 아버지로 추정되는 곤지(여곤餘昆)라는 사실이다. 더욱이 곤지는 461년 왜에 장기간 파견되어 고구려와의 외교전에서 큰 역할을 하였다. 백제가 곤지를 왜에 파견한 이후 고구려는 북위北魏와의 교류를 복원하고, 북방을 안정시키면서 백제의 동향을 예의주시하였다. 472년 백제가 북위에 청병請兵 외교를 전개하자,

고구려 장수왕은 전격적으로 한성을 공격하기 시작한다. 백제와 고구려의 2차 대회전이 열린 것이다.

이러한 면에서 곤지의 동향을 살펴보면 개로왕 때 백제가 어떻게 고구려와의 전쟁에 대비했는가를 알 수 있다. 아울러 곤지가 일본 열도에 마련한 그의 기반은 곤지의 아들들이 즉위할 수 있는 배경을 이해하는 단서를 제공해줄 것이다.

개로왕 즉위의 일등 공신 곤지, 좌현왕에 임명되다

곤지는 개로왕의 동생이면서 뒤이어 왕에 오른 문주왕의 동생이기도 하다. 그가 역사에서 주목을 받는 것은 무엇보다도 동성왕과 무령왕의

백제계 도왜인

백제에서 일본 열도로 건너간 이주민들에 대해 일본 역사학계에선 처음에는 귀화인이라는 용어를 사용하였다. 하지만 귀화라는 용어 자체가 극단적인 일본 중심의 시각이라는 문제가 제기되어 '도래인'이라는 용어가 사용되고 있다. 하지만 이 자체도 '건너온 사람'이라는 의미이기 때문에 일본 중심의 용어라는 비판에서 벗어날 수 없다. 이들이 백제에서 건너가 왜인이 되었다는 객관적인 내용을 담고 있는 '백제계 도왜인'이라는 용어가 당시의 상황을 잘 보여준다고 판단되어 이를 사용하고자 한다.

아버지라는 점이다. 그의 아들들이 연이어 백제 왕에 올랐고, 게다가 무령왕의 후손이 이후 백제 왕위를 독점하였기에 백제 왕위 계보에서 중요한 위치를 차지하는 인물이기도 하다. 또한 일본 열도에서의 행적을 살펴볼 수 있는 몇 안 되는 인물이어서, 그를 통해 백제계 도왜인들의 역할과 의미를 구체적으로 살펴볼 수 있다는 점도 주목된다.

더불어 곤지가 좌현왕左賢王이라는 작호를 받은 것도 많은 점을 시사해준다. 좌현왕을 하사한 백제 왕은 자연스럽게 대왕이 되기 때문에 백제의 대왕 체제 운영을 보여주는 구체적인 사례가 된다. 곤지가 좌현왕으로 왜로 건너간 점도 당시 백제와 왜를 이어주는 실마리가 된다. 곤지는 백제사에 묻혀 있던 숨은 진주였던 셈이다.

보통 집권을 하게 되면 새로운 내각을 구성한다. 이때 자신을 도운 사람들을 중요한 보직에 임명하는 것은 예나 지금이나 별반 차이가 없을 것이다. 그런데 개로왕은 재위 4년(458) 중국 송宋나라에 이미 내린 관작의 승인을 요청했다.

개로왕이 먼저 작호를 내리고, 송에 승인을 요청한 것은 중국의 권위를 빌려 이를 정당화하려는 조치로 보인다. 물론 이들은 이미 백제에서 이에 해당하는 작위를 받았을 것이다. 다만 즉위 이후 4년이 지난 시점에 요청한 것은 개로왕 정권의 출범 자체가 쉽지 않았다는 증거로 보기도 한다. 이는 앞서 언급한 것처럼 아버지인 비유왕의 변고와도 관련이 있을 것이다.

개로왕이 관작을 내린 의미는 뒤에 다시 살펴보겠지만 곤지가 우현왕 여기를 이은 좌현왕으로 두 번째 기술되었다는 점이 주목된다. 좌현왕은 중국에서는 볼 수 없는 흉노의 관작으로, 황제에 해당하는 선우

單于를 계승할 수 있는 가장 높은 서열이며 군사권을 장악하는 지위였다. 좌의정이 우의정보다 서열이 높듯이 좌현왕의 서열이 더 높은 것이다. 이는 실제 우현왕 여기가 제수받은 중국의 관군장군보다 곤지의 정로장군 관작이 더 높다는 점에서도 증명된다. 아마 피치 못할 사정으로 여기를 예우하였을 뿐 실제로는 곤지가 가장 높은 지위였던 듯하다. 송나라가 좌현왕과 우현왕 등 흉노의 관작을 빼고, 백제가 요청한 관작을 승인하는 것도 눈여겨볼 사안이다. 좌현왕은 의례적인 것이 아닌 실질적으로 의미가 있는 관직인 것이다.

흥미로운 사실은 서열 4위로 열거된 보국장군 여도가 문주왕으로 추

개로왕이 송에 요청한 관작

"신의 나라는 대대로 자못 특별한 은혜를 받아 문무의 좋은 대신들이 대대로 조정의 작호를 받았습니다. 행관군장군行冠軍將軍 우현왕右賢王 여기餘紀 등 11인은 충성스럽고 부지런하여 마땅히 특별 승진할 만하오니 엎드려 바라건대 가엽게 여기시어 모두 제수해주십시오"라고 하였다. 이에 행관군장군 우현왕 여기를 관군장군으로 삼고, 행정로장군行征虜將軍 좌현왕 여곤(곤지)과 행정로장군 여훈餘暈을 모두 정로장군으로 삼고, 행보국장군行輔國將軍 여도餘都와 여예餘乂를 모두 보국장군으로 삼고, 행용양장군行龍驤將軍 목금沐衿과 여작餘爵을 모두 용양장군으로 삼고, 행영삭장군行寧朔將軍 여류餘流와 미귀麋貴를 모두 영삭장군으로 삼고, 행건무장군行建武將軍 우서于西와 여루餘婁를 모두 건무장군으로 삼았다.

정된다는 점이다. 곤지가 문주의 동생임에도 불구하고 형보다 더 높은 관작을 받은 것은 매우 이례적인 것으로, 특별한 공이 없으면 불가능하다. 여러 정황으로 보면 곤지는 개로왕의 즉위에 가장 큰 공을 세운 인물임에 틀림없다. 그렇다면 그 공은 무엇일까. 그가 군권을 쥔 좌현왕에 임명된 것을 보면 아마도 군사적인 면에서 활약했을 가능성이 크지 않을까.

곤지가 왜로 건너간 까닭

| 정략적 추방인가, 군사 요청 사절인가 |

곤지는 형인 개로왕의 요청으로 461년 왜에 파견되었다. 그가 왜로 건너간 이유에 대해서는 다양한 의견이 개진되었다. 먼저, 개로왕이 곤지를 견제하고자 정략적으로 왜로 보냈다는 주장이 있다. 곤지의 힘이 막강하여 개로왕에게 부담스러운 존재였고, 정권 출범 이후 권력 다툼이 벌어질 수 있기 때문이다. 이는 충분히 가능한 추정이다.

다음으로 유사시에 대비하기 위한 청병사請兵使로 파견되었다는 견해다. 고구려의 군사적 압박이 가해지는 상황에서 백제의 유력자를 왜에 보내 군사 지원을 요청하는 것은 일면 타당성이 있다. 그러나 곤지가 장기간 체류하고, 그것도 도읍지에서 70~80킬로미터 정도 떨어진 가와치河內 지역에 정착한 점은 그를 단순한 청병사로 보는 것을 주저하게 한다.

그런데 그가 정착한 가와치 지역은 백제계 도왜인들의 밀집 거주지였다. 이에 주목하여 곤지가 백제계 도왜인들의 구심점 역할을 하면서 장기적으로 이들을 조직화하여 왜 정권 내의 친백제 노선을 유지하려는 목적을 가졌다는 주장도 있는데 설득력이 있다.

이러한 여러 시각 중에서 어느 것이 타당할까. 사실 어느 것이 옳다고 단정적으로 말할 수는 없다. 그럴듯한 이유를 붙여 보낼 수도 있고, 군사 지원을 요청하면서 한편으로 백제계 도왜인들을 활용하는 방법을 동시에 추진할 수도 있으니 말이다. 권력 서열 2위인 곤지를 시기하거나 그의 역량을 높이 산 사람들이 곤지의 왜국행을 적극적으로 주장하였고, 곤지 또한 군사 지원책을 모색하는 동시에 백제계 도왜인들을 규합하여 왜에서 자신의 기반을 다지려고 노력하였으리란 것이 실상에 가까울 것이다. 그를 시기하는 분위기에 무모하게 맞서기보다는 왜를 기반으로 하여 기회를 노리는 것이 더욱 현실적인 방안이기 때문이다.

곤지가 백제계 도왜인들의 밀집 지역에 가족을 동반하고 정착하였다는 점을 고려하면 의외로 그 답이 쉽게 나온다. 청병사라면 왜의 도읍지인 야마토大和에 있어야 하지만 목적지가 가와치 지역이었다는 점은 정착을 목적으로 이주한 것임을 말해주기 때문이다. 따라서 곤지의 주요 임무가 일차적으로 백제계 도왜인들을 규합하려는 목적이었음을 알수 있다.

곤지는 좌현왕으로 어떤 역할을 하였을까

곤지의 도왜가 단순히 백제계 도왜인들을 규합하려는 목적만은 아니었을 것이다. 당연히 이들을 규합시켜 자신의 세력 또한 강화하려는 의도가 있었으리라. 이와 관련하여 주목되는 것은 좌현왕이란 직책이다. 곤지가 역임한 좌현왕의 역할은 흉노에서 이 제도가 널리 시행되었다는 점에서 추정할 수 있다. 흉노에서는 선우가 중앙에 위치하며, 좌·우현왕이 선우를 보좌한다. 이들은 독자적인 체제를 갖추었으며, 이는 이동을 고려한 유목 국가 특유의 전투 체제로 보인다. 하나의 군軍이 공격을 받을 때 다른 군이 지원할 수 있다는 점에서 효과적인 군사 운영 체제였다.

좌현왕 제도의 시행은 백제 개로왕이 흉노의 선우처럼 좌·우현왕을 거느린 대왕 체제를 지향하였음을 알 수 있다. 좌현왕을 임명한 왕은 자연스럽게 대왕이 되는 것이다. 물론 백제는 유목 국가가 아니므로 좌현왕이 독자적인 군 체제를 가졌다고 할 수는 없지만, 중앙을 구원하는 역할을 맡았을 개연성은 충분하다. 곤지가 왜에 파견된 것도 좌현왕으로 백제를 구원하는 역할을 맡았기 때문이 아니었을까. 이는 왜에서의 곤지의 행적을 살펴보면 밝혀질 것이다.

《일본서기》에 의하면 곤지는 4월에 백제에서 출발하여 6월 가카라시마에서 무령왕의 탄생과 관련된 행적을 보이고, 7월에 왜의 수도인 야마토에 입성하였다. 규슈 지역의 섬으로 보이는 가카라시마까지 가는데 두 달, 가카라시마에서 야마토까지는 한 달이 걸렸음을 알 수 있다.

그런데 야마토에서 백제까지 한 달 정도 걸린 다른 사례가 있는 것으로 보아, 가카라시마부터 야마토까지 걸린 두 달의 시간은 제법 길다. 아마 순수한 이동만이 아니라 다른 일도 있었을 것이다. 그렇다면 곤지는 두 달 중 규슈 지역 내지는 백제의 다른 지역에서 머물렀을 개연성이 있다. 이는 곤지의 대외 활동과도 깊은 관련이 있다고 생각된다. 곤지의 직함이 좌현왕임을 고려하면 영산강 유역 혹은 규슈 일대를 배경으로 한 군사적 활동과 관련되었다고 추정된다.

　아울러 곤지가 7월에 왜의 도읍에 이르렀다는 것은 최종 목적지가 왜의 도읍지 일대였음을 알 수 있다. 당시 왜의 중심지는 야마토였기 때문에 곤지는 처음부터 오사카·나라 일대로 향했음을 확인할 수 있다. 그렇다면 곤지는 6월에 규슈 지역을 출발하여 오사카에 이르렀고, 이때 세토나이카이瀬戸內海를 거쳤던 것은 확실하다. 그가 이렇게 왜의 심장부로 향하는 숨가쁜 순간에 규슈의 가카라시마에서 무령왕을 낳았다는 사실은 예사롭게 넘길 일이 아니다.

'섬'을 이름으로 가진 아이

무령왕 탄생 설화는 어디까지 사실일까

| 《일본서기》 제대로 읽기 |

현재 백제 역사를 연구하는 가장 중요한 자료는 고려 시대인 1145년에 편찬된 《삼국사기》이다. 《삼국사기》는 백제가 멸망하고 수백 년이 지난 뒤에 다시 정리했기 때문에 백제에 대한 정보가 많지 않다. 그런데 《삼국사기》에서는 볼 수 없는 많은 정보를 담고 있는 외국의 역사서가 있어 주목된다. 그중 대표적인 책이 일본 고대의 역사를 담고 있는 《일본서기》이다.

《일본서기》는 백제가 멸망한 지 얼마 안 된 720년 완성되어 당시 모습을 비교적 생생하게 전하고 있다. 더욱이 백제 멸망 이후 건너간 백제 유민들이 책의 편찬에 참여한 것으로 추정되기도 한다. 일본 최초의 역사서를 편찬하면서 이미 근초고왕 때부터 《서기》를 편찬한 경험이 있는 백제의 전문지식을 활용했다는 것이다.

그러면 《일본서기》와 《서기》의 유사점은 무엇인가. 먼저, 《서기》가 백제 근초고왕 때 편찬된 것은 마한의 대부분을 복속시킨 후 새로 편입된 백성들에게 백제 중심의 역사관을 정립할 필요에 따른 것이었다. 백제 왕의 업적을 기술하여 국왕의 권위를 높이고, 국가 정책의 방향성을 제시함으로써 통치의 정당성을 확보하고자 한 것이다. 야마토도 일본 열도를 통일하자 나라 이름을 일본으로 바꾸고 새로운 역사서를 편찬하였다. 이 사서가 《일본서기》이다. 그 편찬 목적이 당연히 일본 중심의 천하관을 세우려는 데 있었을 것이라는 점은 쉽게 짐작할 수 있다. 그런 점에 두 사서의 공통점이 있다.

또한 《일본서기》는 초기 기록이 없어 많은 구전 자료와 가전家傳 혹은 사찰의 연기緣起 등을 참조했으므로 허황한 측면이 많아서 사서로서 자격을 갖춘 백제 관련 기록을 이용할 수밖에 없는 상황이었다. 《일본서기》에 백제 관련 기록이 기술될 수밖에 없었던 이유다. 실제로 이 사서에는 《백제기百濟記》, 《백제본기百濟本紀》, 《백제신찬百濟新撰》이라는 백제 관련 사서가 인용되어 있다. 아울러 백제 왕력 기사도 자주 등장하는데, 이는 시기를 파악하는 기준점으로서의 의미가 있다. 시대가 불분명한 여러 기사를 기술하면서 백제 왕력을 중심으로 배치하였기 때문이다. 이러한 이유로 《일본서기》의 기록은 백제에 관한 기록이 절대적으로 부족한 현실에서 백제사 연구의 귀중한 단비가 될 수 있다.

하지만 《일본서기》는 일본 중심적인 시각에서 편찬되었기 때문에 원래의 백제 기록이 많이 왜곡되었다는 점을 간과해서는 안 된다. 이를 유념하면서 편찬 의도와 사실의 왜곡을 벗겨내고 보면 백제사의 본 모습에 가까이 갈 수 있다.

다만 백제 관련 기사는 《일본서기》 전체의 맥락을 충분히 이해한 이후에 이용해야 한다. 기록 자체의 취사선택이 일본 중심의 관점에서 이루어졌기 때문에 왜 이 기사가 여기에 배치되었는가 하는 맥락을 알지

《일본서기》에 보이는 백제계 사서

《일본서기》에는 《백제기》·《백제신찬》·《백제본기》라는 자료가 인용되어 있다. 이 중 《백제기》는 진구神功 황후·오진應神·유라쿠雄略 조에 5곳, 《백제신찬》은 유라쿠·부레츠武烈 조에 3곳, 《백제본기》는 게이타이繼體·긴메이欽明 조에 18곳 인용되어 있다. 더욱이 그 출전을 명기하지 않았더라도 본문에 백제 계통의 사서를 참조하여 작성된 것으로 보이는 내용이 많아 《일본서기》에서 백제 계통의 사서가 차지하는 비중이 매우 높다고 할 수 있다. 기록된 내용을 볼 때 《백제기》는 한성 시대 말기부터 문주왕·삼근왕 대까지의 기록이며, 대체로 백제에서 왜로 건너간 목씨 일가가 관여한 것으로 보고 있다. 《백제신찬》은 개로왕에서 무령왕까지 해당하며, 왜곡이 적어 비교적 원사료에 가까운 것으로 보이는데 곤지계의 씨족 전승과 관련된 것이 주 내용이다. 이에 반해 《백제본기》는 무령왕에서 위덕왕까지 해당하며, 이 또한 《일본서기》 편찬자의 관점을 반영하였기 때문에 왜곡이 심하다.

못하고 자의적으로 이용하면, 우리도 똑같이 왜곡된 시각 속에서 기록을 해석하는 오류를 범할 수 있기 때문이다.

| 수수께끼투성이인 무령왕 탄생 설화 |

무령왕 탄생 설화는 기괴하다. 이를 전하고 있는 《일본서기》에 의하면 그의 친아버지는 개로왕이고, 의붓아버지가 곤지다. 개로왕이 어느 날 동생인 곤지를 불러 왜로 갈 것을 명하였다. 그러자 곤지는 수락조건으로 개로왕의 부인을 줄 것을 요청하였다. 상식적으로 보면 이는 도저히 용납할 수 없는 요구다. 그런데 개로왕은 이를 수락하면서 만약 아이가 태어나면 즉시 돌려보내라는 조건을 달았다. 도무지 이해가 되지 않는다. 자신의 부인을, 그것도 임신한 상태인데 말이다. 이 때문에 학계에서는 이를 백제 왕위 계승을 의도적으로 폄하하려는 왜곡된 기록이며, 일고의 가치도 없는 허황한 것으로 보았다.

그런데 1971년 무령왕릉이 발견되고 나서 상황이 달라졌다. 무령왕릉에서 출토된 묘지석에는 무령왕의 이름이 '사마斯麻'이고, 62세로 사망하였다고 기록되어 있었다. 이 작은 단서가 후에 엄청난 파급 효과를 가져왔다.

먼저, 무령왕은 523년 사망하였는데 당시 62세란 점에서 461년 탄생하였음을 확인할 수 있다. 그런데 무령왕 탄생 설화를 전하고 있는 《일본서기》 유라쿠 5년은 461년에 해당하여 묘지석의 무령왕 탄생 시기와 일치한다. 나아가 가카라시마에서 태어났다는 내용은 그의 이름과도 통한다. '섬'은 일본어로 '시마'이고, 백제어로는 '서마'라고 부른 것으로 추정된다. 그런데 '시마'와 '서마' 및 '사마'는 고대 언어에서는

《일본서기》의 무령왕 탄생 설화

여름 4월 백제 가수리군[개로왕이다]은 지진원[적계여랑이다]을 태워 죽였다는 소문을 듣고 모여 상의하기를 "옛날 여자를 바쳐 채녀采女로 삼았다. 그러나 이미 무례하여 우리나라 명예를 실추시켰으니 지금부터 여자를 바치는 것은 합당하지 않다"라고 말하고, 이어 그 아우인 군군軍君[곤지이다]에게 "너는 마땅히 일본에 가서 천황을 섬겨라"라고 말했다. 군군이 대답하기를 "임금님의 명령은 삼가 어길 수 없습니다. 원컨대 임금님의 부인을 주신 이후에 가겠습니다"라고 하였다. 가수리군은 임신한 부인을 군군에게 시집보내며 "나의 임신한 부인은 이미 해산할 달이 되었으니 만약 가는 도중에 낳는다면 한 배에 실어서 다다른 곳이 어디인지 불문하고 속히 나라로 돌려보냈으면 한다"라고 말하였다. 드디어 작별 인사를 하고 삼가 조정에 파견되었다. 6월 임신한 부인이 과연 가수리군의 말처럼 츠쿠시筑紫의 가카라시마에서 아이를 낳았다. 이로 인하여 이 아이의 이름을 도군嶋君이라 하였다. 이에 군군은 도군을 배에 태워 나라로 돌려보내니 이가 무령왕이 되었다. 백제인은 이 섬을 주도主嶋라고 부른다.

夏四月 百濟加須利君[蓋鹵王也] 飛聞池津媛之所燔殺[適稽女郎也] 而籌議曰 昔貢女人爲采女 而既無禮 失我國名 自今以後 不合貢女 乃告其弟軍君[昆支也]曰 汝宜往日本以事天皇 軍君對曰 上君之命不可奉違 願賜君婦 而後奉遣 加須利君則以孕婦嫁與軍君曰 我之孕婦 既當産月 若於路産 冀載 一船 隨至何處 速令送國 遂與辭訣 奉遣於朝

六月丙戌朔 孕婦果如加須利君言 於筑紫各羅島産兒 仍名此兒曰嶋君 於是 軍君即以一船 送嶋君於國 是爲武寧王 百濟人呼此島曰主島也(《日本書紀》14 雄略天皇 5年條)

정확히 구별하기 힘들다. 우리는 당시 한자음을 빌렸기 때문에, '사마'라는 이름은 백제 말을 한자로 옮겨 적은 것에 불과하다. 이 시기는 발음이 정확하지 않아 'ㅣ'와 'ㅓ', 'ㅏ' 등을 구별하기 힘들었다는 것이 통설이다. 따라서 무령왕의 이름인 사마는 섬을 의미하며, 그가 섬에서 태어난 것을 상징해 붙였을 가능성이 큰 이름임을 알려준다.

이처럼 묘지석에 기술된 탄생 연도와 이름 등이 일치하는 정황을 통해 《일본서기》에 기술된 무령왕 탄생 설화가 전혀 믿을 수 없는 허구가 아니라 일정 정도 사실에 기초하여 작성되었음이 드러났다. 나아가 《일본서기》는 기초적 사실을 가공하여 천황 중심의 사관으로 윤색되었음을 보여주기에 우리는 《일본서기》의 내용이 어디까지가 사실일까라는 문제에 봉착하게 된다.

무령왕이 태어난 가카라시마의 위치

《일본서기》에 의하면 무령왕은 각라도各羅島에서 태어났다. 각라도라는 지명은 현재 존재하지 않지만, 그 음운이 'かからしま'이어서 발음이 같은 현재의 사가佐賀현 히가시마츠우라東松浦군 가당도加唐島가 유력한 지역으로 거론되고 있다. 가당도가 'かからしま'로 발음되는 것은 부인할 수 없는 근거라고 주장되기도 한다.

하지만 역사 기록 자체는 'Fact'라기보다는 서술자의 주관이 들어갔기 때문에 다양한 해석이 가능하므로 역사적 사실에 접근하기 위해서는 논리와 근거를 바탕으로 한 합리적 해석이 필요하다. 가카라시마 역시 이러한 과정을 거쳐야 신뢰성 있는 역사적 사실로 자리매김될 것이다. 그러면 이에 대한 중요 논지를 살펴보면서 그 타당성을 검토하기로 하자.

먼저 가당도 설의 주요한 근거는 (백제) 왕이 동굴에서 태어났다는 현지의 전설이다. 그러나 이 전설은 원래 아이가 태어나서 왕이 되었다는 내용이었으며, 최근에 이르러서야 그 왕을 무령왕으로 볼 따름이다. 실제 이 섬에는 진구 황후가 태풍 속에서 상륙하여 왕자를 해산하였다는 오진 천황 탄생 설화가 공존하고 있었다. 일본 학계에서는 진구 황후 기사의 신뢰성을 의심하기 때문에 이러한 전설에 대해 별다른 주목을 하지 않았다. 가장 큰 이유로는 어떻게 일본 천황이 이런 궁벽한 섬에서 태어날 수 있느냐는 것이었다.

이 전설은 한동안 주목받지 못하다 1971년 발견된 무령왕릉 지석에서 섬과 관련된 '사마'라는 이름이 확인되면서 다시 수면 위로 떠올랐다. 섬에서 태어나 왕이 되었다는 전설이 상통한 점에 주목한 것이다. 이후 가당도의 동굴에서 태어난 아이는 오진 천황에서 무령왕으로 바뀌었다. 요컨대 설화는 전승되면서 여러 계통의 자료와 결합하여 변형되기 때문에 결정적 근거가 될 수 없는 것이다.

다음으로 드는 근거는 가당도가 백제에서 왜로 향하는 항로에 있다는 사실이다. 이에 따르면 가당도는 이키壹岐와 가라츠唐津를 연결하는 직선거리에 있고, 일본 열도에서 한반도에 이르는 고대의 항로가 마츠우라松浦, 가라츠, 요부코呼子에서 가당도-이키-쓰시마對馬를 거치는 연안 루트를 통해 이루어졌다는 것이다. 이 주장처럼 가당도가 백제에서 왜로 향하는 항로에 위치하였고, 기항지였다면 이곳이 무령왕의 탄생

지일 가능성은 커진다.

그런데 가당도가 가라츠에서 이키로 가는 길목이라는 점은 부인할 수 없지만 지금도 주민의 수가 매우 적은 한촌임을 고려하면 기항지였을 가능성은 매우 낮다. 정박할 수 있는 여건이 되지 않는 것이다. 다만 불시착을 할 수는 있다고 보인다.

가당도加唐島와 가라츠唐津의 명칭이 모두 당나라와 관련된 점도 간과할 수 없다. 당나라는 곤지의 도왜 시기로부터 150년 후인 618년에 건

무령왕 탄생을 전하는 동굴

무령왕이 탄생하였다는 동굴은 바다와 접하고 있다. 이 동굴은 '오비야무라'라 불리며, 주변 바닷가의 한국산 포장지가 선명한 쓰레기는 해류의 움직임을 타고 온 것으로 보인다. 100미터 정도 산 위로 올라가면 무령왕이 탄생 후 탯줄을 끊었다는 우물도 있다.

국하였으니 이들 지명은 무령왕이 탄생한 시기의 명칭이 아니다. 임나일본부설의 허구성을 지적할 때 일본이라는 명칭이 7세기 후반에 등장하며, 시기적으로 맞지 않는다는 반론을 상기하면 이해될 것이다. 실제 가라츠가 부상한 시기는 쓰시마와 이키를 거치는 길이 아닌, 곧바로 한반도 서남해안에 이르는 항로의 개발과 관련이 있다. 그 시기는 대체로 9세기 무렵으로, 이를 고려하면 현재의 가당도 명칭은 적어도 7세기 초반에서 9세기 무렵 사이에 등장한 것으로 보인다. 따라서 가당도라는 명칭에서 유래한 '가카라시마'라는 발음에는 의문이 남는다.

또한, 앞서 살펴본 것처럼 세토나이카이를 거쳐 야마토로 향한 곤지의 항로를 생각해보면 이키섬의 동쪽을 거쳐 가는 것이 지름길이 된다. 흥미로운 사실은 쓰시마와 이키섬에 흐르는 쿠로시오 해류는 쓰시마섬의 동쪽으로 돌기 때문에 서쪽 해안으로 가는 길은 해류를 거슬러 항해하기가 어렵다는 점이다. 한반도에서 일본 열도로 가는 항해는 쓰시마 동쪽으로 가는데, 쓰시마 동쪽에 이즈하라 등 대표적 항구가 많은 것도 이를 분명하게 보여준다. 더욱이 현재의 항로와도 일치한다는 점에서 그 신뢰성은 높아진다. 쓰시마 동쪽에서 출발한다면 곧장 후쿠오카福岡 시가 있는 하카다博多만灣으로 갈 수도 있고, 이키섬 동쪽을 거쳐 연안 항로를 따라 하카다만으로 갈 수도 있다. 하카다만으로 가는 항로에는 이토시마糸島 지역이 있어 기항지의 후보가 될 수 있다. 다음으로 이키섬 동쪽에서 출발하면 가라츠 지역으로 상륙할 수 있는데, 여러 항로 중에서 가라츠시로 가는 경로만 가당노를 거칠 수 있다. 무엇보다도 곤지의 도왜 목적이 야마토로 가는 것이었기 때문에 여러 정황상 가당도는 곤지의 도왜 항로가 아닐 가능성이 있다. 이러한 점에서 무령왕의 탄생지에 대해서는 신중한 검토가 요망된다.

이와 관련하여 주목되는 것은 고대 일본의 항로이다. 3세기 중·후반 편찬된 《삼국지》〈왜인전〉을 보면 왜의 야마토에 이르는 길은 김해에서 쓰시마와 이키를 거쳐 마츠우라 혹은 가라츠 지역으로 보이는 말로국末盧國을 거치고, 이토시마로 비정되는 이도국伊都國을 지나 후쿠오카현 하카다에 있는 왜노국倭奴國에 이른다. 이처럼 3세기까지는 한반도

곤지 도왜 당시 추정 항로

곤지의 도왜 항로는 5개가 추정된다. ① 쓰시마에서 이키 서안을 거쳐 마츠우라로 가는 항로이다. 이 경우 중심지인 후쿠오카까지는 연안 항로를 이용하였던 것으로 보인다. ② 쓰시마에서 이키 동안을 거쳐 요부코에 도착하는 항로이다. 이 경우 가당도를 거칠 수 있다. ③ 쓰시마에서 이키 동안을 거쳐 가라츠에 도착하는 항로이다. 이 경우 가당도는 해당하지 않으나 불시착의 경우 가능할 수 있다. ④ 쓰시마에서 이키 동안을 거쳐 이토시마에 이르는 항로이다. 이후 연안 항로를 이용하거나 육로로 후쿠오카에 이를 수 있다. ⑤ 쓰시마에서 후쿠오카로 직접 가는 항로이다. 현재의 항로이나 당시에는 항해술과 선박 문제로 이용되었을 가능성이 적다고 판단된다.

에서 야마토로 갈 때 최단 거리가 아닌 이키섬을 거쳐 일단 육지에 상륙한 후 육로 혹은 해로로 후쿠오카에 다다른 것임을 알 수 있다. 당시는 육로보다는 해로를 많이 이용하였는데, 이러한 연안 항로는 항해 기술의 불안한 단면을 보여준다. 고대에는 나침반이 없어 방향 설정이 어려웠고, 항해 여건도 매우 열악하였기 때문이다.

우리나라의 경우 육지를 보면서 이동하는 연안 항로가 대세였다. 그러나 4~5세기에 이르러 항해 경험이 축적되고 선박의 제조 능력과 항해 기술이 발달하면서 점차 바다 멀리로 항해를 시작하였으며, 이후 서해를 횡단하는 항로가 개척되었다. 일본 열도 역시 처음에는 섬을 연결하는 최단 코스로 항해를 하다 점차 목적지 중심의 항해로 발전한 것으로 보인다. 세토나이카이로 가는 최단 항로인 오키노시마沖ノ島의 제사 유적이 4세기 후반부터 보이며, 이후 한반도 관련 동경이 출토된다는 것은 이 무렵부터 항로상 변화가 있었음을 보여준다. 따라서 점차 가라츠에서 후쿠오카까지 가는 항로의 불편함을 극복하고 최대한 목적지에 근접하는 항해술이 개발되었을 것이다. 이러한 점에서 본다면 곤지가 야마토로 간 5세기 후반에는 섬을 연결하는 항로, 즉 가라츠 방면보다는 최단 항로인 후쿠오카 방면으로의 항로가 개발되었을 가능성이 있다고 생각된다.

후쿠오카 방면에서 주목되는 지역은 후쿠오카현 서쪽에 있는 이토시마다. 이토시마는 요부코나 가라츠에 도착한 배가 연안 항로로 이를 수 있는 길이지만 이키에서 후쿠오카로 직접 가는 하카다만의 돌출 부분에 해당한다. 예전에는 섬이 많았는데 간척사업으로 현재의 모습을 갖춘 것으로 알려져 있다. 바로 후쿠오카현과 맞닿은·돌출부는 1889년 행정구역 개편 이전에는 시마志摩군으로 불렸다. 군의 명칭이 공교롭게도 무령왕의 이름과도 일치하고 있는데, 이곳도 명칭과 항로를 고려하면 무령왕의 탄생과 관련이 있을 가능성이 있다.

무령왕 탄생 설화를 심층적으로 들여다보면 이에 대한 해결의 실마리를 찾을 수 있다. 앞서 살펴본 유라쿠 5년(461) 무령왕의 탄생 설화를 전하고 있는 《일본서기》 본문에서는 각라도(가카라시마)에서 태어났고, 이로 인해 아이의 이름을 도군嶋君이라 하였고, 이 섬을 주도主嶋라 하였다 한다. '시마'를 이름으로 하고 있고, 섬을 임금의 섬이라 하는 것이다.

그런데 무령왕의 즉위와 관련하여 부레츠 4년(502)에 다시 한번 탄생 설화가 언급되고 있는데, 이때는 각주에서 《백제신찬》을 인용하고 있다. 앞서 이야기한 것처럼 《일본서기》는 백제 관련 자료를 바탕으로 찬자의 관점에 의해 왜곡되었는데, 그 저본이 된 역사서를 보여주는 것이다. 이 중 《백제신찬》은 의도성이 비교적 약하며, 왜와의 관련성도 크지 않아서 학계에서는 가장 신뢰성이 있는 사서로 꼽고 있다. 《백제신찬》이 원래의 자료에 가깝다면 그 내용이 《일본서기》 본문보다 더 신뢰할 수 있는 자료임이 틀림없으므로 이제 이에 대한 검토가 필요하겠다.

《백제신찬》의 원문을 그대로 해석하면 "각라各羅의 바다海 가운데 주도가 있는데, 왕이 태어난 섬인 까닭에 백제인들이 주도라 부른다"로 할 수 있다. 일단 《일본서기》처럼 각라도가 아닌 각라해各羅海로 표기된 점이 주목된다. 즉 '가카라'는 섬이 아닌 바다인 것이다. 이를 《일본서기》 찬자가 섬으로 오인하여 '가카라시마'라고 했음을 알 수 있다. 요컨대 '주도', 즉 임금의 섬이지 '가카라시마'가 아닌 것이다.

다음으로 '각라'의 명칭에서 '라羅'는 '사방을 망라하다' 혹은 '늘어서다', '두르다'라는 의미이다. 그렇다면 '각라'는 각기 띠처럼 두른 섬의 모양을 표현한 명칭일 가능성이 크다. 공교롭게도 이러한 형세는 이토시마에서 하카다만으로 이어지는 돌출부를 연상케 한다. 따라서 항

무령왕 탄생 설화를 전하고 있는 《백제신찬》

이해 백제 말다왕이 무도하여 백성들에게 포학하였으므로 나라 사람들이 마침내 제거하여 도왕嶋王을 세우니 이가 바로 무령왕이다[《백제신찬》에 이르기를 말다왕이 무도하여 백성들에게 포학하였으므로 나라 사람들이 함께 제거하여 무령왕을 세웠다. (무령왕은) 휘諱가 사마왕이고 곤지 왕자의 아들이니 말다왕의 배다른 형이다. 곤지가 왜로 갈 때 축자도筑紫嶋에 이르러 사마왕을 낳아 섬으로부터 되돌려 보냈는데 서울에 이르지 못하고 섬에서 낳았기 때문에 이렇게 불렀다. 지금 각라各羅의 바다 가운데 주도主嶋가 있는데 왕이 태어난 섬인 까닭에 백제인들이 주도라 부른다. 지금 살펴보건대 도왕은 개로왕의 아들이고 말다왕은 곤지왕의 아들이라는데 이를 배다른 형이라고 말한 것은 자세하지 않다.

是歲 百濟末多王無道 暴虐百姓 國人遂除 而立嶋王 是爲武寧王 [百濟新撰云 末多王無道 暴虐百姓 國人共除 武寧王立 諱斯麻王 是琨支王子之子 則末多王異母兄也 琨支向倭 時至筑紫嶋 生斯麻王 自嶋還送 不至於京 産於嶋 故因名焉 今各羅海中有主嶋 王所産嶋 故百濟人號爲主嶋 今案 嶋王是蓋鹵王之子也 末多王 是琨支王之子也 此曰異母兄 未詳也(《日本書紀》16 武烈天皇 4年條)

로와 명칭 그리고 지형뿐만 아니라 사료의 신뢰성 부분을 고려하면 이 토시마의 과거 지명인 시마군에 주목할 필요가 있다. 물론 이러한 추정 또한 'Fact'라고 단정할 수는 없다. 여러 가능성을 두고 활발한 연구와 논의를 거칠 때 무령왕이 태어난 곳에 대한 역사적 실체에 다가설 수 있다고 확신한다.

무령왕의 이름은 왜 사마였을까

'무령'은 죽은 후 왕에게 붙여진 시호이며, 원래 이름은 '사마'이다. 섬을 이름으로 하였다면 이에 대해 매우 자부심을 느꼈다는 것은 쉽게 짐작할 수 있다. 만약 그가 사람이 거의 살지 않은 가당도라는 섬에서 태어났다면, 이런 궁벽한 섬에서 태어난 사실을 자랑스러워했을까. 뒤에서 살펴보겠지만 무령왕은 그의 계보를 정리할 정도로 철저하게 자신과 관련된 부분을 신성시했다. 아마도 사람들이 '주도'라고 불렀던 점도 이와 관련이 있을 것이다. 이 점을 고려하면 무령왕은 가카라해의 섬에서 태어나 활발한 해상 활동을 하였고, 이 때문에 '주도'라는 명칭이 생겼다는 설명이 훨씬 그럴듯하지 않을까? 이는 무령왕이 귀국한 후 왕이 될 수 있는 기반과도 연결될 것이다.

　무령왕을 '도군'이라고 한 점도 간과할 수 없다. 왕을 뜻하는 '군君' 자에, 이름은 섬을 뜻하는 '시마'라고 한 것이다. 이는 섬을 이름으로 가진 왕이며, 그 섬을 '주도'라고 한 것과 통한다. 이처럼 무령왕과 관련된 명칭이 모두 섬과 관련되고 있는데, 단순히 그가 섬에서 태어났기 때문에 비롯된 것만은 아닐 것이다.

이와 관련하여 주목되는 인물은 소가노우마코蘇我馬子이다. 그는 6세기 후반에서 7세기 초 일본 최고의 귀족으로 천황을 좌지우지할 정도로 권력을 농단한 소가씨 일인 집권 시대를 연 인물이다. 그가 백제계 목씨라는 주장도 꽤 지지를 받지만 분명한 것은 백제계 도왜인들을 기반으로 권력을 장악할 수 있었다는 점이다. 그의 세력 근거지인 가와치河內 지역과 아스카飛鳥 지역도 백제계 도왜인들의 활동 지역과 일치한다.

이러한 그를 '도嶋' 대신이라고 불렀던 점은 어떻게 설명할지 궁금하다. '도'는 원래 바다 가운데 있는 섬을 가리키지만, 연못과 흙을 쌓아 올린 정원이라는 다른 의미도 있다. 그가 '도 대신'이라고 불렸던 것은 뜰 가운데 연못을 파고 그 속에 섬을 쌓았던 것에서 유래하였다. 따라서 '도 대신'이라는 호칭은 남들이 갖지 못하는 그의 위상을 보여주는 표현임을 알 수 있다. 마찬가지로 무령왕이 '도군'이라고 불렸던 것도 그의 위상과 직결되는 활동상을 보여주는 것이라고 생각된다. 따라서 '사마'라는 이름은 무령왕의 탄생지뿐만 아니라 성장 및 활동과도 직결된 것임을 알 수 있다.

곤지, '가와치 신화'를 창조하다

고향을 떠나 머나먼 타국 땅에 정착한 이들의 심정은 어떠하였을까. 더 살기 좋은 곳을 찾아온 이들도 있을 터이고, 피치 못할 사정이 있는 사람, 그리고 어떤 목적을 위해서 비장한 각오로 온 이들도 있었을 것이다.

백제인들은 한반도에서 배를 타고 일본 열도로 이주하였다. 이들의 이동 흔적이 바닷길의 요로에서 많이 발견되고 있는 것도 이와 밀접하게 관련이 있다. 그중에서도 백제인들이 집중적으로 정착한 곳은 규슈 일대와 가와치 지역이었다. 규슈 일대는 무령왕이 탄생하고 성장한 곳이며, 가와치 지역은 동성왕의 탄생과 성장지였다. 두 지역에서 백제 왕이 배출된 것이 우연만일 수는 없고, 연고지에서 거느렸던 세력의 힘이 크게 작용했으리라 짐작된다. 특히 이 두 사람의 아버지가 곤지로 추정되므로 우선 곤지의 정착지인 가와치 지역을 살펴볼 필요가 있다.

백제인들이 정착한 가와치 지역과 아스카

가와치 지역은 명칭에서도 드러나듯 하천 안에 있는 곳이라는 의미다. 내해적인 요소가 강조된 것으로 보아, 한국의 내포 지역과 비슷한 의미로 이해하면 된다. 바다에서 내륙으로 가는 요충지이지만 수도인 야마

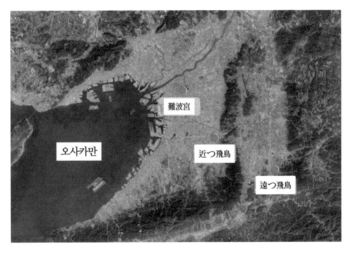

치카츠아스카近つ飛鳥와 아스카飛鳥

치카츠아스카와 아스카 두 곳에는 모두 아스카가와가 흐르고, 백제계 도왜인들의 밀집 거주지였다는 공통점이 있다. 치카츠아스카 지역은 간척이 진행되어 육지화되었지만 5세기 당시에는 바닷물이 상당히 내륙 깊숙이 만조하여 저습지였을 것으로 보인다. 처음 백제인들은 치카츠아스카 지역에 정착하였고, 이후 아스카 지역까지 활동 영역을 넓힌 것으로 생각된다.

토와 접하고 있다는 점에서 큰 차이가 있다.

아울러 가와치 지역은 치카츠아스카近つ飛鳥라고도 불린다. 사실 아스카飛鳥라는 말은 우리에게 매우 익숙한 단어다. 일본이 자랑하는 고대 문화는 익히 알려졌듯이 아스카 문화라 불린다. 아스카 문화는 7세기 무렵 스이코推古 천황 때 정치 중심지 나라 분지 남쪽의 아스카 지역에서 발달하였는데, 불교 문화가 융성했다. 백제 성왕은 552년 노리사치계를 왜에 보내 불상과 불경을 전해주었다. 이에 따라 6세기 말 아스카 지역에는 일본 최초의 사찰인 아스카데라飛鳥寺가 건립된 것을 비롯하여 7세기 전후에 많은 사찰이 세워졌다. 이들 대부분이 백제계 사찰인 것은 어쩌면 당연한 결과다.

사찰을 지으려면 건축과 토목 기술이 필요하며, 불상과 탑 그리고 불화 제작에 필수적인 금속공예와 회화, 예불 방식 등 전반적인 불교 문화에 대한 이해가 선행되어야 한다는 사실을 놓쳐서는 안 된다. 불교 문화는 고대의 생활과 의식을 보여주는 일종의 덧창인 것이다. 스이코 천황 때에는 우리에게 잘 알려진 호류지法隆寺를 건립할 정도로 불교 문화가 융성해지기 시작하였다. 죠메이舒明 천황 때에는 백제대사를 지은 후 예불을 드리면서 백제 의복을 입고 백제어로 말을 하였다 하니 당시 일본 열도에서의 백제 열풍을 짐작할 수 있다.

그런데 백제인들이 정착한 지역인 치카츠아스카라는 이름에서 '치카츠'는 '가깝다'는 의미다. 따라서 '가까운 아스카'로 풀이된다. 그렇다면 먼 아스카 지역도 있다는 말인가? 실제 그렇다. 토오츠아스카遠つ飛鳥 지역도 분명 존재한다. 그러나 편의상 둘을 구분할 때만 나누어 부르며, 일반적으로 아스카 하면 토오츠아스카를 지칭한다.

그렇다면 아스카라는 말은 어디에서 유래하였을까. 우선 백제계 도왜인들이 정착한 곳의 지명인 '아스카(안숙安宿)'군에서 유래되었다는 주장이 있다. '안숙'이란 한자의 뜻이 '편하게 머무르다'라는 의미이며, 이 '안숙'이 일본의 '아스카'라는 말로 변했다는 것이다.

한편 한자 음가인 '비조'는 '날 새'라는 뜻이 있어서 '날이 새다'는 의미로도 볼 수 있으므로 이를 이곳의 지명인 '아스카(명일향明日香)' 명칭과 연결하기도 한다. 즉 '명일'은 다음 날이기 때문에 '날이 샌 다음 날'이라는 것이다. 이러한 분석이 흥미롭긴 하지만 어디까지나 추정에 불과하여 더 논의하기는 어렵다. 하지만 두 지역 사이에 아스카라는 공통의 명칭이 있음을 놓쳐서는 안 된다.

이러한 공통점 말고, 가깝고 멀다는 두 지역 차이의 기준은 오사카만이다. 여기에서 치카츠아스카라는 명칭은 오사카만에서 가까운 아스카 지역이라는 말에서 유래되었음을 알 수 있다. 두 지역에서 모두 백제계 도왜인과 관련된 중요한 유적이 발견되고 있다. 이러한 현상이 두 지역을 아스카로 묶어주는 가교 역할을 하고 있음을 짐작할 수 있다. 이제 백제인들이 가와치 지역에서 어떤 역할을 하였는지 그 현장을 찾아가 보기로 하자. 그 현장을 생생하게 설명해줄 인물로는 단연 곤지를 꼽을 수 있다.

| 곤지가 아스카에 정착한 이유 |

왜로 파견된 곤지는 치카츠아스카 지역에 정착하였다. 그는 하필 왜 이 곳에 정착하였을까. 겉으로 드러난 가장 확실한 이유는 이곳이 백제계 도왜인들의 밀집 지역이라는 점이다. 이 지역에 왕인의 후예 씨족인 서

문西文씨와 왕진이王辰爾 후예 씨족인 선사船史·진사津史·백저사白猪史씨 등 백제계 씨족들이 많이 보이는 것도 이를 반증해준다. 이들의 흔적은 아스카센즈카飛鳥千塚와 신도하이지新堂廢寺 등 수많은 백제계 굴식돌방무덤과 사찰로도 입증된다.

또한 지리적 여건도 고려되었다. 치카츠아스카는 세토나이카이와 야마토를 연결하는 교통의 요충지로서 야마토 정권이 선진 문물을 받아들이는 관문에 해당하는 곳이다. 백제계 도왜인들이 이곳에 집중적으로 정착한 것은 그들의 역량을 발휘할 수 있는 최적지였기 때문이다. 야마토는 주변을 점차 통일하면서 일본 열도를 체계적으로 통치하고자 했는데, 백제의 선진 문물과 제도를 수용하는 것은 시스템을 갖추는 데 매우 유용한 방안이었다. 이때 백제와 야마토를 매개해주는 역할을 한 것이 백제계 도왜인들이었던 것이다. 야마토의 관문에 백제인들이 적극적으로 정착하였던 것은 이러한 정치적 분위기와 무관하지 않다. 그러면 백제계 도왜인들은 가와치 지역에서 어떠한 역할을 했을까.

| 백제계 도왜인, 새로운 신화를 창조하다 |

가와치 지역은 야마토에 이르는 관문이지만 오사카만의 호리에(굴강掘江)와 야마토가와는 상습 범람지였다. 상습 범람지는 갯벌로 인해 농사짓기 힘든 곳이다. 만약 이곳이 살기 좋은 곳이었다면 이미 많은 사람들이 정착했을 것이고, 백제인들이 이들을 비집고 들어설 틈이 없었을 것이다. 백제인들의 신화는 여기에서 시작되었다. 그들만이 가지고 있던 선진 기술을 최대한 발휘하여 버려진 땅을 옥토로 만들었던 것이다.

이들은 하천의 범람과 물을 통제하기 위해 사야마이케狹山池와 가메이龜井 등의 저수지와 제방을 쌓아 농사를 지을 수 있는 여건을 만들었다. 이 공사에는 백제인들의 새로운 토목과 관개 기술이 이용되었다. 백제인들이 활용한 부엽공법은 풀이나 나뭇가지를 활용해 지반이 약한 곳을 보강하여 지반에 탄력을 주는 새로운 기법이었다. 이 공법이 백제 풍납토성과 김제 벽골제 등에서 보이는 것으로 보아 백제의 영향임을 확인할 수 있다. 치수와 경지 확보에만 그친 것이 아니었다. 이들이 가

사야마이케 토층 단면(제1구역의 모습)

사야마이케는 계곡을 막아 형성된 대규모 저수지이다. 이를 축조하기 위하여 백제의 기술인 부엽공법과 판축 기법을 사용하였다. 그림의 토층은 제1구역의 단면을 잘라 전시한 것이며, 후대에도 수차례에 걸쳐 개수가 진행되었다. 사야마이케의 축조로 수십 킬로미터 떨어진 오사카 시내에까지 물이 공급되었다니 얼마나 대단한 공사였는지 짐작할 수 있다.

진 선진 농업기술을 도입하자 생산량이 늘어났다. U자형 가래 날, 삽, 괭이 등 우수한 철제 농기구는 작업 효율을 높였고, 물을 통제하여 상습전常濕田을 건전乾田으로 만든 결과 생산량이 크게 향상되어 백제인들이 이주한 시기에 이 지역의 생산력은 다른 지역에 비해 3배나 늘어났다. 일본사에서 가히 농업혁명의 시기라고 부를 정도로 기적이 일어난 것이다.

이처럼 자원과 물자가 풍부한 일본 열도를 체계적으로 개발할 수 있는 선진 기술과 인력의 수요가 늘어나자 많은 백제인이 야마토의 관문인 가와치 지역에 이주하여 자신들의 새로운 삶을 개척하였다. 이들에 의해 개발된 가와치 평야의 생산량은 더욱 늘어났다. 우리가 눈여겨볼 점은 바로 물적·인적 자원의 증대이다. 생산량이 많아지는 것은 국가의 세금 증대와 연결되고, 경제력의 우월로 직결된다. 인적 자원의 증대 또한 유사시에 군사력으로 연결되어 다른 지역과의 경쟁에서 우위를 점할 수 있다. 이처럼 야마토의 입구인 가와치 지역의 개발은 야마토국이 일본 열도를 통일할 힘의 원천이 된 것이다. 일본 고대의 성씨 분포도를 기록한 《신찬성씨록新撰姓氏錄》에 의하면 가와치 지역의 68씨족 중 48씨족이 한반도 이주민 출신이어서 대략 70퍼센트에 해당한다. 한반도 이주민 중 대다수가 백제인들이기 때문에 이들이 얼마나 많이 가와치 지역에 이주했는가를 짐작할 수 있다.

곤지가 가와치 지역에 정착한 이유도 이로써 명확해진다. 곤지는 백제계 도왜인들의 밀집 지역에 정착하여 이들의 구심적 역할을 하고, 정치적 역량을 강화하고자 하였다. 흥미로운 사실은 곤지가 처음으로 이러한 시도를 한 것은 아니었다는 점이다. 곤지에 앞서 《일본서기》 닌토쿠仁德 41년에 주군酒君이 이시가와石川 지역에 정착한 사실이 확인된다. 그가 정착한 시기는 5세기 초반으로 추정되며, 광개토왕의 남하에 따라 왜와의 우호를 다지기 위한 것으로 보인다. 이어 유라쿠 2년에 지진원池津媛도 이시가와 지역에 정착하였다. 고구려의 압박이 거세지자 이처럼 백제의 유력한 인물들이 정착한 가와치 지역에 제2인자인 곤지를 보낸 것이다.

가와치 지역에 보이는 백제인들의 흔적

수많은 백제 사람들은 풍운의 뜻을 품고 현해탄을 건너 가와치 지역에 정착하였다. 낯선 이국땅에서 둥지를 튼 흔적을 알 수 있는 자료가 드물게나마 남아 있다.

| 백제계 도왜인, 일본 사찰의 기초를 다지다 |
백제는 552년 왜에 불교를 전해주었고, 596년에는 아스카 지역에 일본 최초의 사찰인 아스카데라를 건립하는 데 큰 도움을 주었다. 그런데 백제에서 전래하였지만 왜의 불교는 백제와 조금 다르다. 초기의 절은 대부분 씨족이 세운 절이 많으며, 그래서 이를 씨사氏寺라고 부른다. 백제가 주로 국가 내지는 왕실에서 사찰을 건립한 것과 차이가 난다.

먼저 하비키노羽曳野시에는 백제계 도왜인인 선사씨가 창건한 야츄지野中寺라는 절이 있다. 선사씨의 시조는 유명한 학자인 왕진이라 전한다. 그는 553년 선박의 세금을 징수하는 선사船史로 임명되어, 이 성씨

- 야츄지

야츄지는 후네船史씨가 창건한 씨사氏寺이다. 나라 시대에 창건된 야츄지는 명찰로
이름이 났다. 현재의 야츄지는 에도江戶 시대 때 재건된 것이며, 중문터와 대웅전
터, 탑터, 회랑터 등의 초석만 남아 있다. 후네씨는 왕진이王辰爾를 시조로 하는 백
제계 도왜인으로 선박의 세금 징수를 담당하였기 때문에 후네라는 성씨를 받았다.

- 사이린지

사이린지는 일본에 천자문을 전해준 왕인 박사를 시조로 하는 서문西文씨의 씨사
이다. 창건된 당시에는 매우 웅장하고 화려하였지만 잦은 병화兵火와 메이지 천황
의 폐불廢佛 정책으로 지금은 주택가 골목의 사원으로 전락하였다. 사이린지의 심
초석은 긴 변의 길이가 3.2미터, 추정 무게가 2.8톤에 달해 절의 규모가 매우 컸음
을 짐작할 수 있다.

의 기원이 되었다. 이들이 재정·문필·외교에서 활약한 것도 이와 관련이 있다. 문자를 잘 알았기 때문이다. 야츄지는 야마토에 이르는 주요 도로인 타지히미치丹比道, 곧 고대 교통로의 요지에 세워졌다.

다음으로 왕인 박사를 시조로 하는 서문씨의 씨사인 사이린지西林寺도 있다. 사이린지 또한 주요 교통로인 히가시코야카이도東高野街道와 다케우치카이도竹内街道가 교차하는 지점에 있다. 갈정葛井씨의 씨사인 후지이데라藤井寺도 야마토가와와 이시카와가 합류하는 지점에 있는데, 히가시코야카이도로 통하는 교통의 요지다. 이 사찰은 백저사白猪史라는 씨성을 하사받은 담진膽津이라는 인물로부터 비롯되었다. 이처럼 가와치 지역에 정착한 선사·백저사·서문씨는 각기 씨사를 중심으로 활동하였다.

| 최고의 찬사 '메이드 인 구다라', 백제계 도왜인의 생산 유적 |
백제인들의 기술과 그들이 생산한 제품은 일본 열도 내에서 열풍을 불러일으켰다. '구다라 나이'는 '백제 것이 아니다'라는 말로, 별볼일 없다는 뜻이다. 즉 백제의 물건이 아니면 그저 그렇다는 말이다. 오늘날의 한류 열풍이 무색할 정도이다. 그러면 이들의 흔적을 보여주는 주요 생산 유적을 살펴보자.

대륙의 말이 섬의 초원을 가로지르다, 시토미야키타 유적 시토미야키타部屋北 유적은 가와치 지역 북쪽에 있는 시죠나와테四條畷시에 있다. 이 지역은 서쪽에는 호수, 동쪽은 이코마生駒산맥으로 둘러싸인 곳으로, 말을 방목하는 데는 천혜의 요지였다. 이곳에서는 한반도와의 밀접한 관계

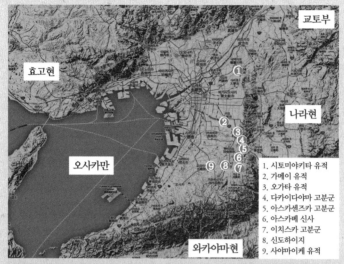

1. 시토미야키타 유적
2. 가메이 유적
3. 오가타 유적
4. 다카이다야마 고분군
5. 아스카센즈카 고분군
6. 아스카베 신사
7. 이치스카 고분군
8. 신도하이지
9. 사야마이케 유적

- 가와치 지역에 보이는 주요 유적 위치도
- ● 시토미야키타 출토 말 유구

　오사카부 시죠나와테(四條畷)시에 위치한 이 유적에서는 말 유구와 함께 말을 키운 사람들이 생활한 주거지가 다량 확인되었다. 현재 이 유구는 치카츠아스카 박물관에 소장되어 있다. 《일본서기》 오진기(應神紀)에는 백제 왕이 아직기를 통해 왜에 좋은 말 두 필을 보냈고, 아직기는 그 말들을 사육하였다는 기록이 있다. 당시 그 만큼 말을 중시하였고, 백제 이주민에 의해 말 사육이 이루어지고 있음을 보여준다 하겠다.

• 가메이 유적

오사카부 야오八尾시에 위치한 제방 유적이다. 둑은 높이 약 1.5미터, 폭 약 8~12
미터, 길이 80미터 이상이다. 둑 하반부를 보강하기 위해 부엽공법을 사용한 흔적
이 보인다. 토층 사이에 식물 줄기와 껍질 같은 보강재를 넣어 완성한 것이다. 이
러한 백제의 새로운 기술이 선보인 것은 이를 축조한 집단이 백제계 도왜인이라는
점을 말해준다.

• • 사야마이케 박물관

사야마이케 박물관은 오사카부 사야마시에 위치한다. 이곳에서는 당시 토층을 전
사하여 전시하고 있으며, 나무관을 통해 물을 대고 있는 장면을 연출하였다. 사야
마이케 유적은 전체 둘레가 약 3킬로미터, 전체 면적은 약 30헥타르이다. 축조 연
대는 616년으로 알려져 있다.

를 보여주는 한식계 토기와 영산강 유역에서 출토된 흙으로 만든 U자형 부뚜막이 나오고 있어, 시토미야키타 유적이 백제와 관련이 있음을 보여주고 있다. 실제 백제에서 보낸 아직기가 처음에 말을 기르는 일을 하였던 것을 볼 때, 왜는 유학 못지않게 말도 매우 중시하였음을 알 수 있다. 말은 전쟁에서 기동력과 화력을 갖춘 병단의 필수적인 물자였기 때문에, 말의 양성은 국가의 중요한 시책이었을 것으로 짐작된다. 백제에서 전래한 말과 관련된 기마 문화는 야마토의 부상에 큰 기여를 하였음을 알려준다.

백제의 신기술 부엽공법이 선보인 가메이 유적　가메이龜井 유적은 가와치 지역의 야오八尾시에 위치한 제방 유적이다. 예전의 가와치호 남쪽 약 3킬로미터 정도 저지대에 있으며, 오사카만으로 통하는 곳이다. 수해가 잦은 지역이기 때문에 수전을 지키기 위해 축조한 것이며, 백제 토목 기술인 부엽공법으로 축조되었다. 백제인들의 기술이 도입된 것은 이를 축조한 집단이 백제계 도왜인이었음을 알려준다. 이 유적과 인접한 시로야마城山 고분에서 백제 토기가 다수 출토된 것도 이를 확인시켜준다.

산의 물을 막아 대지를 적시다, 사야마이케 유적　사야마이케狹山池 유적은 오사카 남동부의 사야마시에 분포해 있다. 616년에 처음 조성된 것으로 알려졌으며, 백제계 도왜인인 승려 행기行基가 731년에 개수한 것을 비롯해 여러 차례 개축되었다. 8세기, 14~15세기 등 한반도에서 제방을 대대적으로 개수한 비슷한 시기에 일본에서도 개축하고 있다는 점도 흥미롭다. 또한, 시대를 내려올수록 점점 규모가 커지고 있는 점도 눈여겨봐야 한다. 현재 남아 있는 사야마이케는 백제의 기술이 접목된 초기 단계의 저수지가 아니라는 점도 놓쳐서는 안 된다. 당시에는 제방을 쌓기 어려워 자연스럽게 계곡 사이를 막아 인력의 절감과 기술상의 어려움을 극복하였다. 무엇보다도 이 제방을 축조할 때 백제의 부엽공법이 도입되었다는 것은 이를 주도한 인물이 백제계 도왜인이었음을 말해준다. 이 저수지의 관개농법으로 오사카 평야지대까지, 심지어는 시텐노지四天王寺 부근까지 물이 제공되었다니, 백제의 토목 기술이 오사카 일대를 옥토로 만든 일등공신임을 현장에서 느낄 수 있다.

백제 제철기술의 현장, 오가타 유적　　오가타大縣 유적은 기나이畿內 지역 최초의 백제계 굴식돌방무덤이 있는 다카이다야마高井田山 고분의 서쪽에 위치한다. 제철은 농기구와 무기류의 대량 생산이 가능한 기술혁신이었다. 원래 가야 지역에서 양질의 철이 생산되었는데 이후 일본 열도에서도 이 기술을 이어받아 철을 생산하기 시작하였다. 이러한 면에서 기나이 지역인 오가타 유적에서 대규모 제철 유적이 발견되었다는 점은 주목할 만하다. 그런데 오가타 유적에 인접한 수혈 주거지에서 한반도산 회청색 경질토기와 연질시루가 출토되었다. 시루 형태도 한반도 서남부 지역과 유사하여 이 지역에는 백제계 도왜인인 야철 기술자 집단이 정착한 것으로 보인다. 소형의 미니어처가 출토된 것도 백제의 영향으로 보이기 때문에 이곳이 백제와 관련이 있음이 보다 분명해진다. 연대 측정에 의하면 5세기 말에서 6세기 초로 판명되고 있어 다카이다야마 고분을 축조한 집단과 관련이 있는 유적으로 보아도 무방하다.

오가타 유적 현장과 한식계 토기

오가타 유적은 가시와라시 이코마生駒산 서쪽 기슭 남단부에 위치한
대규모 취락 유적이다. 이곳에서는 송풍구와 야철 덩어리가 출토되어 현장에서
철을 생산하였음을 알려준다. 또한 인근의 취락 유구에서는 한식계 토기가
출토되어 거주민들의 출신을 말해준다. 현재 유물은 가시와라 시립역사자료관에
전시되어 있다.

| 백제인들의 무덤과 유물이 일본 열도에 있는 까닭 |

일본 열도는 4세기 이후 고훈古墳 시대라고 부르며, 이 시기 대표 무덤으로는 전방후원분을 꼽을 수 있다. 반면에 백제는 굴식돌방무덤이 유행하였다. 그런데 기나이 지역에 이러한 백제 중앙의 무덤이 등장하고 있다. 무덤뿐만 아니라 무덤 속에 부장된 유물에서도 백제의 색깔이 완연하게 보인다. 바로 백제인들이 이곳에 정착하였기 때문에 백제 무덤을 쓴 것은 아닐까.

기나이 지역 최초 백제계 굴식돌방무덤, 다카이다야마 고분　　다카이다야마 고분은 야마토가와와 이시가와가 합류하는 교통의 요지에 위치한다. 구릉 위에 자리 잡고 있으며, 기나이 지역 최초의 백제계 무덤이라는 점이 주목된다. 특히 이 무덤의 위치는 야마토가와를 전망할 수 있는 최적의 위치라는 점에서 위계가 가장 높으며, 따라서 이 지역 일대의 교통로를 관할하던 인물과 관련이 있지 않나 생각된다.

　무덤은 2기가 있으며, 동쪽 무덤의 주인공은 금제 귀걸이와 청동제 다리미 등이 출토된 것으로 보아 여성으로 보이는데, 이와 같은 부부 합장묘는 일본에서는 볼 수 없는 형식이다. 또한, 금층金層의 유리옥은 이중의 유리옥 사이에 금박을 끼워 넣은 것으로 한반도에서 유래한 것이다. 청동제 다리미 역시 무령왕릉 출토품과 판박이처럼 유사하다. 관정을 사용한 목관도 당시 일본 열도에서는 찾아볼 수 없는 현상으로, 백제 목관의 영향을 직접 받은 것으로 보인다. 이처럼 다카이다야마 고분은 무덤의 형식뿐만 아니라 유물도 백제 계통이 많아 당대에 백제에서 이주한 인물로 볼 수 있다.

다카이다야마 고분의 건립 시기는 일반적으로 5세기 후반으로 보나 학자에 따라 6세기 초반까지 보기도 한다. 특히 무덤의 주인공을 곤지의 자식 중 하나로 보는 견해가 있을 정도로, 백제와 왜가 교류한 흔적을 가장 잘 보여주는 유적이다. 무엇보다도 백제계 도왜인의 구심점 역할을 한 인물일 가능성이 크며, 이 때문에 가장 좋은 교통로의 교차 지점에 묻힌 것으로 생각된다.

낯익은 유물이 보이는 이치스카 고분군 이치스카—須賀 고분군은 미나미가와치南河內군에 위치하며, 서쪽으로 이시가와가 흐르고 뒤편으로 세계유산으로 등재된 후루이치高市 고분군이 멀리 조망된다. 치카츠아스카박물관이 건립될 정도로 일본 긴키近畿 지역의 대표적인 고분이다. 박물관에서는 이곳에서 출토된 유물을 전시하고 있고, 박물관 능선 위로 올라가면 200여 기가 넘는 고분을 만날 수 있다. 이 중 40여 기는 직접 볼 수 있으며, 실제 무덤에 들어가 보면 완연한 백제계 굴식돌방무덤임을 확인할 수 있다.

여기에서 출토된 유물 또한 백제에서 볼 수 있는 축소 모형의 취사 도구로 낯이 익다. 이는 백제의 매장 의례가 도입된 흔적이라 할 수 있다. 용봉문둥근고리큰칼도 무령왕릉 출토품과 거의 유사하다. 금동 신발과 뒤꽂이 등의 유물에서도 백제인들이 정취를 느낄 수 있어, 이 고분군이 백제계 도왜인들에 의해 축조되었음을 알 수 있다.

무덤이 축조된 시기는 6세기 전반부터이며, 6세기 후반 절정에 이르다가 7세기 중엽에 쇠퇴한 것으로 보인다. 능선을 따라 만들어졌기 때문에 일족의 무덤으로 보는 것이 타당하다. 특이한 양상은 부장품으로 무기가 거의 보이지 않다는 점이다. 이에 주목되는 씨족은 금부錦部씨이다. 성씨의 명칭에서 볼 수 있듯이 금부씨는 직조 관련 씨족임을 쉽게 알 수 있다. 이는 백제에서 진모진眞毛津 등 의복 관련 씨족이 정착한 것에서 확인된다. 또한, 이들이 거주한 지역이 금부군이라는 점은 결정적 근거가 될 수 있다. 이역만리 땅에서 이름도 없이 묻힌 백제계 도왜인의 실체를 확인할 수 있는 것이다.

백제에서도 보기 힘든 대규모 백제인들의 무덤군, 아스카센즈카　　아스카센즈카飛鳥千塚 유적이 위치한 하비키노시 일대는 백제계 씨족들이 집중적으로 거주한 곳이다. 특히 야마토로 이르는 다케우치카이도가 시를 동서로 관통하고 있어 교통의 요지였음을 알 수 있다. 이 유적은 하치부세鉢伏산에서 파생된 능선으로 이어지는 구릉 위에 분포하며 현재 130여 기 정도가 남아 있다.

　무덤은 앞트기식 돌곽무덤으로 백제 사비 시대 후기에 축조된 것으로 보인다. 이 중 간논즈카觀音塚 고분이 가장 유명하며, 석곽 구조는 백제 영향을 받았다. 이 고분군은 곤지의 후예인 아스카베 씨족의 분묘로 추정되고 있다.

백제계 도왜인들의 구심점, 아스카베 신사　　아스카베飛鳥戸 신사는 백제의 좌현왕이었던 곤지를 모시는 곳이다. 주변에는 아스카센즈카라 불리는 고분군이 산재하며, 현재 130여 기의 무덤이 남아 있다. 고분군은 6세기부터 축조되나 뒤편 능선 위에는 간논즈카 고분이 있어 7세기 말기까지 유지되었음을 알 수 있다. 이곳은 야마토에 이르는 주요 도로였던

복원된 다카이다야마 고분

다카이다야마 고분은 야마토가와와 이시가와가 내려다보이는 합류 지점의
산 구릉 위에 2기가 조성되어 있다. 주변을 조망하는 위치에 있고, 좋은 자리이기
때문에 위계가 가장 높은 무덤임을 알 수 있다. 본 돌방무덤은 동쪽에 위치한
무덤을 복원한 것이다. 전형적인 백제식 굴식돌방무덤이며, 청동 다리미와
구슬 등 유물에서 백제의 영향이 분명하게 보인다.

이치스카 고분(좌) 및 무령왕릉(우) 출토 용봉문둥근고리큰칼

이치스카 고분군은 미나미가와치南河內군에 위치한다. 이 지역 최대이며,
오사카부 3대 군집분의 하나이다. 이 고분에서 출토된 용봉문둥근고리큰칼은
그림에 보이는 것처럼 백제 무령왕릉에서 출토된 것과 유사하다. 정교함이
부족하고, 손잡이 부분에서 차이가 나지만 백제에서 제작하여 하사했거나
모방했을 가능성이 크다.

다지히미치가 지나고, 주변에는 야츄지라는 백제계 도왜 씨족인 선사
씨가 창건한 절이 있다. 주요 도로에 절이 위치한 것은 일본 고대 국가
완성기의 일반적인 현상이다. 이 길에 모리모토杜本 신사와 아스카베
신사가 있다. 모리모토 신사는 이시가와에서 갈라진 아스카가와의 주
변에 있어 산 아래 자리 잡은 아스카베 신사보다 상대적으로 번성하였
다. 아스카베 신사는 에도 시대(1603~1867)에 지어졌다고 하나 많이 쇠
락한 모습이다. 하지만 헤이안 시대(794~1185)에는 천황 제사의 기일에
맞추어 칙사를 파견할 정도였다니 그 위세가 대단하였음을 알 수 있다.
아마도 백제계 도왜인들의 역할이 축소되면서 아스카베 신사의 위상도
낮아졌을 것이다. 그러한 면에서 보면 아스카베 신사의 위치는 현재보
다 오히려 이시가와에 가까운 지역, 다시 말하면 아스카가와 주변이었
을 가능성이 크다. 이를 통해 백제계 도왜인들의 주요 활동지가 이시가
와와 야마토가와가 교차하는 교통로의 중심에 있었음을 알 수 있다.

백제계 사찰의 전형을 보여주는 신도하이지　　신도하이지新堂廢寺는 가와치 남
쪽의 중심 지역인 돈다바야富田林시에 있다. 이곳은 백제촌, 하백제 등
의 지명이 남아 있을 정도로 백제와 활발히 교류하였던 지역이다. 신도
하이지는 7세기 전반에 창건된 일본에서 가장 오래된 사찰 중의 하나
다. 발굴 결과 사찰의 초기 형태는 중문-탑-금당-강당이 일직선으로
연결된 일 탑 일 금당 양식으로 판명되었다. 이 구조는 정림사지에서
볼 수 있는 전형적인 백제 양식으로 주목받고 있다. 불교는 고대 집권
국가 체제의 완성에 필요한 핵심적인 문화로, 백제가 이를 전파한 흔적
을 구체적으로 확인할 수 있다. 다만 이후 서방, 동방 건물이 새로 건립

간논즈카 고분

간논즈카 고분은 아스카베 신사의 북동쪽에 위치한 아스카센즈카의 대표적인
고분이다. 분구는 삭평되었으나 지름 13미터 정도의 원분으로 추정된다.
매장 시설은 석곽부와 전실, 연도로 구성된 앞트기식 돌덧널무덤이다.
백제 능산리형 석실의 영향을 받았으며, 7세기 초에 축조된 것으로 보인다.

아스카베 신사

아스카베 신사는 오사카부 하비키노羽曳野시에 위치한다. 이 신사는 헤이안平安
시대 조정에서 제사를 지내는 180개 명신 중의 하나였다. 이에 조정에서 논을
하사할 정도로 격이 높은 신사였다. 현재는 쇠락하여 명맥만 유지하며, 유지와
보수는 일본 정부가 아닌 하비키노시 주민들의 성금에 의해 이루어지고 있다.

되어 최종 형태가 다르다는 점도 고려해야 한다. 백제 문화를 받아들이되 이를 변용하고 있는 모습도 살필 수 있는 것이다. 특별히 이 절터에서 발견된 연화문 와당은 완연한 백제식 기와의 자태를 드러내어 그 의미가 남다르다.

백제와 왜, 전략적 동반 관계 구축 – 곤지 파견의 목적

백제와 왜는 냉혹한 국제 관계의 현실 속에서 유례가 없을 정도로 일관되게 우호적인 관계를 유지하였다. 이는 무엇보다 두 나라가 서로를 필요로 하였기 때문임은 분명하다. 백제는 왜의 물적·인적 자원 지원, 왜는 백제의 선진 문물과 제도가 필요하였기 때문에 서로에게 이득이 될 수 있는 이상적인 관계였다. 이러한 우호 관계가 유지될 수 있었던 배경에는 백제계 도왜인, 그중에서도 가와치 지역에서 활동한 이들의 숨은 공로를 무시할 수 없다.

곤지에 앞서 많은 백제인이 일본 열도에 정착하였고, 이들의 능력에 감탄한 야마토는 이들을 활용할 수 있는 방법을 찾고자 하였다. 백제 또한 이들이 세력화하여 본국에 도움을 준다면 마다할 이유가 없었다. 백제는 점점 압박해오는 고구려에 대응하기 위해서 절박한 심정으로 좌현왕이었던 곤지를 아예 일본 열도로 이주시키는 큰 모험을 감행하였다. 그가 부인과 자식을 대동한 것은 일시적인 체류가 아닌 정착을 목적으로 하였음을 보여준다. 그것이 이주민의 세력화와 관련이 있음은 명확하다. 곤지가 야마토의 관문인 가와치 지역에 정착한 것은 야마토로 집중되는 권력의 흐름을 인식하고, 그가 할 수 있는 최선의 일, 즉 백제계 도왜인을 규합하려는 목적이 있었다.

그가 파견된 당시의 모습을 전하고 있는《일본서기》유라쿠 5년 조에 인용된《백제신찬》에 야마토를 '대왜大倭'라고 표기한 것을 주목하면, 야마토는 여러 왜 세력 중 큰 세력으로 인식되었던 것을 보여준다. 그런데 곤지가 귀국한 이후인 6세기 초반 츠쿠시 지역에서는 이 지역의 유력한 세력가인 이와이磐井가 난을 일으켰다. 이는 야마토 정권이 규슈 지역을 압박하면서 발생한 정치적 사건이며, 야마토의 집권력 강화와도 관련이 있음을 보여준다. 이러한 면에서 곤지가 츠쿠시가 아닌 야마토로 간 이유를 알 수 있다. 물론 곤지가 왜에 파견된 목적으로는 여러 요소가 있지만 곤지의 역할과 정착 상황을 보면서 가장 큰 목적이 무엇이었을까 하는 점을 알 수 있다.

먼저, 좌현왕인 곤지의 체류가 장기간이고, 도읍지가 아닌 백제계 도왜인들의 밀집 지역에 정착한 사실은 곤지가 파견된 목적을 풀 수 있는 열쇠가 된다. 즉 곤지는 백제계 이주민을 규합시켜 야마토 정권과 협력하면서 유사시에 백제를 구원하는 역할을 하려 한 것이며, 이 때문에 군사권을 쥔 임금이라는 군군軍君의 직함을 가졌다고 생각된다. 또한 친백제적인 야마토로의 권력 집중은 백제를 지원할 수 있는 효율적인 체계의 작동이며, 백제계 세력들의 정치적 영향력이 확대되는 길이기도 했다.

요컨대 곤지의 파견은 백제계 이주민들을 규합하고, 야마토를 지원함으로써 백제 군사 지원 체제를 구축하려는 것이 주목적이었다고 할 수 있다. 이처럼 곤지는 가와치 지역에 정착하여 신화를 창조한 백제계 도왜인들의 구심점 역할을 하면서 본국인 백제를 지원하는 역할을 하였다. 이는 자연스럽게 곤지의 세력 기반이 되면서 그의 아들이 백제의 왕으로 즉위할 수 있는 토대가 되었다.

곤지의 파견 목적과 역할은 태자의 신분으로 397년 왜에 파견된 전지왕과 비교하면 보다 분명하게 알 수 있다. 전지왕이 왜에 파견된 시점은 당시 백제 아신왕이 고구려 광개토왕에게 굴복한 시기이다. 고구려의 남하에 맞서기 위해 왜국과의 군사 협력 체제 구축이 매우 절실했기 때문에 태자를 파견하여 이를 구체화하려는 백제 측의 의도를 보여주는 것이다. 이후 주군과 지진원 등의 파견도 일본 열도에서 백제의 영향력을 확대하려는 의도임이 분명하다.

하지만 백제가 곤지를 보낸 것은 이러한 우호 관계가 여의치 않고 다시 전운이 감돌기 시작하자, 백제의 2인자를 보내 군사 협력 체제를 강화하려는 것이 그 목적이었다 할 수 있다. 곤지는 왜의 물적·인적 자원을 최대한 지원받기 위해 야마토와 협조했으며, 그 중심에 백제계 도왜인들이 있었던 것이다. 이러한 군사 협력 체제의 가동은 554년 벌어진 관산성 전투와 백제 부흥 운동기인 663년의 백강 전투에서도 보인다. 한성이 7일 만에 함락되었기 때문에 실제 가동이 되지 못했지만, 곤지가 이룩한 군사 협력 체제가 후대에 결실을 보게 된 것이다.

홀로된 사마, 섬을 무대로 성장하다

사마는 누구의 아들일까 – 출생의 비밀

461년 4월 백제에서 출발한 곤지는 6월 가카라시마에 도착하여 사마를 낳았다. 그런데 곤지가 야마토로 입성할 때에는 사마와 헤어진 상태였다. 그렇다면 사마는 왜 곤지와 헤어졌을까? 이는 무령왕의 출생 비밀을 엿볼 수 있는 단서가 된다. 이제 차례로 무령왕의 계보에 대한 여러 설을 살펴보기로 하자.

| 동성왕의 아들이다 – 유교적 계승 관념 |

《삼국사기》무령왕 즉위 조에는 무령왕을 동성왕의 둘째 아들이라고 하였다. 이름을 사마라고 기록한 점은 무령왕릉 지석과 일치하기 때문

에 《삼국사기》의 사료적 신뢰성은 인정된다. 그렇다면 무령왕은 동성왕의 아들일까.

무령왕은 461년에 태어난 것이 확인된다. 그런데 동성왕은 왕이 될 때 유년幼年이라고 하여 적어도 성년이 아닌 어린 나이에 즉위했음을 알 수 있다. 이는 문주왕의 아들인 삼근왕이 477년 즉위할 때 나이가 13세였음을 참조할 수 있다. 동성왕은 문주왕의 동생인 곤지의 아들이기 때문에 나이 편차가 있더라도 성인이 아닌 것은 분명하다. 그런데 무령왕은 동성왕이 즉위한 479년 당시에 18세였다. 만약 무령왕이 동성왕의 둘째 아들이라면 한 세대를 15년으로 한다고 해도 동성왕은 즉위 당시 적어도 35세를 넘어야 한다.

이런 정황으로 볼 때 무령왕이 동성왕의 아들일 수가 없다. 그렇다면 무령왕은 왜 동성왕의 아들로 기록되었을까. 이는 왕위 계승을 부자 계승으로 보는 유교적 관념에서 비롯된 것으로 보인다. 또한 《삼국사기》 기록에는 실제 부자 사이의 왕위 계승이 아닌 경우 둘째 혹은 셋째 아들로 기술한 것이 보이기 때문에 이와 관련되었다고 보는 견해가 설득력이 있다.

| 개로왕의 아들이다 – 정치적 목적 |

무령왕을 개로왕의 아들로 보는 설은 《일본서기》 부레츠 4년 조의 각 주에 《일본서기》 편찬자가 언급하고 있으며, 이를 주장하는 연구자도 제법 있다. 이 견해에 따르면 무령왕 탄생 설화의 내용 중 동생인 곤지가 형의 부인을 취한 것은 유목 국가에서 흔히 보이는 형사취수兄死娶嫂 제도에서 비롯되었기 때문에 가능성이 있다고 본다. 형사취수제도는

형이 죽으면 동생이 형수와 그 가족을 부양하는 습속을 말한다. 곤지가 형수를 부인으로 맞이하였다는 점은 이와 유사하다. 더불어 무령왕의 어머니가 개로왕의 정비가 아닌 후궁이라면 가능성도 있다.

그런데 앞서 살펴본 것처럼 무령왕이 개로왕이 아들이라면 산달이 임박한 임부를 보낸 점이 이상하다. 후궁이지만 태어날 아이는 엄연히 그의 혈육인데 말이다. 또 살아있는 권력자인 왕이 자기 부인을 동생에게 양보한 것도 형사취수제로 보기 어렵다. 형사취수제는 형이 죽었을 때만 해당하기 때문이다. 아울러 무령왕이 아버지인 개로왕의 명에 따라 태어나자마자 곧바로 백제로 돌아왔다면 개로왕뿐만 아니라 태후와 왕자가 몰살당했다는 《일본서기》 기사와도 모순된다. 이러한 정황을 고려하면 무령왕이 개로왕의 혈통이라는 설은 설득력이 떨어진다. 아마 후대에 무령왕의 계보를 정리하면서 빚어진 정치적 목적 때문이 아닐까 추정된다.

| 곤지의 아들이다! |
《백제신찬》에는 무령왕은 곤지의 아들이며 동성왕의 이모형異母兄이라고 기술하였다. 곤지의 아들이라는 설은 현재 폭넓게 지지를 받고 있다. 이 주장은 《일본서기》에 인용된 《백제신찬》의 사료적 가치가 가장 신뢰할 수 있다는 연구 결과에 힘입은 것이다.

실제 무령왕과 동성왕의 나이를 계산해보니 무령왕이 곤지의 첫아들이고, 동성왕이 둘째 아들이라면 정황과 크게 어긋나지 않는다. 무령왕이 18세면 그 동생인 동성왕은 유년이라고 할 수 있기 때문이다. 따라서 무령왕은 동성왕의 배다른 형임을 확인할 수 있다.

사마가 홀로 남았다면 당연히 그의 어머니도 곤지와 헤어졌을 것이다. 이는 사마의 어머니가 곤지의 정실부인이 아니라는 점을 의미한다. 가족을 데리고 야마토로 향하는 마당에 부인과 아들, 즉 직계가족을 홀로 섬에 두고 가지는 않았을 것이기 때문이다. 실제로 동성왕은 곤지가 정착한 가와치 지역에서 성장한 것으로 보이며, 그가 사마보다 먼저 왕위에 오른 것도 곤지의 적자임을 말해준다. 요컨대 사마가 태어나자마자 아버지와 헤어진 것은 적자가 아닌 서자이기 때문이다. 후에 살펴보겠지만 무령왕의 이러한 신분적 열등감은 자신의 가계에 대한 신성화와 차별화 시도로 이어진다.

이처럼 유독 무령왕의 출생에 여러 가지 이설이 존재하는 것은 그의 혈통에 무언가 문제점이 있는 것을 암시한다. 흥미로운 점은 앞서 제시한 《백제신찬》을 인용한 《일본서기》의 말미에 무령왕은 개로왕의 아들이고, 동성왕은 곤지의 아들인데, 이를 이모형이라고 한 것은 잘 모르겠다고 기술한 내용이다. 이는 《일본서기》 편찬자가 각주를 단 것이 분명하다.

그런데 무령왕의 출생을 언급한 기사를 살펴보면 시간적 순서를 따라 원자료인 《백제신찬》에서는 곤지의 아들로, 《일본서기》 본문에서는 형식적으로는 곤지의 아들이지만 혈연적으로는 개로왕의 아들로 바뀌고 있다. 최종적으로 《일본서기》 각주에서 편찬자는 개로왕의 아들로 인식하였다. 이러한 시기적 순차성을 고려하면 개로왕의 아들이라는 설은 후대에 정리되었을 가능성이 크다. 다만 《일본서기》 편찬자의 인식에서 비롯된 것인지, 그 후손들에 의해서 정리된 것인지는 알 수 없다.

이처럼 상호 대조해볼 만한 기록이 남아 있지 않기 때문에 무령왕의 계보를 더 확인하는 것은 불가능하다. 그렇다면 현실적으로는 무령왕을 개로왕과 연결한 의도를 파악하는 것이 당시의 실상에 접근할 수 있는 단서가 될 수도 있다. 왕으로 즉위한 사마가 가계를 정리했음이 분명하기 때문이다.

만약 무령왕이 곤지의 아들이고, 어머니가 둘째 부인이라면 가장 큰 문제는 왕실 계보가 너무 방계로 이어진다는 점이다. 개로왕의 혈통은 단절되었고, 동생의 아들이 왕위를 잇지만, 그마저도 적자가 아니라면, 이는 왕실 계보의 취약점으로 연결될 수 있다. 반면 무령왕을 개로왕의 아들로 연결하면 이를 해결해줄 뿐만 아니라 한성 시대의 계보와도 이어진다. 이는 무령왕 즉위의 정당성과 정통성을 확보할 수 있는 가장 좋은 방안이다. 더욱이 무령왕은 동성왕이 시해된 후 즉위하였기 때문에 그를 옹립한 한성에서 내려온 귀족들의 지지를 확보하는 부수적인 효과도 얻게 된다.

이처럼 무령왕의 가계는 정치적 의도에 따라 정리되었을 가능성이 크다. 더불어 무령왕은 그의 모친을 개로왕의 부인으로 격상시킴으로써 신분적인 취약점을 보완할 수 있게 되었다. 무령왕 때 신라의 골품제를 연상시키는 골족骨族의식이 강화되는 것은 결코 우연만은 아닐 것이다.

섬을 무대로 활동한 '도군', 사마

사마는 아버지와 헤어졌고, 성장하면서 이름 그대로 섬을 무대로 활동하였을 가능성이 크다. 그런데 그의 행적을 추적할 수 있는 자료는 전혀 없다. 다만 '도군'이라고 불릴 정도로 그의 위상이 높았음을 고려하면 그의 흔적이 여기저기 남겨졌을 가능성이 있다. 곤지가 그의 흔적을 가와치 지역에 남겼던 것처럼 말이다. 그러나 가와치 지역과 규슈 지역은 다르다. 가와치 지역은 백제계 도왜인들의 밀집 거주 지역이었고 이들에 관한 전승도 전하지만, 규슈 지역은 밀집 거주 지역도 아니었고 전승도 없다. 다만 백제계 유적과 유물들이 여러 곳에서 발견되고 있다는 점에서 한가닥 실마리를 찾을 수 있다. 직접 연결하기에는 무리일 수 있지만 사마와 그의 어머니가 백제계 도왜인들과 함께 살았던 곳은 추정할 수 있으며 이 속에서 그 모습을 유추할 수 있기 때문이다.

| 규슈 지역의 백제 문화 흔적 |
일본 내 백제계 유적과 유물의 출토 양상을 살펴보면 초기에는 단연 규슈 지역이 중심이었다. 다만 완연한 백제라기보다는 지역적으로 근접한 전라도 지역 마한 문화의 영향이 보인다. 이는 두 지역이 지리적으로 근접하여 자연스럽게 서로 교류가 이루어지는 것과 통한다. 물론 경남 일대에 포진한 가야의 영향을 받은 유적과 유물이 많이 나타나는 것도 일맥상통한다. 따라서 초기의 일본 규슈 지역에는 백제와 마한 혹은 가야가 혼재한 유적과 유물이 나타나는 것이 정확한 실상이라 할 수 있다.

그러나 5세기 무렵부터 점차 뚜렷한 변화가 감지된다. 백제 중앙의 영향이 보이는 것이다. 이는 앞서 살펴본 것처럼 광개토왕의 남진 이후 전지왕이 왜에 파견되고, 고구려와 백제의 격돌이 예고된 시점에 곤지가 파견되는 등 두 나라의 군사적 협력이 강화되는 것에서 비롯된 것으로 보인다. 백제는 왜를 끌어들이기 위해서 이들이 필요로 하는 선진 문물과 제도를 제공하고 왜는 백제를 지원하는 상호 협력 전략을 취했기 때문이다. 특히 금동관과 금동 신발, 둥근고리칼 등 확연히 이 지역 토착 세력가의 권위가 드러나는 위세품이 등장하는 것도 바로 이 시기이다. 다만 곤지의 파견에서 드러나듯이, 그 중심이 규슈에서 기나이 지역으로 옮겨간 것과 지역 간 교류에서 국가 간 교류로 발전한 것은 일본 열도 내의 정치적 상황을 고려해야 한다.

니시진마치 출토 한반도계 토기
· 니시진마치에서 출토된 한반도계 토기를 보면 시루와 자배기, 이중구연호,
　양파수부호 등이 보여 우리에게 낯이 익다. 대체로 연질 계통의 토기이기 때문에
　이른 시기의 유적과 유물임을 알려준다(충청남도역사문화연구원 제공, 이하 동일).

| 규슈 지역 초기 백제인들의 흔적 |

백제인의 취락 니시진마치 유적　니시진마치西新町 유적은 하카다만에 면한 동서로 긴 표고 3~5미터의 구릉에 자리 잡고 있다. 현재는 육지로 변하였으나 고대에는 바로 바다에 인접한 위치였다. 바다에 면한 이런 지형적 여건은 교류에는 최적의 조건이었다. 실제 일본 열도의 고분 시대 전기인 대략 4세기에 형성된 대규모 취락이 이곳에서 발견되었다. 이 가운데 외부의 영향을 보여주는 부뚜막이 설치된 주거지가 단연 주목된다. 당시 규슈 지역의 본래 주거지에는 부뚜막이 없이 노爐 시설만 있었기 때문이다. 이 유적에서는 이중구연호와 승문타날호, 시루 등 대략 650여 점의 한반도계 토기가 출토되었다. 먼저, 철정과 토기 등 가야계 유물이 다수 출토된 것을 보면 이 유적은 가야 계통의 사람이나 이들과 교류한 집단이 거주하였을 것으로 보인다. 특히 부뚜막 주거지와 시루 등을 보면 백제 또는 영산강 유역의 사람들이 이주해왔을 가능성도 크다. 입지로 보아 이 유적의 주인공은 하카다만을 배경으로 교류했던 집단이며, 백제와 가야 사람들이 이곳에 정착했던 배경이기도 하다. 이를 통해 백제인들은 이미 4세기에 후쿠오카 지역과 교류하거나 이주하였음을 알 수 있다.

규슈 지역의 첫 굴식돌방무덤, 스키자키 고분　스키자키鋤崎 고분은 후쿠오카 시 남동부의 하카다만을 바라보는 구릉에 위치한다. 분구 형태는 길이 62미터 정도의 전방후원분이며, 매장 시설은 굴식돌방무덤이다. 그런데 이러한 굴식돌방무덤은 그때까지 규슈 지역에는 보이지 않던 무덤 양식이다. 이에 주목하여 이 유적은 규슈 지역에서 처음 도입된 단계의 굴식돌방무덤으로 백제 중앙의 영향을 받아 출현하였다는 주장이 꽤 설득력을 얻고 있다. 출토된 유물로 보면 고분의 축조 시기는 4세기 말로 추정된다. 또한, 이 무덤의 피장자는 이 일대에 분포한 이마주큐今宿 고분군의 수장묘일 것으로 추정된다. 4세기 말은 백제와 왜가 본격적으로 교류를 시작한 시기로, 따라서 이 일대의 세력가는 백제계 무덤을 채용할 정도로 백제와의 교류에 적극적이었음을 알 수 있다.

백제 무덤의 영향, 로지 고분　　로지老司 고분은 후쿠오카시를 남북으로 관류하는 나카가와那珂川 서안의 표고 약 40미터의 구릉에 축조된 전방후원분이다. 이 고분의 피장자 역시 나카가와를 통해 하카다만으로 나가 활발하게 교류한 세력이었을 것으로 보인다. 무덤 형태와 유물을 볼 때 축조 시기는 5세기 초로 비정되며, 후쿠오카 평야 일대를 장악한 수장묘로 보인다. 이 중 3호 돌방무덤은 대형이며, 이 무덤군의 중심이라 할 수 있다. 특히 축조 방법이 이전의 구덩식 돌덧널무덤과 통하지만, 앞트임을 추가하여 구덩계 앞트임식 돌방무덤이라 할 수 있다. 이를 통하여 백제 중앙의 무덤 축조 기법을 수용하고 있는 토착 세력가의 무덤임을 알 수 있다. 다만 대량 출토된 농기구는 가야 지역과의 관련을 보여주고 있어 일방적인 백제의 영향으로 보기는 힘들다. 그렇지만 무덤을 추가하여 합장묘로 장법이 변화되는 등 백제의 영향이 강하게 나타나는 것은 부인하기 힘들다. 구체적으로는 논산 표정리 1호분과의 유사성을 주장하기도 한다.

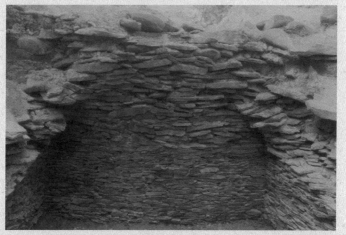

• 스키자키 고분 돌방
스키자키 고분의 현실 입구에서 안쪽 벽을 촬영한 장면이다. 백제의 영향을 받은
굴식돌방무덤임이 드러난다. 다만 석곽을 사용한 점에서 토착적인 면도 보인다.

•• 로지 고분 돌방
로지 고분 3호분 남쪽에서 바라 본 전벽 모습이다. 백제의 영향을 받은 굴식돌방
무덤임을 알 수 있다.

무덤과 주거지에 보이는 백제의 흔적, 요시다케 유적　　요시다케吉武 유적은 후쿠오카시 모토오카元岡에 위치한 고분 및 취락이 있는 복합 유적이다. 사와라早良 평야를 기반으로 생산 활동을 하며, 무로미가와室見川를 통해 하카다만에 이르는 교류에 적합한 위치. 5세기 초반에서 6세기 후반에 해당하는 수혈 건물지와 도랑이 발굴되었는데, 취락 유구에서 한반도계 토기가 다수 출토되었으며, 대부분 가야와 백제계 유물이다. 특히 옹관과 시루 등 백제의 취사와 매장 형태가 전해진 것이 주목되는데, 백제인의 거주와 생활상을 알 수 있다. 금동제 쌍용문둥근고리칼과 마구, 주조철부 등을 통해서도 이 유적의 피장자는 한반도와 활발히 교류한 세력으로 보인다.

요시다케 금동제 둥근고리큰칼
요시다케 유적에서 출토된 금동제 둥근고리큰칼이다.
두 마리 용이 새겨져 있으며, 한반도의 영향을 받은
기법이 보인다.

낯익은 온돌, 우메바야시 유적　　우메바야시梅林 유적은 후쿠오카시에 위치해 있는 고분과 취락이 인접해 있는 복합 유적이다. 무덤은 전방후원분으로 대략 5세기 중반에서 6세기 후반에 형성된 것으로 보인다. 취락 유적은 고분에서 500미터 정도 떨어져 있어 이 고분을 축조한 사람들의 주거지로 보아도 좋다. 수혈 건물지는 대벽 건물지로 한반도의 영향을 받은 것으로 보인다. 새 발자국鳥足 무늬가 있는 입큰항아리廣口壺는 영산강 유역과, 철은 가야 지역과 깊은 관련이 있으므로 이 무덤의 피장자는 한반도와 교류한 세력임을 알 수 있다. 특히 대벽 건물지에는 부뚜막이 있고 시루도 보이기 때문에 백제 사람들의 이주와 관련이 있을 것이다. 무엇보다도 벽면을 따라 연도로 연결하고, 토제 연통을 사용해 옥외로 뺀 온돌 시설은 한반도에서만 볼 수 있는 난방 양식으로 백제인들의 정착을 분명하게 나타내주는 증거이다.

백제계 금동관의 흔적, 가츠우라미네노하타 고분　　가츠우라미네노하타勝浦峯ノ畑 고분은 후쿠오카현 후쿠츠福津시 가츠우라勝浦에 위치하며, 서쪽이 겐카이탄玄界灘에 접해 있는 지형을 보면 활발히 교류하였던 지역임을 알 수 있다. 실제 이 무덤의 피장자는 교류를 통해 막대한 부를 축적한 것으로 보이는데, 70미터 규모의 전방후원분과 수많은 유물이 이를 말해준다. 유리옥과 호박제 구옥勾玉, 조옥棗玉 등의 옥류는 합계 1만 5,000점을 넘으니 그 위세를 가히 짐작할 수 있다. 돌방무덤의 구조는 후쿠오카의 로지 4호 석실과 통하는 백제의 영향을 받은 것으로 논의된다. 특히 주목되는 것은 이 무덤의 피장자가 착용한 것으로 보이는 위세품이다. 금동제 장신구는 부서진 상태이지만 투조금구透彫金具

우메바야시 고분 돌방무덤

우메바야시 고분의 돌방무덤 북측을 바라본 모습이다. 입큰항아리 등
영산강 유역과 관련이 있는 토기가 부장되었다.

가츠우라미네노하타 고분 출토 금동제 파편

가츠우라미네노하타고분에서 출토된 금동제 장신구이다. 투조 금구와
보요가 있어 금동제 관모였을 것으로 추정된다.

와 보요步搖가 있어 본래 금동제 관모였을 가능성이 크다. 일본에서는 구마모토현의 에다후나야마江田船山 고분과 통하며, 한반도에서는 공주 수촌리 4호분과 서산 부장리 5호분에서 출토된 관모와 유사한 형태다. 또한, 감색의 유리옥을 박은 배형杯形 금속 제품도 나주 신촌리 9호분 출토 금동관의 입식정부立飾頂部에 보이는 유리옥 접합법과 유사하여 금동관이 존재했을 가능성도 있다. 이처럼 금동관을 착용한 피장자는 이 일대의 지배자로 보이며, 백제에서 제작하여 보내줄 정도로 백제와 밀접한 관계를 맺은 세력으로 추정된다.

은상감동근고리큰칼의 인연, 구도 고분　　구도久戶 고분은 후쿠오카현 무나카타시宗像市 가와히가시河東에 위치한다. 이 고분의 피장자는 츠리가와釣川를 통해 바다로 나가 교류를 하였던 것으로 보이는데, 출토된 유물을 보면 5세기 중반으로 추정된다. 이 중 관심을 끄는 유물은 단연 삼엽三葉동근고리칼이다. 고리의 앞·뒤에 있는 두 줄의 물결무늬는 삼엽부 테두리 주변의 상감象嵌과 만난다. 상감무늬는 상감청자하면 바로 연상이 될 것이다. 우리의 독특한 도자기 제작 기법의 시원이 바로 금속 제품

구도 고분 출토 둥근고리큰칼
구도 고분 9호분에서 출토된 둥근고리큰칼이다.
삼엽문 형태이며, 상감기법을 사용하여 백제의
영향을 받았음을 알 수 있다.

의 무늬에서 비롯되었다니 그 인연은 천년의 세월을 넘는다. 이와 비슷한 둥근고리큰칼은 청주 신봉동 12호분과 서산 부장리 5호분 등 백제 지역에서 출토되었다. 이를 보면 이 고분의 피장자도 백제와 교류하였고, 그 위세품을 착용하였음을 알 수 있다.

백제의 목관이 보이는 반즈카 고분　　　반즈카番塚 고분은 후쿠오카현 간다정苅田町 오구라尾倉에 위치한다. 이곳은 야마토로 가는 세토나이카이가 한눈에 보이는 요지다. 고분은 길이 50미터에 이르는 전방후원분으로 굴식돌방무덤이다. 이와 같은 무덤 형태는 해남 조산 고분과 같은 영산강 유역에 보이는 왜계 돌방무덤과 유사하며, 그 시기는 5세기 말로 비정된다. 유물 중 무령왕릉에서 출토된 허리띠 장식과 유사한 것이 주목

반즈카 고분 전경
반즈카 고분 입구 전경으로 굴식돌방무덤 형태이다.

된다. 특히 관정과 꺾쇠를 사용한 목관은 규슈 지역에서 처음 출현하는 것으로, 목관 자체는 백제에서 왔을 가능성이 크다. 새발자국무늬토기 또한 영산강 유역에서 보이는 토기로, 이 고분의 피장자가 백제와 관련이 매우 컸다고 본다. 이처럼 교통의 요지에 자리 잡은 반즈카 고분의 주인공은 백제와 활발히 교류했던 인물로 보인다.

귀걸이 장식 기법의 전수, 다이보 고분　　다이보大坊 고분은 아리아케해有明海 연안으로 통하는 기쿠치가와菊池川와 그 지류인 하네기가와繁根木川의 사이에 동서로 뻗은 구릉의 남쪽 경사면에 위치한다. 전체 길이 54미터의 전방후원분 형태이며, 무구와 무기, 마구 등이 출토되어 피장자가 군사와 관련된 인물로 추정되고 있다. 특히 금제 수식부 귀걸이는 금사金絲를 매듭지어 고리에 연결하는 기법을 사용하고 있는데, 한성 후기부터 웅진기 백제의 수식부 귀걸이에 많이 보이는 방식이다. 5세기

다이보 고분 귀걸이
다이보 고분은 구마모토에 위치한 고분으로 금제 귀걸이가 출토되어 주목된다. 특히 금제 수식부 이식은 금사를 고리에 연결하는 기법을 사용하고 있어 백제의 영향을 받은 것으로 추정된다.

중·후반으로 추정되는 익산 입점리 1호분에서 출토된 금제 귀걸이와 유사하다. 이 고분 근처에 백제계 금동관과 금동 신발이 출토된 에다후나야마江田船山 고분이 있어 지역적 연관성이 주목된다. 아리아케해 연안 세력이 백제와 매우 밀접하게 교류하였던 정황이 인정된다 하겠다. 그렇지만 같이 출토된 은제 수부 귀걸이는 대가야계로 보이기 때문에 이 무덤의 피장자는 백제를 중심으로 가야 등 한반도와 밀접한 관련이 있었던 인물로 생각된다.

| 백제와의 교류 결정판, 에다후나야마 고분 |

에다후나야마江田船山 고분은 구마모토熊本현의 에다에 있는 고분으로 아리아케해 연안으로 통하는 기쿠치가와 중류에 위치한다. 67미터 규모의 전방후원분으로 여러 계통의 유물이 출토되어 큰 주목을 받았다.

은상감명문대도를 하사한 주체 세인의 관심을 끄는 유물은 단연 75자의 명문을 새긴 은상감명대도銀象嵌銘大刀이다. 이 명문에서 '치천하획□□□로대왕세治天下獲□□□歯大王世'라는 구절이 대도를 하사한 주체를 알려준다. 특히 '획□□□로대왕'이라는 글자를 백제 개로왕과 연결해 판독하는 학자도 있다. 하지만 개로왕과 글자 수가 맞지 않고, 일본에서는 개로왕을 가수리군이라고 하였기 때문에 이 역시 맞지 않는다. 따라서 왜의 유라쿠 천황으로 보는 것이 학계의 통설이다. 일본의 관동 지역에 있는 사이타마현의 이나리야마稻荷山 고분에서 출토된 은상감명대도에서도 '획가다지로대왕獲加多支歯大王'이라는 구절이 나오고, '치천하治天下'라는 명문도 보여, 둘이 비슷한 형식이며 모두 일본식 천하관을 드러내고 있기 때문이다. 따라서 대도는 유라쿠 천황이 지방의 유력한 호족들에게 하사한 것으로 보기도 한다. 흥미로운 점은 이 글을 쓴 사람이 '장안張安'이라는 백제계 도왜인으로 생각되며, 기법 등에서도 칠지도 등의 명문과 통한다. 이는 백제인들이 도왜하여 일본 열도의 통합과 교류에 크게 기여하고 있음을 보여준다 하겠다.

최고의 위세품 금동관과 금동 신발을 하사한 이유　　에다후나야마 고분에서는 토기와 무기, 무구류 등이 대거 출토되었다. 유물에는 가야 혹은 백제 계통의 것도 있으며, 유물의 시차가 다른 것으로 보아 몇 차례에 걸쳐 수여되었던 것으로 보인다. 이 중 단연 주목되는 것은 금동관과 금동 신발이다. 금동관 판에는 2개의 용머리를 새겼고, 주연부를 불꽃무늬로 감쌌다. 이는 백제 지방에서 출토된 금동관 계열로 공주 수촌리 4호분 출토품과 가장 유사하며, 익산 입점리 고분 출토품과도 비슷하다. 국내에서 출토된 백제 금동관은 중앙에서 유력한 토착 세력가에게 하사하여 해당 지역을 거점으로 삼아 지배 혹은 진출을 시도하는 것으로 보고 있다. 학자마다 다소 차이는 나지만 최소한 백제에 복속한 시발점으로 본다. 이를 그대로 원용하면 에다후나야마 고분의 피장자는 백제에 복속했으며, 금동관을 착용한 것은 제후에 해당하는 대우를 받은 것으로 볼 수도 있다. 칠지도에 보이는 후왕侯王과 연결할 수 있는 것이다.

　그러나 역사는 한 면만 보는 것이 아니라 다양한 관점에서 교차 확인 Cross-checking해서 진실에 접근하려는 노력을 기울여야 한다. 왜와 에다후나야마 고분의 성격에서도 보아야 하는 보편성이 그것이다. 이와 관련하여 주목되는 것은 에다후나야마 고분에서는 백제계 금동관 외에

2점의 금동관이 더 나왔고, 이들은 일본 열도에서 제작된 것으로 보고 있다. 금동관 못지않게 중요한 위세품인 금제 귀걸이는 2쌍이 출토되었는데, 각각 백제계와 가야계로 추정되고 있다.

이처럼 에다후나야마 고분의 피장자는 딱히 한 곳에 속한 것이 아니라 본인의 필요에 따라 백제를 중심으로 야마토, 가야와 교류했음이 드러난다. 시기를 달리하는 유물이 출토되는 것을 보면 시기별로 입장이 바뀐 것을 알 수 있다. 금동 신발 또한 제작 기술에서 백제 기법을 채용하고 있어 동일한 공인 집단에 의해 제작된 것으로 보고 있다. 신발이 장례용으로 제작된 것이라면 고분의 피장자는 생전에 백제와 밀접한 관련을 맺었고, 이를 기념하여 백제에서 제작하여 하사한 것으로 보인다. 흔히 무령왕릉에서 출토된 금동 신발과 신촌리 9호분 출토 금동 신발의 유사성이 언급된다. 그렇다면 백제는 왜 이 고분의 피장자에게 공을 들였을까. 출토된 유물을 보면 무구, 무기, 마구 등이 다수 발견되어 피장자는 군사적 활동에 관여한 인물로 추정된다. 명문을 통해서 드러났듯이 야마토 정권과도 긴밀한 관련을 맺은 인물이었다. 이에 백제는 아리아케해를 배경으로 활동하는 이 고분의 피장자를 매개로 규슈 지역과 기나이, 그리고 백제를 연결하려는 전략을 취했다고 보면 큰 얼개를 그릴 수 있을 것 같다.

이와이의 난을 통해 본 규슈 지역 백제계 세력의 실체

그렇다면 규슈 지역과 일본 열도를 통일한 야마토와의 관계는 어떠하

에다후나야마 고분 전경 및 출토 유물

에다후나야마고분 표지석 뒤로 둥근 원분이 보인다. 매장 주체부는 석곽이다.
백제에서 하사한 것으로 보이는 금동 관모와 금동 신발이 출토되어
두 지역 간의 교류를 보여준다(위: 필자 촬영, 아래: 도쿄국립박물관).

였을지 궁금하다. 토착 세력가들이 백제 내지는 야마토와의 등거리 교류를 했기 때문이다. 이 관계의 구명은 규슈 지역에 있는 백제계 도왜인들의 실상을 보여줄 수 있을 것이다.

| 이와이의 난을 보는 두 시각 |

규슈 지역의 동향과 관련하여 주목되는 사건이 있다. 527년 츠쿠시築紫 지역의 수장 이와이가 게이타이 천황을 상대로 일으킨 대규모 반란이 그것이다. 이와이의 난에는 히젠국肥前國·부젠국豊前國 등 규슈 지역의 여러 세력들이 가담했으니 그 규모를 짐작할 수 있다. 《일본서기》에는 이와이가 난을 일으킨 것으로 서술되어 있으나 실상은 게이타이의 규슈 지역에 대한 직접 지배에 따른 반발로 보는 것이 중론이다.

이와이의 난 이전에 규슈 지역은 이와이와 같은 유력 호족이 지배하고 있었으며 기나이에 있는 야마토 정권과의 정치적 제휴를 통해 자신들의 권위를 보장받는 상황이었다. 규슈의 호족들은 토착 문화를 바탕으로 기나이와 백제의 문화를 수용하는 다자 간 교류를 하였다. 단순하게 교류에 초점을 맞추면 외교는 야마토, 정치는 토착 세력이 주도하는 일종의 연방 체제 비슷한 것으로 이해할 수 있다. 그러나 고대 정치 발전 단계를 오늘날의 시각에서 이해한다면 다양한 해석들과 논점을 놓칠 수 있으므로 신중해야 할 것이다.

분명한 것은 6세기를 전후로 일본 열도에서 점차 통일의 기운이 팽배하였고, 야마토로의 권력 집중 현상이 확연해지고 있다는 점이다. 토착 세력가들의 무덤 규모와 위세품도 5세기 이후 점차 증가하지만, 이는 기나이 지역에 있는 대형 전방후원분과 이곳에서 출토된 유물에 비하면 확연하게 차이 난다. 이러한 힘을 바탕으로 백제와 야마토는 점차 영산강 유역과 규슈 세력의 중간 매개를 제거하고, 직접 교섭 형태로 전환한 것으로 보인다. 곤지가 규슈가 아닌 야마토로 향하고 있는 것도 이러한 양상을 드러내준다. 이와이의 난은 이에 반발하여 발생한 것이며, 이는 이전에는 규슈의 호족들이 어느 정도 독자적인 교류를 하였음을 거꾸로 확인해준다 하겠다.

| 백제계 도왜인과 규슈 |

백제계 도왜인들의 흔적은 크게 세 방향에서 드러난다. 첫째 후쿠오카

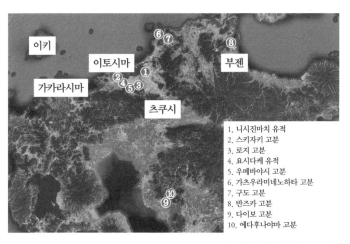

규슈 일대 백제계 주요 고분

규슈 일대의 주요 백제계 고분을 표시한 그림이다. 그림을 통해 규슈 일대의 중심지인 하카다만 일대에 역시 백제계 고분이 밀집되어 있으며, 아리아케해 연안에서도 위상이 높은 백제계 고분이 보인다. 또한 세토나이카이로 가는 항로에서도 산발적으로 백제계 고분이 보여 교류와 관련이 있는 지역을 중심으로 백제계 고분이 형성되었음을 알려준다.

일대이다. 이는 야마토에 복속되기 이전 규슈 일대의 대세력가인 츠쿠시국이 존재한 것에서 드러나듯이 하카다만을 배경으로 교류에 매우 유리한 입지였다. 특히 이토시마에서 후쿠오카로 이어지는 축선에 백제계 유적이 대거 보이는 것은 유념해야 할 사항이다. 다음으로 아리아케해 연안이다. 아리아케해 연안에는 히젠국이 존재하였고, 이들 또한 백제와 가야 내지는 야마토와의 교류를 통해 큰 세력을 형성하였다. 에다후나야마 고분은 이를 분명하게 보여준다. 끝으로 세토나이카이로 가는 길에 있는 후쿠츠福津시와 후쿠오카현의 간다苅田정 등을 들 수 있다. 이들은 츠쿠시의 세력권 안에 들긴 하지만 부젠국처럼 세토나이카이를 무대로 한반도와 야마토의 교류를 중개했을 가능성이 크다. 이와이의 난이 발생했을 때 이들 세 세력을 중심으로 히고국과 분고국이 참여한 것은 후쿠오카를 일대로 한 규슈 지역 세력의 범위를 나타낸 것으로 보아도 큰 무리가 아닐 것이다. 공교롭게도 이들 지역은 모두 교류가 활발하였고, 여기에는 백제계 도왜인들의 자취도 두드러진다. 이처럼 이와이의 난을 통해서도 백제계 도왜인들의 활동상과 범위를 유추해볼 수 있다.

사마, 백제 중흥의 뜻을 세우다

| 주도와 도군 그리고 사마의 활동 범위 |

무령왕은 가카라해에서 태어났고, 이 섬을 임금이 태어난 섬이라 하여 주도라 하였으며, 따라서 호칭도 섬을 이름으로 가진 도군이었다. 그가

태어난 가카라라는 명칭에서 유추해보면 섬이 띠처럼 두른 모양이 한반도의 다도해를 연상시킨다. 섬 임금이라고 했다면 사마는 섬을 매개로 활발하게 활동을 한 세력과 관련이 있지 않나 추측된다.

그런데 사마의 어머니가 개로왕의 부인이라는 매우 정치적이고 황당한 설화를 제거하면 곤지와 사마 어머니의 혼인은 충분히 상정할 수 있다. 그러나 이 경우 임신한 사마의 어머니를 대동하고서 야마토로 가는 것도 쉽게 이해되지 않는 장면이다. 이에 사마의 어머니가 규슈 일대를 배경으로 한 유력한 백제계 도왜인의 집안이었고, 곤지는 이들과 정략적으로 혼인을 하지 않았나 추정된다. 규슈는 백제와 야마토 교류의 통로였고, 백제는 이들의 도움이 매우 절실했기 때문이다. 사마 어머니의 가문도 백제의 확실한 실력자와 연결될 필요가 있었고, 점점 조여오는 야마토의 입김을 막기 위해서도 방패막이가 절실했다. 양측에 서로 이익을 가져올 수 있는 상호 협력 전략이었던 것이다.

이러한 추정이 맞다면 사마가 아버지와 헤어졌던 이유가 명확해진다. 사마 어머니는 자신의 근거지를 떠나 아들을 키우는 것이 어려웠고, 곤지 또한 야마토라는 행선지가 분명했기에 굳이 대동할 필요가 없었던 것으로 보인다.

사마는 백제와의 해상 교류를 매개한 유력 세력가인 외가에서 자란 것으로 보인다. 확언할 수는 없지만, 최소한 사마는 규슈 일대에서 자랐고, 그가 백제계 도왜인들의 세력을 바탕으로 성장하였던 것은 분명하다.

그렇다면 사마의 활동 범위는 어떠하였을까. 이에 참조할 수 있는 것은 6세기 초반에 형성된 이와이의 세력권이다. 흥미로운 사실은 이와

이의 중심 권역은 교류를 활발히 한 지역이었고, 백제계 도왜인들의 활동지와도 중첩되었다는 것이다. 이와이를 비롯한 이들이 격렬하게 게이타이에 반발한 것도 아마 교류를 둘러싼 이권 다툼과 관련이 있을 것이다. 이처럼 규슈 세력이 교류를 통해 성장할 수 있었던 배경에는 백제계 도왜인들의 역할이 있었던 것으로 보인다.

하지만 곤지가 가와치에 정착한 것처럼 백제계 도왜인들의 중심축도 점차 기나이 지역으로 이동하였다. 이러한 요인 때문에 가와치 지역에 정착한 백제인들은 야마토가 일본 열도를 통일하는 데 도움을 주면서 기록을 남길 수 있었지만, 규슈 지역의 백제인들은 흔적만 있을 뿐 기록이 생성될 수 없었던 것으로 보인다.

사마의 성장과 활동 범위도 후쿠오카와 아라아케해 연안의 구마모토熊本, 세토나이카이로 가는 교통로 상에 있었을 것이다. 먼저 주목할 곳은 이토시마 지역과 연결되는 후쿠오카 일대이다. 이곳에는 4세기 말로 추정되는 스키자키 고분, 이의 영향을 받은 5세기 초의 로지 고분, 5세기 초 이후에 형성된 요시다케 복합 유적, 5세기 중반 이후인 우메바야시 유적이 나란히 위치한다. 기본적으로 하카다만을 이용하지만 이토시마 지역에 편향되어 있어서 이토시마를 관통하는 육로와도 연결된다. 여기에 이토시마의 과거 이름이 시마군이었다는 점을 연상하면 무령왕의 이름과도 연결되어 그의 활동 무대일 가능성이 크다.

특히 주목되는 곳은 구마모토이다. 이곳에는 백제에서 하사한 금동관과 금동 신발 등 최고의 위세품이 출토되었다. 6세기 전후 시점에 이지역의 유력한 세력가는 친백제적인 노선을 견지하였으며, 백제 왕의 입장에서는 대외 정책의 일환으로 하사한 것이 분명하다. 흥미로운 사실은 '구마모토'라는 명칭이 '구마나루熊津'와 통한다는 점이다. 이를 우연의 산물로 돌리기에는 아쉬운 점이 있다. 두 지역에 곰이라는 공통점이 있다면 이는 곰 신앙과도 연결될 수 있어서 문화적 공통분모를 확인할 수도 있다. 이러한 유대감이 두 지역 간 활발한 교류의 기반이 되었을 것이라는 점은 충분히 상정할 수 있다.

이렇게 보면 금동관과 금동 신발의 하사는 교류를 뛰어넘는 끈끈한 유대감과 관련이 있다고 보인다. 사마 가문은 후쿠오카 일대에서도 활동했지만, 6세기 전후에는 구마모토 일대가 주 무대가 되었을 가능성이 크다. 유물과 유적에서도 그 흔적이 보이지만, 에다후나야마 고분의 입지가 마치 한성과 웅진처럼 강을 끼고 자리한 곳과 유사하다는 점도 간과할 수 없다. 백제의 전란이 점차 격화되면서 살 곳을 찾는 백제인들의 이주가 시작되었고, 고향과 비슷한 곳에 터전을 잡았던 것은 아닐까. 요컨대 사마는 규슈 일대의 가카라해에서 태어났고, 주 활동 무대가 점차 아리아케해 연안으로 옮겨가면서 이곳을 기반으로 성장하였던 것으로 보인다.

| 사마의 성장과 꿈 |

사마가 활동한 곳으로 추정되는 규슈 일대를 추적해보았지만, 그의 성장과 관련하여 더 이상의 논의는 힘들다. 이젠 사마의 성장기를 역사의 영역이 아닌 나름의 상상력을 동원하여 살펴보기로 하자.

사마는 유력한 백제계 호족의 집안에서 태어났지만, 아버지인 곤지와 헤어져 편모 슬하에서 성장했다. 그의 성장 환경은 다른 백제계 도왜인들보다 나았겠지만, 남들처럼 아버지가 없는 것은 사마에게 큰 약점이었다. 흔히 그러하듯 어린 시절의 방황과 갈등을 상정해볼 만도 하다. 실제 고구려 유리왕은 아버지 주몽이 부여에서 떠나고 홀로 남았을 때 아비 없는 자식이라는 수모를 겪어야 했지만 훗날 아버지가 고구려를 세운 주몽이라는 사실을 알고, 대오각성하여 그를 따르는 무리와 함께 남하하여 주몽을 잇는 고구려 왕이 되었다. 이처럼 사마도 외가에서 자라다 자신의 아버지가 백제 좌현왕인 곤지라는 사실을 알았을 때는 인생의 전환점을 맞게 되었으리라고 짐작할 수 있다.

더욱이 백제의 한성이 함락되고, 곤지가 귀국하였지만 바로 의문의 죽임을 당하는 등 일련의 위기를 맞은 상황에서 사마는 어떠한 생각을 하였을까. 나의 뿌리는 어디이며, 왕가의 후예로서 어떻게 처신해야 하는가 하는 근본적인 고민을 하지 않았을까 싶다. 그가 백제로 귀국하여 보인 일련의 행보와 불혹의 나이에 동생을 대신하여 왕에 즉위할 수 있었던 것은 큰 그림을 그리는 원대한 꿈이 아니었으면 불가능하였을 것이다.

천험의 요새 웅진으로

일본 열도에서 곤지와 동성왕, 그리고 사마(무령왕)가 나름의 기반을 구축하고 성장하는 동안 모국 백제의 상황은 평탄하지 않았다. 개로왕 정권의 출범 후 고구려와의 전운이 감돌더니 두 나라가 평양성 전투 이후 드디어 한성에서 두 번째 대회전을 치른 것이다.

개로왕, 무모한 패장인가 시대의 희생양인가

475년 고구려의 파상 공격에 한성이 무너짐으로써 개로왕은 씻을 수 없는 오욕을 남겼다. 불행한 것은 그의 상대가 다름 아닌 고구려의 최전성기를 구가한 장수왕이었다는 점이다. 장수왕은 이름 그대로 무려

78년이나 통치하였으니 얼마나 그 위세가 대단하였을지는 짐작할 만하다. 더욱이 부왕이 바로 광개토왕이었으니 선왕이 정복한 땅을 굳건하게 다지는 장수왕에 맞서는 것은 무모한 짓이었다. 그렇지만 개로왕은 집권하자마자 예상을 뒤엎고 고구려에 강공책을 구사하였으니 이에 대해서는 마땅한 역사적 평가가 있어야 할 것이다.

| 친정 체제 강화로 일사불란한 대응 체제 구축 |

개로왕은 즉위 후 공을 세운 신하들에게 관작을 내리고, 458년 중국 송나라에 이에 대한 승인을 요청하였다. 그런데 흥미로운 사실은 11명의 인물 중 8명이 왕족인 부여씨라는 점이다. 진씨와 해씨 등 이제까지 백제의 유력한 귀족들을 배제하고 왕족이 대부분을 차지하였으니 이는 개로왕의 국정 운영 방침이 왕족 중심임을 분명하게 보여준다. 서열 1위와 2위인 좌현왕 여곤(곤지)과 우현왕 여기 모두 부여씨였으며, 서열 4위인 여도 역시 동생인 문주왕으로 국정을 책임지는 상좌평을 역임하였다. 특히 곤지는 앞서 살펴본 것처럼 왕위 계승권을 가졌으며 군권마저 장악하고 있었다. 이러한 그가 왜에 파견되었으니 결국 친정 체제의 구축은 고구려에 맞서려는 개로왕의 의지와 대응책을 보여주는 것이라 할 수 있다.

| 반고구려 연합 전선의 구축 |

백제는 이미 아신왕 때부터 태자인 전지를 왜에 파견하여 군사 협력 체제를 구축하였다. 왜와의 군사적 협력은 걸출한 정복군주 광개토왕의 위력에 밀렸기 때문인데 그 가시적 효과로 나타난 것이 404년 백제와

왜 연합군의 대방 지역 공격이었으나 실패로 끝났다.

이렇듯 백제는 고구려와의 전쟁에서 다각도로 노력하였으나 오히려 열세에 몰렸다. 광개토왕에 이어 등장한 장수왕이 427년 한반도를 실질적으로 지배할 수 있는 평양 천도를 단행한 것이다. 이에 한반도와 일본 열도의 여러 세력이 초긴장 상태에 돌입하게 되고, 백제의 전략도 전면적인 수정이 불가피했다. 고구려 도읍이 국내성에 있을 때와는 달리, 이제는 고구려와의 싸움에서 밀릴 경우 백제가 왜에 구원을 청하는 것은 시간상으로 불가능했다. 결국, 한반도 내에서 원병이 와야만 위급한 상황을 막을 수 있게 된 것이다. 이에 백제가 주목한 것이 신라였고, 이어서 백제의 끈질긴 구애가 시작되었다.

신라는 이미 광개토왕의 도움으로 신라 경내에 있는 임나(가야) 등 백제 관련 세력들을 물리칠 수 있었다. 그러나 그 대가는 혹독하였다. 고구려군은 철수하였으나 군사고문이란 명목으로 남겨진 이들이 눌지왕의 왕위 계승까지 간여하는 등 부작용이 심하였다. 이에 신라 내부에서 고구려에 대한 반발이 점차 심해졌고, 따라서 그 무렵 전격적인 백제의 화친 제안을 무시할 수 없게 되었다. 만약 백제가 무너진다면 신라에 대한 고구려의 간섭은 더욱 심해질 것이며, 실제 지배가 가능한 상황이라는 점을 자각하게 되어 고구려 남하에 대한 일종의 동병상련 공감대가 형성된 것이다. 백제는 433년과 434년 연이은 신라와의 화친으로 실질적으로 군사적 도움을 받을 수 있는 여건을 마련했다.

그러나 전성기 고구려의 전력은 막강했다. 따라서 백제와 신라만이 아니라 가야까지 참여하는 총력전을 펼쳐야 했다. 나아가 일본 열도에 있는 왜까지 참여한다면, 세 나라가 고구려의 남하를 저지하면서 시간을 끄는 사이 왜의 구원군이 참여해 전세를 뒤엎을 만하다는 계산이 나온다. 결국, 고구려와 반고구려 연합군 싸움의 승패는 시간에 달려 있다고 해도 과언이 아니었다. 곤지가 461년 왜에 파견된 것은 왜를 끌어들여 효율적인 전쟁을 하려는 대비책이었던 것이다. 이처럼 왜의 지원은 전쟁의 장기화에 대비한 포석이었고, 고구려를 에워싸는 반고구려 연합 전선의 완성점이었다.

| 중국을 상대로 한 피 말리는 외교전 전개 |

개로왕은 반고구려 연합 전선을 형성한 다음, 전력상 고구려를 능가하는 중국의 북위北魏에 뜻밖의 제안을 한다. 동북아시아 최강자인 북위에 고구려 정벌을 요청한 것이다. 당시 중국의 정세는 남북조 대치 상황으로, 유송의 북위에 대한 포위 외교가 적극적으로 추진되던 시기였다. 즉 470년 8월과 9월에는 북위와 유연의 전쟁이 있었고, 471년 10월에는 북위에 대한 유송의 공격이 있었으며, 472년 2·6·10월에는 계속해서 유연이 북위를 공격하였다. 이와 같이 유송은 유연과 함께 북위를 포위하는 전략을 구사하였는데 그것은 두 나라가 북위와의 전력에서 밀리기 때문에 생존을 위한 고육책이었다.

이러한 상황에서 유송은 북위의 배후에 있는 고구려가 북위의 포위 작전에 동참하기를 바랐을 것이다. 그런데 고구려는 유송보다는 대 북위 외교에 적극적이었다. 즉 461년 곤지의 왜 파견 이후 고구려는 462년 북위와의 교류를 26년 만에 재개하고, 465년 이후에는 거의 매년 사신을 파견하였다. 바로 백제가 신라·왜와 군사적 협력 단계로 들어선 시기에 고구려 또한 대비를 하고 있었던 것이다.

더욱이 472년 백제의 북위 청병 외교가 처음 이루어지자 심상치 않은 분위기를 감지한 고구려는 1년에 두 차례나 사신을 파견하였다. 나아가 고구려는 한성 공격을 한 달 앞둔 475년 8월에도 북위에 사신을 파견하였다. 그 시기를 고려할 때, 이때의 사신 파견은 북위에 백제의 침공을 통보하였거나 적어도 북위의 동향을 살펴보기 위한 목적이었을 가능성이 크다. 따라서 장수왕 대에 집중적으로 나타나는 대중 교섭은 백제 정벌에 필요한 시간적 여유를 얻기 위한 치밀한 전략으로 보는 것이 타당하다.

그런데 북위로서는 유송·유연과의 계속된 전쟁 외에 고구려와 충돌하게 된다면 사방을 적에게 포위당하는 형국이 되어서 매우 부담스러웠을 것이다. 이 시기에 고구려는 북방보다는 한반도 남방으로 진출하는 정책을 취함으로써 북위의 부담을 덜어주었다. 이를 고려하면 중국 중심의 국제 관계를 인식하지 못한 백제가 북위에 고구려 정벌을 요청한 것은 정세를 잘못 판단한 측면이 크다. 그리고 이는 바로 고구려를 자극하여 백제 정벌의 명분을 주었던 것으로 보인다.

500년 도읍지 한성이 불타다

| 장수왕이 직접 한성을 공격한 까닭 |

472년 백제의 청병 요청은 고구려를 긴장시켰다. 혹시라도 북위가 백제의 말에 솔깃하여 공격한다면 고구려 또한 북위와 백제의 연합군을 대적하기엔 버거웠을 것이다. 다행히 북위가 백제와 더불어 고구려를

공격하기엔 주변 상황이 너무 불안하였다. 북위는 고심 끝에 백제를 달래면서 확실하게 고구려의 잘못이 드러난다면 그때 공격해도 늦지 않다는 답변을 보냈다. 북위의 입장에선 고구려를 정벌하는 것은 솔깃하지만 백제가 얼마나 역할을 해줄 수 있을지 미지수였고, 북위를 둘러싼 주변 나라의 동향도 살펴야 하기에 섣불리 결정할 수 없었던 것이다. 이는 여건만 되면 백제가 북위도 움직일 수 있었다는 것이다.

이러한 상황에서 장수왕은 백제의 움직임을 간과할 수 없고, 그렇다고 백제를 대대적으로 정벌할 수도 없었다. 이에 고구려는 472년 무렵부터 남하하여 임진강을 건너 서서히 백제의 수도인 한성을 압박하는 전략을 취했던 것으로 보인다. 그리고 틈을 타서 단기간에 반고구려 연합 전선을 펼치던 개로왕 정권을 무너뜨리고자 하였다. 북위와의 전쟁 가능성을 없애면서 이를 주도한 개로왕 정권을 응징하는 전략이었다.

만약에 전쟁이 속전속결로 끝나지 않는다면 신라와 가야의 구원군이 도착하고, 왜의 구원군마저 온다면 고구려는 백제와의 전쟁에서 발을 뺄 수 없다. 이러한 상황에서 북위마저 참전한다면 상상할 수 없는 치명상을 입을 수 있다. 이런 연유로 장수왕은 살얼음을 걷는 전쟁판에서 직접 정예 병사 3만 명을 이끌고 가서 혼신의 힘을 다하였다. 요컨대 국제 관계의 틈을 노린 승부수를 던진 것이다.

| 맥없이 무너진 한성 |

백제도 고구려의 공격에 대비하였다. 평상시에 왕이 거주하는 북성인 풍납토성 외에 피란 왕성으로 남성인 몽촌토성을 만들어 결사항전의 태세를 갖춘 것이다. 드디어 475년 9월 고구려군은 아차산에 본진을

두고 광나루를 건너 왕성인 풍납토성을 공격하였다. 백제 개로왕 또한 방어에 유리한 몽촌토성에 웅거하며 결사항전을 표방하는 한편 문주를 보내 신라와 가야에 원병을 요청하였다. 당연히 왜에도 이를 알려 구원군 파견을 요청했을 것으로 보인다.

이처럼 백제가 고구려군의 공격을 버티면 구원군이 속속 가세함으로써 전세가 불리하지는 않을 듯했다. 그러나 불과 7일 만에 백제의 왕성인 풍납토성이 함락당했다. 이어 고구려군이 칼날을 몽촌토성으로 돌리자, 개로왕은 황급히 성을 빠져나가 후일을 도모하려 하였다. 그렇지만 고구려군은 이를 예상한 듯 길목을 차단하여 개로왕을 붙잡았고, 아차산(현재의 워커힐 호텔 뒷산)으로 끌고 가 참수하였다.

| 장수왕의 관록과 차이 나는 클래스 |

고구려군이 이처럼 대승을 거둔 것은 장수왕의 뛰어난 용병술 때문이다. 고구려 또한 사방이 포위된 상황에서 움직일 수 있는 여력이 없으므로 고구려로서는 속전속결만이 이 전쟁을 승리로 이끌 수 있었다. 그래서 만반의 준비를 갖춘 상태에서 백제가 가장 취약한 시기를 틈타 기습하는 방안을 모색했다. 이를 위해 나선 첩자가 바로 승려 도림道林이다.

장기와 바둑에 능한 것으로 알려진 도림은 자원하여 백제에 거짓으로 망명하였다. 처음에는 개로왕의 장기와 바둑 상대가 되어 신뢰를 쌓다가 점차 본색을 드러내었다. 무리한 토목공사를 부추겨 국고를 고갈시킨 다음 고구려로 돌아가 전쟁 개시에 적기임을 알렸다. 물론 설화이기 때문에 액면 그대로 믿을 수는 없지만, 최소한 간계를 부린 것은 인정할 수 있다.

또한, 백제의 고급 정보를 가지고 있는 이들을 선봉에 세워 효과적인 공격을 하였다. 풍납토성이 함락되고 몽촌토성이 위험에 빠지자 도망치려던 개로왕을 알아본 이가 있었으니 바로 백제에서 망명한 재증걸루와 고이만년이었다. 이들은 왕을 보고 말에서 내려 절을 한 다음 왕의 얼굴을 향하여 세 번 침을 뱉고 곧 죄목을 헤아렸다. 절을 한 것은 과거에 모시던 왕에 대한 예를 갖춘 듯하며, 침을 뱉은 것은 통치에 대한 불만을 모욕적인 행위로 표현한 것이다. 이들이 왕의 얼굴을 알아볼 정도였다면 왕을 곁에서 모신 최측근이었다고 보인다. 고구려는 개로왕을 생포함으로써 자칫하면 전쟁이 장기화할 수 있는 여지를 없애고 완벽한 승리를 거둘 수 있었다.

장수왕의 관록과 위엄이 돋보인 것은 상황에 맞게 전쟁을 지휘했다는 점이다. 개로왕은 구원병을 요청하면서 성을 굳게 지키고 싸우려 하지 않았다. 이때 장수왕의 전술이 돋보인다. 기다렸다는 듯이 군사를 넷으로 나누어 협공하면서, 마침 불어온 바람을 이용하여 불을 질러 성 안을 불바다로 만들었다. 이에 민심이 흉흉해지고, 탈출하려는 자도 속출하는 등 초반에 기선을 제압한 것이다. 지금도 풍납토성의 발굴 현장 곳곳에서 불에 탄 건물지가 발견되고 있으니 그때의 참상을 가히 짐작할 만하다.

웅진, 위기에 빠진 백제의 새로운 터전이 되다

| 웅진이 새 도읍으로 결정된 이유 |

고구려 장수왕은 한성을 함락시켰지만, 백제군을 더는 공격하지 않았다. 이미 왕을 잃어버린 백제군을 밀어붙인다면 멸망까지 이르게 할 수 있는 절호의 기회인데도 말이다. 오히려 장수왕은 군대를 한성에서 퇴각시켰다. 고구려가 퇴각한 지점은 한강 이북으로 보이며, 구체적으로는 아차산성으로 비정된다.

아차산성은 한강 이남에 있는 백제 왕성인 풍납토성과 몽촌토성이 한눈에 보이는 곳으로, 나루를 건너는 길목을 장악하는 요지이다. 또한, 인접한 구의동 유적에서 고구려 토기와 무기가 대거 출토되고 있는 것으로 보아 군사 요새임이 분명하다. 고구려가 전황이 유리한데도 물러난 것은 주변 국가의 개입을 사전에 방지하려는 고육책이었다.

실제 문주는 신라의 구원병 만 명을 이끌고 한성으로 돌아왔다. 하지만 한성은 폐허가 된 참혹 그 자체였다. 개로왕이 참수를 당했다는 비보를 접하고, 누군가는 이 전란을 수습해야 하기에 문주는 신하들의 추대를 받아 즉위하였다. 문주왕이 가장 먼저 해야 할 일은 정상적인 국가 체제를 가동하는 일이었다. 한성을 재건하는 것은 사실상 불가능했고, 비록 고구려군이 물러났지만, 한강을 사이에 두고 이들과 대치한다는 것은 매우 힘든 상황이었다.

이에 문주왕은 혹시라도 있을 고구려의 공격을 피할 수 있는 안전한 장소로 도읍을 옮기고, 새로운 터전을 찾기 위한 작업에 착수하였다. 이러한 준비 과정을 거쳐 그해 10월 웅진으로의 천도를 단행했다. 도

공산성 전경

공산성은 테뫼식 산성과 포곡식 산성이 어우러진 복합식 산성이다. 석성과 토성의
혼축성이며 총 길이 2,660미터에 달한다. 동쪽 구역은 내성과 외성으로 구분되며,
외성 구간은 백제 시대에 쌓은 것으로 보인다. 금강에 연해 있기 때문에 수도로서
입지조건을 갖추었고, 왕궁지가 산 정상에 위치하기 때문에 방어에 유리하다.

推定王宮址

百濟 掘建式建物址

西門址 後面遺蹟

공산성 성안마을
4차발굴조사

百濟貯藏穴

蓮池

공산성 왕궁 관련 유적
산 정상에는 백제 시대 굴립주 건물지와 저장고, 우물이 축조되었다. 정상 부분에
왕궁지가 위치하였을 것으로 보이며, 이는 건물지의 규모와 출토된 기와를 통해서
확인할 수 있다. 하부는 성안 마을 발굴 현장으로, 80여 동의 건물지와 저수고가
확인되어 왕궁의 부속 건물로 사용되었던 것으로 보고 있다(공주대학교 박물관 제공).

읍을 옮기는 사안은 지배 계급 간에 첨예한 이해가 걸려 있는 문제로 쉽게 결정될 사안이 아니었다. 그래서 웅진이 도읍지로 결정되기까지 한 달 이상의 시간이 소요된 것으로 보인다.

웅진 지역이 천도의 적격지로 결정된 가장 중요한 이유는 방어에 매우 유리한 지형이라는 점을 들 수 있다. 한강에서 웅진에 이르기 전까지는 평탄한 지형이 계속되어 이곳에 새로운 도읍을 정한다면 방어에 매우 불리하다. 그런데 웅진은 북쪽으로 차령산맥이 둘러싸고 금강이 흐르고 있어 기병 중심의 고구려군을 막기에 적합한 지역이다. 또한, 동쪽으로는 계룡산이 우뚝하여 천혜의 요새라 할 수 있다. 사방이 산으로 가로막힌 분지형 도시인 것이다.

다음으로는, 금강을 끼고 있어서 수도로서의 입지조건인 생활용수와 조운로의 확보가 가능하다는 점을 들 수 있다. 한성, 사비 등과 함께 백제의 도읍 모두 큰 강을 끼고 있다는 공통점은 이를 확인시켜준다.

끝으로, 교통의 요충지라는 사실도 중요한 고려 사항이었다. 웅진은 사방이 가로막혀 방어하기에도 유리하지만, 고개를 넘으면 호남과 경기로 이어지는 길의 교차점에 자리 잡고 있다. 웅진은 후에 고려 현종이 나주로 피란 갈 때 잠시 머물렀고, 조선 인조는 이괄의 난 때 피란을 왔었다. 근현대에 이르러서는 동학농민군이 경복궁을 점령한 일제를 몰아내기 위해 서울로 북상했을 때, 그 유명한 우금치 전투가 벌어졌던 장소이기도 하다. 이처럼 전란을 수습하면 호남과 경기를 잇고 뻗어 나갈 수 있는 지형적 이점은 단순한 피란지를 넘어 매우 매력적인 도시로 다가섰을 것이다. 웅진 천도는 이와 같은 여러 요소를 고려한 끝에 결정된 것이지만 무엇보다도 고구려의 남하를 막기 위한 방어를 최우선으로 고려한 것임은 분명하다.

| 웅진 천도는 누가 주도하였는가 |

천도를 결정하는 것은 사람이다. 이런저런 요소는 결정짓기까지의 명분에 불과하고, 정치적 이해관계에 따라 이를 적극적으로 추진하고 관철한 사람들이 있었을 것이다. 그러면 웅진 천도에 영향력을 미쳤던 세력들을 알아보기로 하자.

먼저 한성이 함락되면서 문주왕이 데리고 온 만여 명의 신라 구원병이 주목된다. 이들이 도착하자 고구려가 한성에서 퇴각한 것으로 보아, 신라의 구원병은 든든한 버팀목 역할을 하였던 것으로 생각된다. 비록 고구려군이 퇴각했어도 그 위협이 계속되는 상황에서 신라의 구원병은 일정 기간 머무른 것으로 보인다. 그렇다면 신라의 구원병은 당시 백제의 정치 상황에서 무시할 수 없는 세력이었다고 여겨진다. 더욱이 한성함락으로 왕과 태후·왕자 등이 모두 몰살당한 상태에서 문주왕이 즉위할 수 있는 배경 또한 이들 신라 구원병이었을 것이다. 그러나 백제와 신라 사이의 군사적 협력은 어디까지나 고구려의 남하에 위협을 느낀 두 나라가 자국의 이익을 위해 이루어진 측면이 컸다. 따라서 친신라 세력은 일정한 한계가 있었던 것으로 보인다.

다음으로, 고구려의 한성 공격 때 문주왕과 함께 남행한 목협만치와 조미걸취도 주목된다. 이들은 왕에 오른 문주왕의 측근이기 때문이다. 이 중 주목되는 인물은 목협만치이다. 《일본서기》 유라쿠 21년(477) 조에는 "구마나리를 문주왕에게 주어 그 나라를 구원해 일으키게 하였다"라는 기사가 보인다. 이에 따르면 마치 왜가 백제를 부흥시킨 것으로 전하고 있지만, 사실 이 기사는 뒤에 왜로 망명한 목씨 세력의 무용담에서 비롯된 것으로 보고 있다. 목씨가 웅진 천도에 큰 역할을 한 것이 과장되어, 마치 왜왕이 웅진을 하사한 것처럼 왜곡된 것이다. 실제 목씨의 세력 근거지로는 공주와 청주 등 금강권이 비정되고 있어 문주왕의 측근으로 천도의 최종 결정에 큰 영향을 미쳤을 것으로 보인다.

더불어 웅진 부근 토착 세력가의 동향도 주목된다. 웅진 지역의 토착 세력가로는 백씨가 유력하게 거론되고 있고, 공주 수촌리 유적과도 관련짓기도 한다. 또한, 세종시의 송원리 유적과 나성리 유적 등도 중앙과 관련이 있는 세력임이 틀림없다. 최근 예씨 3대 일가의 묘지명이 중국 시안西安에서 발견되었고, 이 묘지명 연구를 통해서 5세기 전후에 백제가 중국에서 망명한 예씨 일족을 웅천(웅진)으로 보내 금강 중류 지역을 개발하였음을 알 수 있다. 예씨 일족의 후예가 백제 멸망 당시 웅진의 책임자인 방령 직을 수행하고 있었음을 고려하면 이들도 웅진 천도 직후에 일정한 역할을 하였을 것이다. 즉, 웅진 천도는 금강 유역의 개발이 선행되었고, 이를 토대로 결행된 것이다. 이처럼 웅진 지역이 안정되었기 때문에 문주왕이 안심하고 천도지로 정할 수 있었던 것으로 보인다.

끝으로, 천도 직후에 정권을 장악한 해씨 세력도 주목된다. 해씨는 개로왕의 견제로 중앙 정계에서 활약하지 못하였다. 이러한 점 때문에 오히려 해씨는 한성 함락 당시에 큰 타격을 입지 않은 것으로 보인다. 그리고 개로왕 정권의 지배 계급이 몰살당하자 문주왕은 세력을 온전히 보존한 귀족의 도움을 받을 수밖에 없는 상황이었다. 그런데 해구가 천도 직후에 정권을 장악한 사실로 미루어 짐작해보면, 웅진 천도가 그의 집권에 큰 도움을 주었다는 것은 부인할 수 없다.

이와 관련하여 주목되는 사실은 천도 이후 해씨의 근거지가 오늘날의 아산 지방으로 추정되는 대두산성이라는 점이다. 웅진 천도 직후 문주왕이 처음 단행한 조치는 476년 한강 이북의 백성들을 대두산성으로 옮긴 일이었다. 이러한 사실로 보아 대두산성이 고구려의 남하를 막아내는 전초기지 역할을 한 것으로 보아도 무방하다. 이곳은 한강을 건넌 고구려 기병을 저지할 수 있고, 아산만에 상륙한 수군도 막아낼 수 있는 요충지이기 때문이다. 특히 인접한 탕정성에 기반을 둔 연씨와의 제휴는 해씨 세력이 권력을 장악할 수 있는 여건을 만들어주었다. 해구가 오늘날 국방부 장관에 해당하는 병관좌평에 임명된 것은 바로 그가 권력을 장악한 시점을 보여준다. 이러한 점을 고려하면 해씨를 웅진 천도를 주장한 세력 중의 하나로 보는 것은 무리가 없을 듯하다.

천도는 여러 세력의 이해관계가 반영될 수밖에 없었다. 그 대상지를 놓고 귀족들은 서로 정치적인 입장에 따라 유리한 측면을 부각하려고 노력했을 것이다. 천도 이후에도 그 주도권을 잡기 위해 다툼을 멈추지 않았을 것이다. 이 과정에서 고구려의 남침 위협으로 웅진 이북 지역, 특히 대두성과 탕정성의 역할이 증대하면서 연씨와 결합한 해씨 세력이 점차 권력을 장악하게 되었다.

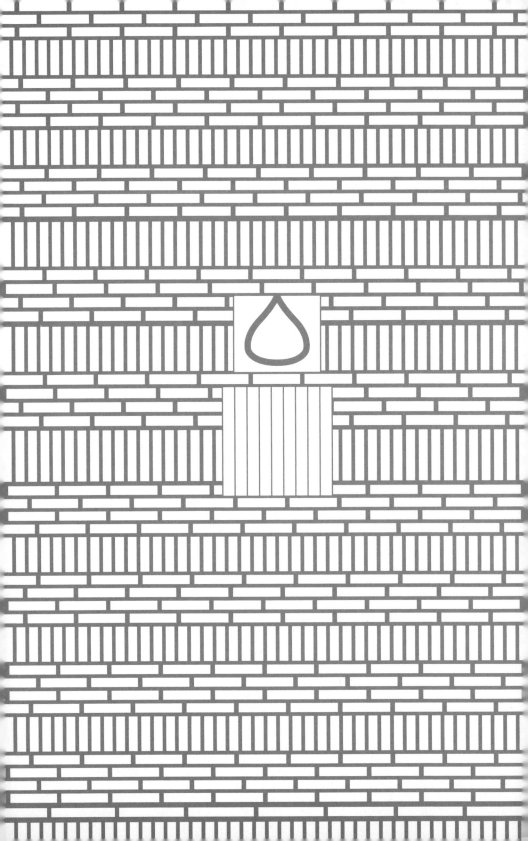

III부

국인공모
國人共謀

곤지의 귀국과 죽음, 혼돈의 시대로

웅진 천도 후 백제는 가까스로 국난을 극복했지만 헤쳐 나가야 할 일들은 산더미 같았다. 그중에서도 가장 시급한 일은 국가 체제를 정비하여 다시 고구려에 맞설 수 있는 나라로 재건하는 일이었다. 당연히 이를 둘러싼 여러 의견이 표출되었을 것이며, 이러한 과정에서 자연스레 정국 주도권 다툼도 벌어졌을 것이다. 설전이 벌어지면서 패전에 대한 책임을 누가 질 것인가 하는 문제는 뜨거운 화두였고, 이런 위기 정국에서 왕은 자유로울 수 없었다. 더욱이 개로왕은 한때 백제의 신하였던 자들에게 끌려가서 참수를 당하는 수모를 겪었다. 이러한 상황에서 왕권은 미약해질 수밖에 없었지만, 정국을 주도해야 하는 왕의 역할이 줄어들면 혼란은 가중될 수밖에 없었다.

곤지는 어떻게 귀국하였나

이렇게 되자 곤지에게도 기회가 왔다. 이제 곤지의 귀국을 둘러싼 여러 의문점을 하나하나 벗겨보기로 하자.

| 귀국 배경 |

곤지는 왕위 계승 1순위인 좌현왕이었기 때문에 개로왕에 이어 왕위에 오를 수 있는 가장 유력한 후보였다. 하지만 전시 상황에서 형인 문주가 왕위를 이어받았다. 이는 문주왕을 추대하는, 즉 지원하는 세력이 있었음을 말해준다. 문주왕이 즉위한 이상 가장 경계해야 할 대상은 곤지가 될 수밖에 없었다. 동생이지만 서열이 높은 곤지가 자신의 권리를 주장할 수 있기 때문이다. 따라서 여러 정황을 고려하면 한성이 함락된 이후 곤지가 귀국하기는 쉽지 않았을 것이다.

비상 상황에서 왕위에 오른 문주는 유약했다. 《삼국사기》에 '성격이 우유부단했다'라는 인물평이 보이는 것에서도 드러난다. 또한, 동생에게 서열이 밀린 것은 곤지의 탁월한 능력 때문일 수도 있지만 뒤집어보면 문주의 능력이 뛰어나지는 않았던 것 같다. 더욱이 웅진 천도 후 왕의 책임론이 거론되는 상황에서 그의 입지는 좁아질 수밖에 없었다.

이때 등장한 인물이 권신인 해구였다. 해구는 한성 후기 왕비족으로 등장한 해씨 세력의 중심인물로, 천도 후에는 자신의 기반을 아산의 대두산성으로 옮겼다. 이후 웅진에 인접한 탕정성의 토착 세력인 연씨와 제휴하여 지지 기반을 확보하고, 웅진으로 통하는 교통로를 장악했다. 한강 유역을 장악한 고구려군이 해로인 아산만 혹은 육로인 안성과 천안을 거쳐 웅진으로 이르는 길을 제어할 수 있는 요충지를 확보한 것이다. 해구는 이러한 군사적 기반을 바탕으로 병관좌평이 되어 병권을 장악했다. 이처럼 해구가 군사력을 장악하자 유약한 문주왕은 매우 어려운 상황에 놓이게 되었다. 왕권이 추락하고 귀족의 발호가 시작된 것이다.

문주왕은 자신의 힘으로 해구를 제어할 수 없음을 깨닫자, 이이제이 以夷制夷 방안을 구상했다. 힘 있는 자를 불러들여 해구의 전횡을 억제하려고 한 것이다. 해구를 제어할 수 있는 인물로는 곤지가 가장 유력했다. 천도 직후에는 기피 대상이었지만, 왕실의 상황이 어려워지면서 새로운 대안으로 떠오른 것이다.

| 귀국을 둘러싼 막후 협상 |

그렇지만 곤지는 여전히 요주의 인물로 경계 대상이었다. 이에 문주왕은 곤지의 의중을 떠보며 귀국 시기를 저울질했다. 곤지가 귀국한 정확한 시기는 알 수 없다. 그가 477년 4월 내신좌평에 임명되었다는 사실만 전할 뿐 그 이전 곤지의 행적이 보이지 않으니 477년 4월 직전에 귀국한 것으로 추측된다. 이처럼 곤지는 고구려의 침입 때 백제를 구원하는 역할을 맡았지만 475년 9월 한성이 순식간에 함락당하자 귀국할 기회를 놓쳤다가, 마침내 17년 만에 모국으로 돌아올 수 있었던 것이다.

흥미로운 점은 곤지가 맡은 내신좌평이라는 직책이다. 내신좌평의 업무는 왕명의 출납에 관한 일이므로 왕과 관련된 일을 보좌하는 역할을 곤지에게 준 것이다. 이는 과거 그가 역임한 좌현왕의 위상과는 비교할 수 없는 제한된 역할에 불과하다. 더욱이 곤지를 내신좌평에 임명하는 동시에 맏아들 삼근을 태자로 임명한 것으로 보아 문주왕은 왕위 계승자가 삼근임을 분명히 하고, 곤지의 역할을 제한하는 조건으로 귀국을 허락한 것으로 보인다. 곤지가 이에 응하지 않으면 귀국할 수 없으니 따를 수밖에 없는 외통수였다. 이러한 불리한 조건을 감내하며 곤지가 귀국했을 때 그의 심정은 어떠했을까. 여생을 모국에서 보낸 것으로 만족했을까, 아니면 귀국하기 위한 임시방편의 수단이었을까. 곤지의 행보에 따라, 아니 곤지의 의지와 상관없이 정국은 서서히 요동치고 있었다.

웅진 천도 이후 혼란 상황

3년 봄 2월에 궁실을 수리했다. 여름 4월에 왕의 아우 곤지를 내신좌평으로 임명하고, 맏아들 삼근을 태자로 책봉했다. 5월에 검은 용이 웅진에 나타났다. 가을 7월에 내신좌평 곤지가 죽었다. 가을 8월에 병관좌평 해구가 권력을 마음대로 휘두르고, 법을 어지럽혀 임금을 무시하는 마음이 있었으나 왕이 제어할 수 없었다. 9월에 왕이 사냥하러 나갔다가 밖에서 묵었는데, 해구가 도적을 시켜 왕을 해치니 끝내 돌아가셨다.

三年 春二月 重修宮室 夏四月 拜王弟昆支爲內臣佐平 封長子三斤爲太子 五月 黑龍
見熊津 秋七月 內臣佐平昆支卒 秋八月 兵官佐平解仇 擅權亂法 有無君之心 王不能
制 九月 王出獵 宿於外 解仇使盜害之 遂薨(《三國史記》26〈百濟本記〉文周王條)

곤지의 죽음 – 자연사인가 음모인가

곤지는 어렵사리 귀국하여 내신좌평이 되었지만 귀국한 지 불과 3개월 만에 죽었다. 모두가 곤지의 귀국과 동향에 촉각을 세우고 지켜보고 있는 상황에서 어이없게도 급사한 것이다. 이에 따라 여러 소문이 돌았다. 여러 각도에서 추정할 수 있지만 큰 줄기를 따라 당시의 상황을 정리해보자.

| 자연사망설 |

곤지는 오랜 타향살이로 지쳤으며, 정국이 급박하게 돌아가면서 왕을 보좌하는 역할이 가중되자 피로감이 누적되었다. 끝내 몸을 회복하지 못하고, 급작스럽게 변을 당한 것이다. 죽음에 대한 의문점이 있긴 하지만 이를 공식적으로 언급하지 않은 상황에서 타살설을 주장하는 것은 음모론에 불과할 뿐이다.

| 정권 희생양설 |

곤지의 죽음을 자연적인 사망으로 보기에는 그의 나이가 비교적 젊다. 큰아들인 사마가 당시 17세인 점을 고려하면 곤지는 아무리 많아도 50세는 넘기지 않았을 것으로 보인다. 물리적 나이가 건강의 척도가 되는 것은 아니지만 최소한 참고자료가 될 수는 있다. 그런데 곤지의 죽음은 이를 공식적으로 언급하기 어려운 피치 못할 사정이 있는 것으로 보인다. 그 증거로 들 수 있는 것은 곤지가 귀국한 다음 달인 5월에 검은 용이 나타난 사실이다. 용은 임금을 뜻하며, 검은색은 불길함을 상징한다. 실제 신라에서도 왕족과 유력한 귀족의 죽음에 그 전조로서 검은 용이 나타나고 있다. 따라서 이 기사는 좌현왕이었던 곤지의 신상에 이상이 나타난 것을 상징적으로 보여주는 표현으로 볼 수 있다. 정보가 통제된 사회에서 모두가 믿고 있는 곤지의 의문사를 은유적으로 표현한 기사라고 하겠다. 드러내어 말할 수 없는 권력에 의한 일종의 희생양이라는 것이다.

| 사건의 재구성 |

사실 문주왕이 위험을 무릅쓰고 곤지를 등용한 목적은 해구를 견제하고 추락한 왕의 권위를 세우기 위한 비상수단이었다. 이는 곤지가 등용되기 직전인 2월에 왕궁을 중수한 사실에서도 알 수 있다. 왕궁을 중수한 것은 당연히 왕의 위엄을 보여주려는 행위다. 문주왕이 하필 이 시기에 왕궁을 중수한 것은 해구의 권력 장악에 위기의식을 느꼈다는 것을 말해준다. 해구에 대한 견제 차원에서 곤지와 문주왕은 서로 협력관계가 될 수 있었다.

하지만 곤지가 해구를 견제하는 선을 넘어 세력을 결집하고 자신의 야망을 드러낸다면, 양자 간에 틈이 생길 수 있다. 실제로 곤지의 죽음에 앞서 검은 용이 출현하는 등 의문이 있다는 점에서, 곤지의 활동이 상당한 정치적 파문을 가져왔음이 틀림없다. 문주왕의 의도와는 달리 곤지가 조금이라도 자신의 정치적 목적을 추구한다면 왕도 의구심을 품을 수밖에 없을 것이다. 문주왕으로선 곤지의 정치적 역량을 기대하면서도 견제할 수밖에 없는 매우 복잡하고 미묘한 상황이었다.

곤지가 반해구 세력의 규합에 나섰다면 먼저 해씨와 정치적 경쟁 관계였던 진씨가 제휴 대상일 가능성이 크다. 진씨는 한성 시기에 해씨에 앞서 대대로 왕비를 배출할 정도로 유력한 가문이었다. 또한, 해씨처럼 개로왕 정권에서 소외된 덕에 세력을 온전히 보존할 수 있었다. 웅진 천도 이후 해씨가 문주왕 정권에서 권력을 장악할 수 있었던 것에 비해, 진씨는 상대적으로 소외되었다. 문주왕 또한 진씨가 독자적으로 해구의 독주에 대항할 수 있었다면 굳이 곤지를 귀국시키는 모험을 감행하지 않았을 것이다.

그런데 곤지는 왜로 파견되기 이전 좌현왕으로서 국내에도 기반이 있었다. 따라서 곤지가 백제에서 가졌던 기반을 재건하려 했다면 진씨와의 제휴는 매력적인 카드가 되었을 것이다. 웅진 부근 지역에 있는 토착 세력들도 그 대상이었을 것이다. 해씨가 천도 이후 토착 세력인 연씨와 연합한 것과 마찬가지로 곤지 또한 반해구 세력을 규합하려면 이들의 힘도 필요했기 때문이다.

이와 같은 곤지의 활동으로 반해구 세력의 결집이 점차 구체화하자 이에 대한 여러 소문이 돌면서 곤지의 활동이 도마 위에 올랐다. 문주왕이 만약 곤지에게 의구심을 가졌다면, 이는 염려스러운 상황이었다. 문주왕으로선 해구 못지않게 곤지의 부상도 버거웠을 것이고, 해구 또한 곤지의 등장으로 중앙 정계에서의 영향력이 위축되었기 때문에 그의 활동이 달갑지 않았을 것이다. 사실 곤지와 해구는 기본적으로 대립 관계를 유지할 수밖에 없었다. 문주왕이 곤지를 내신좌평에 임명하여 해구와 곤지의 대립 구도 속에서 자신의 권력을 유지하고자 했기 때문이다. 이처럼 정국이 복잡한 삼각 구도로 진행되자 정치적 혼란은 가중되었다.

곤지가 귀국하고 3개월 만에 사망한 것은 이러한 정치적 상황과 무관하지 않다고 여겨진다. 곤지가 귀국한 한 달 뒤에 검은 용이 출현한 것은 이 시기 무렵부터 곤지의 신변에 흉조가 발생했다는 의미로 해석할 수 있다. 그렇다면 흉조는 바로 곤지의 정치적 활동이 가져온 권력 투쟁을 암시하는 것이 아닌가 추측된다.

검은 용의 출현이 곤지의 죽음에 그치지 않고 두 달 후 문주왕 시해까지 이어졌다는 것은 이것이 중대한 국가적 재앙이라는 측면을 암시한다. 따라서 곤지의 죽음은 문주왕의 시해까지 이어진 권력 투쟁 속에서 비롯되었을 가능성이 크다고 생각된다.

혼돈의 극치, 문주왕 시해

| 곤지의 죽음, 최대 수혜자는 누구인가 |

귀국한 이후 왕실을 보호한다는 명분으로 세력을 규합하면서 권력의 변수로 강력하게 등장한 곤지는 이처럼 허무하게 무너졌다. 만약 곤지가 죽지 않았다면 과거 좌현왕의 기반을 복원해 유력한 차기 왕권의 후보자가 되었을 수도 있었을 텐데 말이다. 이처럼 문주왕과 해구라는 이분법적인 권력 대결 양상에서 곤지의 가세로 삼각 구도가 되었지만, 이는 얼마 가지 않아 무너졌다. 그렇다면 다시 문주왕과 해구의 양자 대결로 회귀했을 때 가장 큰 수혜자는 누구였을까?

해구는 곤지가 제거됨으로써 외면적으론 가장 큰 수혜자가 되었다. 실제 곤지가 죽고 난 후 해구가 권세를 함부로 휘두르고 왕을 무시하였으나 문주왕이 제어하지 못했다는《삼국사기》의 기록을 통해서도 이를 짐작할 수 있다. 하지만 해구의 행적은 의문투성이다. 문주왕을 시해하고 삼근왕을 옹립하여 전권을 장악했음에도 불구하고 6개월 남짓 후에 다시 반란을 일으키는 등 권력을 장악한 사람으로 보이지 않기 때문이다.

사실 해구는 곤지와 대립하고 있었기 때문에 곤지의 죽음에 관여했을 가능성도 있다. 하지만 문주왕의 시해를 해구가 사주했다는 기록이 있는 만큼, 실제로 해구가 관여했다면 추후라도 이 사실이 밝혀져 해구의 소행으로 기술되었을 것이다. 따라서 해구는 곤지의 죽음과 큰 관련이 없다고 보인다.

이와 관련하여 문주왕의 입장도 살펴보아야 한다. 문주왕은 곤지를 통해 해구를 견제하려고 했다. 왕을 보좌하는 역할에 한정시킨 것도 혹시라도 모를 곤지의 돌변에 대비하기 위한 것이었다. 그런데 곤지의 반해구 활동이 가시화되자 문주왕의 셈법이 복잡해졌다. 곤지는 해구와 달리 왕위 계승이 가능하였으므로 문주왕에게 더욱 위협적일 수 있다. 따라서 문주왕 또한 곤지의 활동에 촉각을 세웠을 것이다. 이러한 점을 고려하면 곤지의 죽음에 문주왕 세력이 관여했을 가능성도 배제할 수는 없을 듯하다.

곤지가 의문의 죽임을 당한 것은 이처럼 복잡한 권력 투쟁의 과정에서 미궁으로 처리되었기 때문으로 보인다. 곤지의 사인死因을 명확히 밝히지 않고, 불길한 징조로 대신한 것은 당시 여러 의문만 증폭되었지 밝혀지지 않은 진실을 에둘러 표현한 것이라고 생각된다. 어쨌든 문주왕 처지에서 보면 반해구 세력의 결집이라는 성과가 있었기 때문에 위험한 곤지를 대신하여 새로운 상황을 도모할 수 있는 여건이 조성된 셈이다.

| 문주왕 시해와 해구의 반란 |

그런데 문주왕은 두 달 후에 해구에 의해 시해되었다. 해구는 외면적으로 곤지 그리고 문주왕과의 삼각 구도 속에서 벌어진 권력 투쟁에서 승리하여 그 기반을 확고히 할 수 있었다. 하지만 문주왕의 시해 이후 해구의 행적에는 이해할 수 없는 점이 많다. 그 역사적 실체를 규명해보자.

이제 권력을 장악한 해구에게 문주왕이 위협이 되지 않는다면 그가 왕을 시해할 이유는 없다. 굳이 시해라는 비상수단이 아닌 여러 가지 방법으로 문주왕을 제거할 수 있기 때문이다. 서서히 왕을 심약하게 만든 다음 병사病死로 위장하는 것도 좋은 방책이다. 그런데 문주왕이 수렵을 나갔을 때 시해된 것은 문주왕의 활동에 위협을 느낀 세력이 그를 제거할 수밖에 없었던 상황을 보여주는 것이 아닌가 생각된다. 이를 고려하면 해구는 비교적 방비가 소홀한 수렵을 틈타 문주왕을 시해한 것으로 보인다.

이는 시해 이후 해구의 행적을 보면 보다 분명해진다. 해구가 문주왕을 시해한 다음 그 아들인 삼근을 왕으로 옹립한 점, 권력을 장악한 해구가 너무 쉽게 진씨에 의해 제압된 점, 아울러 해구의 반란 무대가 중앙이 아닌 대두성이라는 점 등 여러 면에서 해구의 행적에는 이해할 수 없는 의문이 있다.

그렇다 보니 삼근왕을 옹립한 세력은 진씨이며, 해구의 반란은 이에 반발하여 일어났다는 주장도 있다. 그러나 이 주장은 해구가 군사와 정치를 장악했다는 《삼국사기》 기록과 배치되어 의문이 남는다. 왕을 옹립한 진씨 세력이 아닌 해구가 정권을 장악한 것이 부자연스럽기 때문이다. 그래서 해구가 삼근왕을 옹립하여 권력을 장악했지만, 점차 진씨 세력에게 주도권을 빼앗기자 반란을 일으켰다는 견해가 제시되었다. 이 역시 삼근왕의 옹립과 해구의 급격한 몰락을 설명하기에는 다소 미흡한 감이 있다. 이러한 고민 끝에 문주왕이 도적에게 시해되었다는 기록과 권력을 장악한 해구가 문주왕을 시해할 만한 이유가 없었다는 점에 주목하여, 해구가 문주왕을 시해하지 않았을 가능성을 검토한 주장이 제기되었다. 이처럼 다양한 견해가 나온 것은 그만큼 문주왕의 시해와 해구의 반란에 의문이 많은 것을 드러내준다 하겠다.

그렇지만 여전히 문주왕의 시해 이후 해구의 반란이 일어나기까지의 의문이 해소된 것은 아니다. 권력을 장악한 해구가 불과 6개월 만에 반란을 일으킨 사실을 설명할 수 없기 때문이다. 물론 문주왕이 시해되고 해구가 반란을 일으킨 사이에 진씨가 정변을 일으킨 것으로 추정하고 있지만, 과연 정국의 흐름에서 매우 중요한 정변 기사가 누락될 수 있을까 하는 점에서 이런 추론은 회의적일 수밖에 없다. 또한, 해구가 도적을 시켜 문주왕을 시해했다는 사료 자체를 부정하는 것도 큰 부담이다.

오히려 사실 여부와 상관없이 문주왕을 시해했다는 명분을 내세워 진씨가 해구를 제거했다면, 진씨가 이미 상당할 정도로 세력을 형성한 것으로 보아야 할 것이다. 요컨대 반해구 세력이 충분히 형성되어 있었던 것이다. 이러한 추정에 설득력이 있다면 문주왕이 반해구 세력과 연계하는 것이야 말로 해구에겐 최악의 상황이 될 수 있다. 이것이 바로 해구가 문주왕을 시해한 요인이 되었다고 볼 수 있다. 따라서 사료를 부정하기보다는 해구가 문주왕을 시해했다는 것을 인정하고, 문주왕을 시해할 만한 동기를 밝히는 것이 당시 정치적 상황을 이해하는 데 좀 더 도움이 되지 않을까 한다.

이와 관련하여 주목되는 것은 문주왕이 수렵을 나갔을 때 시해되었다는 점이다. 수렵은 고대 사회에서 국왕의 고유 권한으로 군사 훈련과 통수권의 기능을 가졌다. 이러한 점에서 해구가 문주왕의 수렵을 정치적 활동으로 의심했다면 문제의 양상은 달라졌을 것이다.

그런데 앞서 살펴본 것처럼 해구는 곤지의 죽음으로 자기 권력 기반을 강화할 수 있었다 해도 여전히 불안했을 것이다. 반해구 세력이 비록 약화됐지만 구심점이 생긴다면 언제라도 저항 세력이 될 수 있기 때문이다. 이와 관련하여 "권세를 함부로 휘두르고 법을 어지럽혔다"라는, 해구에 대한 《삼국사기》의 표현이 주목된다. 이는 바로 해구의 권력 장악을 보여주는 것은 틀림없지만 한편으로는 그 대상이 누구냐는 점 또한 간과할 수 없다. 물론 그 대상은 해구에 저항한 세력이었을 것이다. 즉 해구는 반해구 세력을 제거하기 위해 노력한 듯하며, 이것이 바로 권력 남용으로 비치고 있었던 것으로 이해된다.

이 점에서 문주왕 또한 예외일 수 없다. 문주왕이 해구를 제어할 수 없다면 그는 해구의 전횡을 방관할 수밖에 없었을 것이다. 하지만 해구를 제압할 방법이 있었다면 이를 실현하기 위해 노력했을 것이다. 특히 해구를 위협했던 반해구 세력은 문주왕에게 좋은 대안이 될 수 있었다. 이러한 문주왕의 적극적인 행위에 의구심을 품은 해구가 비상수단으로 왕을 제거했다. 결국 해구의 권력 장악은 순리가 아닌 불안한 정국을 타개하기 위한 비상조치였으며, 상황에 떠밀린 질주였던 것이다.

| 추락한 왕권, 고삐 풀린 권력 |

해구는 문주왕을 시해함으로써 권력을 장악했다. 하지만 그가 문주왕의 아들인 삼근을 옹립했다는 데에 의문이 생긴다. 이는 그가 왕을 시해했다는 세간의 소문을 잠재우기 위한 고육책일 수도 있다. 또한, 한성 함락 때 개로왕의 직계가 몰살당했다는 사실을 상기하면 곤지의 자식을 제외한 후보군이 없었다는 점하고도 직결된다. 더욱이 삼근왕은 당시 13세여서 직접 통치할 수 없는 나이였고, 따라서 해구가 대리 정치를 펼치기에 적당한 점도 고려되었을 것이다. 이처럼 외면적으로 해구는 권력을 장악함으로써 정점에 이른 듯했다.

그러나 반해구 세력이 형성되었고, 끊임없이 문주왕 시해에 대한 의문이 제기되는 상황에서 해구는 점차 수세에 몰렸다. 반해구 세력은 바로 해구에 의한 문주왕의 시해와 전횡을 명분으로 삼았을 것으로 생각된다. 흥미로운 사실은 문주왕이 해구가 보낸 도적에게 시해되었다는 《삼국사기》의 기록이다. 이 사실은 그 진위와는 무관하게 해구가 권력을 장악한 시기에는 공표될 수 없는 사안이었다. 아무리 해구가 권력을 장악했다 해도 전왕前王을 죽였다는 것은 엄청난 정치적 부담을 주기 때문이다. 따라서 해구가 권력을 장악할 시점에는 이와 같은 사실은 밝혀지지 않았을 것으로 보아도 무방하다. 아마도 도적에게 시해되었다는 정도였고, 배후는 밝혀지지 않았을 것이다.

이것이 사실로 기록된 것은 문주왕이 죽자 이미 그 죽음에 의문을 제기한 사람이 많았으며, 해구에 의한 피살설도 그중의 하나였기 때문일 것이다. 이를 포착한 반해구 세력은 해구의 문주왕 시해설을 이용하여 본격적인 세력 규합에 나선 것으로 보인다. 그리하여 중앙 정계에서 해구에 반대하는 분위기가 형성되면서 해구는 점차 고립되는 형국이 되었을 것으로 추측된다. 따라서 해구에 의한 문주왕 피살설은 그의 반란이 진압된 이후 사실로 기록되었을 것이다.

반대 세력과의 대결에서 점차 밀리게 된 해구는 비상수단으로 자신의 근거지인 대두성에서 반란을 일으켰다. 이에 진씨는 재빠르게 대응하여 진남이 2천여 병사를 이끌고 해구의 반란을 진압하려 했지만 실패했다. 그러자 다시 진로가 정예병 5백을 이끌고 해구의 반란을 진압했다. 이처럼 해씨의 반란을 좌평 진남이 평정하지 못하고 진로가 겨우 진압을 한 사실은 해씨의 세력이 그만큼 컸다는 것을 말해준다. 더욱이 해구의 반란에 함께 참여한 연신이 고구려로 망명한 것을 볼 때, 그의 이탈이 아니었다면 해구의 반란을 진압하기가 더욱 힘들었을 것이다.

웅진 천도 직후 정국은 한성 시기처럼 해씨와 진씨의 대결 양상으로 치닫고, 왕은 무력한 존재로 전락했다. 하지만 해씨와 진씨는 한성에서 세력 근거지를 옮겨왔기 때문에 웅진 일대는 그들의 터전이 아니었다. 해씨가 부근 토착 세력인 연씨와 제휴한 것도 그들의 세를 유지하기 위한 수단이었다. 마찬가지로 반해구 세력이 결집하면서 점차 진씨 외에도 웅진 부근 토착 세력들이 이에 참여한 것으로 보인다. 동성왕 대에 등장하는 백씨와 사씨 등이 대표적이다.

이처럼 두 세력 간의 대결은 신진 세력들이 등장할 수 있는 배경이 되었다는 점도 주목해야 할 것이다. 한성에서 내려온 남래귀족南來貴族

들이 치열하게 권력을 다툴 때 이들의 필요에 따라 협력한 주변의 세력들이 서서히 두각을 나타내면서 새로운 시대가 열리고 있었다. 그리고 혼돈이 가중될수록 모두가 바라던 것이 있었다. 바로 혼란을 종식할 강력한 왕의 등장이었다.

모대와 사마의 입국

《일본서기》유라쿠 49년 조에 의하면 곤지의 아들 모대(동성왕)는 479년 4월 입국한 것으로 나온다. 논란이 되는 부분은 모대의 입국 시기와 동성왕(재위 479~501)의 즉위가 연관되어 있다는 점이다. 《삼국사기》동성왕 즉위년 조에는 479년 11월 삼근왕이 죽은 후 모대가 동성왕으로 즉위한 것으로 기술되었다. 왕위의 유력한 계승자가 삼근왕의 죽음 이전에 미리 귀국했다는 점에서 주목되는 것이다. 따라서 삼근왕의 죽음을 둘러싸고 여러 이야기가 있으므로 이에 대해 살펴볼 필요가 있다.

삼근왕의 죽음을 둘러싼 의문

《일본서기》에는 삼근왕이 479년 4월 죽은 것으로 나온다. 그러나 이 기사의 초점은 삼근왕이 아니라 모대의 귀국과 왕의 즉위를 말해주는 내용이다. 모대가 왜를 떠난 시기와 정황은 《삼국사기》에는 없는 독자적인 기사로서 모대의 동향을 보여주기 때문에 윤색된 부분만 제외하면 사실에 바탕을 두고 있다고 생각된다. 하지만 '동성왕이 되었다'와 '삼근왕이 죽었다'라는 내용은 후에 정리된 것이 명백하므로 마땅히 신중하게 살펴보아야 한다.

반면 《삼국사기》에는 일련의 정치적 과정이 비교적 상세하게 서술되어 있다. 478년 봄에 해구가 반란을 일으켜 죽임을 당했다. 이후 479년 봄과 여름에 크게 가물었다는 기사도 음미할 필요가 있다. 해구는 비록 제거되었지만 계속된 가뭄이 삼근왕에게는 매우 부담스러웠을 것이다. 삼근왕이 해구에 의해 옹립되었기 때문에, 왕이 부덕하여 하늘이 재앙을 내렸다는 식으로 가뭄을 삼근왕의 탓으로 돌리는 무리까지 있음직한 일이다. 삼근왕은 좌불안석으로 매우 불안한 상황이었음이 분명하다.

그런데 가을 9월에 대두성을 두곡으로 옮기고 있다. 대두성은 해씨의 근거지로 반란을 일으킨 중심지였다. 이처럼 근거지를 옮기는 것은 해씨 세력에 대한 모종의 조치이며, 궁극적으로 이들의 세력을 약화하려는 의도임이 틀림없다 하겠다. 그리고 공교롭게도 11월에 삼근왕이 죽는다. 이는 우연일 수도 있지만 마치 계획된 수순처럼 보인다. 삼근왕을 옹립한 해씨 세력을 제거한 것은 다음 왕을 옹립하는 데 대한 반발 세력을 사전에 정리하는 듯한 느낌을 지울 수 없다.

삼근왕은 13세에 즉위했기 때문에 그가 죽을 때의 나이는 15세이다. 매우 어린 나이에 죽은 것이다. 이는 왕으로 옹립된 이후 신변이 매우 불안했기 때문에 스트레스가 가중되면서 죽었을 가능성도 있다. 새로운 왕을 옹립하려는 세력들이 정국 불안의 원인을 왕에게 돌려 왕을 궁지로 몰아넣었다면 다소간의 연관성을 부인하기는 힘들다. 요컨대 삼근왕의 죽음은 자연사로 보기보다는 일련의 정치적 상황과 관련 있을 가능성이 더 크다.

모대의 입국

삼근왕이 죽은 시기는 《삼국사기》의 내용을 신뢰할 수 있다. 국내 자료이며, 상황을 잘 설명해주고 있기 때문이다. 문제는 모대의 입국 시기이다. 삼근왕의 죽음 이후 모대가 귀국했다면 《삼국사기》처럼 11월에 입국한 것으로 보아야 한다. 하지만 《일본서기》는 모대의 독자적인 행위를 기록하고 있으므로 삼근왕의 사망과는 분리할 필요가 있다. 그렇다면 실제 모대가 백제로 귀국한 것은 4월일 가능성이 더 크다고 할 수 있다. 즉, 모대는 삼근왕이 사망하기 이전에 입국했고, 삼근왕 옹립 세력을 사전에 정리하고 왕위에 올랐다고 볼 수 있다. 이는 삼근왕의 죽음 등 일련의 과정과도 통하기 때문에 큰 무리는 없어 보인다.

모대의 입국은 단순히 개인 차원에서 살펴볼 문제가 아니다. 후에 왕위에 즉위하기 때문에 많은 사람을 동반했을 것으로 보인다. 일부 전하는 자료를 중심으로 모대와 동반한 이들을 추정해보자.

《일본서기》에는 모대가 츠쿠시국築紫國 군사 5백의 호위를 받으며 입국했다 한다. 이는 태자인 전지왕이 405년 귀국할 때와 유사한 상황이다. 전지는 왜에 파견되어 9년간 머무르다 아버지인 아신왕이 죽자 귀국하여 왕이 되었다. 이때 왜 군사 1백의 호위를 받았다. 모대는 곤지의 적자로 유력한 왕위 계승자였다. 유력한 왕위 계승자였던 곤지가 사망했고, 문주왕 또한 시해되어 그 아들인 삼근왕만 남은 상황에서 가장 왕위에 근접한 인물이었기에 왜에서 귀국할 때 각별한 대우를 받은 것 같다. 태자인 전지의 귀국에 동원된 1백과 비교하면 5백 호위병은 모대의 위상을 잘 보여준다. 이미 왕에 준하는 대우를 받고 있어서 모대에 대한 야마토의 우대가 지극했다는 것을 알 수 있다.

그런데 모대를 호위한 군사는 츠쿠시국에서 동원되었다. 츠쿠시국이 백제와 거리상 가깝다는 이점도 있지만, 당시 츠쿠시국이 외교와 정치에서 나름의 독자성이 있었던 것을 고려하면 모대의 즉위에 츠쿠시 세력이 도움을 준 것이 아닌가 생각된다.

그렇다면 호위병 5백 외에 모대가 동반한 세력은 어느 정도였을까. 곤지는 가와치 지역에 17년간 머물면서 백제계 도왜인들을 세력 기반으로 삼았었다. 곤지의 귀국 때 어느 정도 이동이 있었겠지만, 곤지의 적자인 모대가 움직일 때는, 더욱이 왕으로 옹립되기 위한 입국이었을 때는 다수의 인원이 모대의 측근으로 동반했을 가능성이 크다. 사실 이들이 백제를 떠나 왜에 이주한 것 자체는 더 나은 삶을 원했기 때문이었다. 그런데 모대가 백제에서 왕이 된다면, 그들은 왕의 측근으로 또는 가까이에서 기회를 얻을 수도 있으므로 앞 다투어 따라올 사람들이 제법 많았을 것이다. 호위병 5백을 훨씬 넘는 인원이 모대를 따라 혹은 시간을 두고 귀국했을 것으로 보인다.

모대를 따라온 집단으로는 먼저, 곤지가 정착한 가와치 지역 백제계 도왜인들을 꼽을 수 있다. 이들은 왜에서 곤지와 이를 계승한 모대의 정치적 기반이 되었고, 모대가 입국할 때 일부는 측근 세력으로 활약했을 것이다. 다음으로 가와치 지역의 백제계 도왜인 외에 가와치 및 인근 지역에서 곤지계 집단과 긴밀한 관련을 맺은 왜인들도 포함되었으리라 짐작된다. 이들은 백제와 왜의 교류를 주관하면서 성장한 집단이었으므로 이들이 모대를 따라 입국하여 백제 중앙 정계와 연을 맺는다면 두 나라의 교류를 더욱 활발하게 주도할 수 있는 이점이 있기 때문이다. 세 번째 동행인들로는 규슈 지역의 백제계 도왜인과 왜인들 역시 주목된다. 규슈 지역은 백제와 왜의 관문으로서 야마토로 권력이 집중되기 이전 백제와 왜의 가교 역할을 했다. 이들 역시 왜에서 성장한 모대의 입국을 보면서 큰 기대 속에 동반했을 가능성이 크다.

규슈 지역에 보이는 많은 백제 계통의 위세품, 특히 금동관과 금동 신발 등이 이를 잘 나타내준다. 무엇보다도 동성왕 즉위 이후 영산강 유역에 등장하는 왜계 무덤인 전방후원형분과 6세기 들어 활약하는 왜계 백제 관료 등은 바로 이들의 실상을 잘 보여준다. 동성왕과 무령왕 때에 이들 유적이 보이는 것은 왜에 오랫동안 거주한 백제계 도왜인들과 왜인들의 실체를 분명하게 드러낸다. 게다가 이 문화가 복합적인 것도 동반한 세력들이 다양한 백제인들과 왜인들로 구성되었음을 보여주는 증거이다.

사마의 입국

| 어떻게 입국하였나 |

그렇다면 훗날 동성왕의 뒤를 이은 무령왕, 곧 사마는 언제 입국했을지 궁금하다. 사마의 가계는 왜에서 섬을 무대로 활동했기 때문에 그의 합류는 곤지 혹은 모대에 큰 힘이 될 수 있다. 따라서 사마의 입국 또한 나름의 기반을 가지고 이루어졌을 가능성이 크다. 현재 사마의 입국에 관한 내용은 전혀 없고, 탄생 설화에서 태어난 즉시 돌려보내라는 말만 전해질 뿐이다. 백제인들의 귀국이 구체적으로 묘사된 것은 모대의 입국 때이다. 따라서 통상적으로 보면 모대가 입국했을 때로 보는 것이 가장 무난하다.

하지만 사마의 탄생 설화는 곤지의 도왜와 밀접하게 관련이 있고, 사마 역시 곤지의 아들로 나온다. 곤지가 귀국할 때의 상황 묘사는 전혀 없지만, 곤지 또한 일정 정도의 호위병과 측근들을 동반하여 귀국했을 가능성은 충분하다. 이때 규슈의 백제계 도왜인들이 합류해 이동했다면 당연히 사마도 이들의 일원으로 함께 귀국했을 것이다. 사마 세력의 합류는 곤지에게 큰 힘이 되었을 것이다. 물론 사마가 개인적으로 입국했을 수도 있지만, 사마가 이처럼 미미한 존재였다면 후에 왕으로 즉위할 수 있었던 배경을 설명할 수 없다. 따라서 사마가 개인적으로 입국했을 가능성은 거의 없다고 보인다.

| 사마와 곤지의 관계는 |

사마가 곤지를 수행해서 입국했다면 두 사람 사이의 관계는 어떠했을까. 곤지의 아들로 들어왔을까, 아니면 다른 관계로 입국했을까? 이를 확인할 방법은 사실상 없다. 때문에 사마가 누구의 아들인가를 밝히는 것보다 사마가 왜 개로왕과 곤지의 아들임을 표방했을까를 살펴보는 것이 더욱 현실적이다. 사마의 가계는 무령왕이 즉위한 후 정리되었음이 분명하므로 이를 역추적하면 사마의 행적을 살펴볼 수 있음직하다.

먼저, 사마가 개로왕의 아들이라는 설은 앞서 살펴본 것처럼 후에 정리된 것이 분명하고, 이는 사마의 왕위 계승에 대한 명분론과도 직결되기 때문에 뒤에 살펴보고자 한다. 곤지의 아들이라는 설은, 곤지가 비운의 인물이며 왕이 아니었기 때문에 일부러 연결할 필요는 없다. 이를 고려하면 사마가 곤지와 관련이 있는 것은 분명하다 하겠다. 현실적으로는 곤지계가 정국을 주도하고 있는 구도도 고려했겠지만 곤지가 강조되면 자신은 적자인 동성왕에 비해 정통성이 훼손되기 때문에 실제적으로는 개로왕의 아들이며, 곤지는 의붓아버지가 되는 절충선을 찾은 것으로 보인다. 이 또한 곤지와의 관련성을 보다 분명하게 보여준다.

사마의 탄생 설화에서 곤지가 의붓아버지인 것처럼 실제 둘 간의 관계가 의제적일 수도 있다. 백제의 시조인 온조와 주몽의 관계는《삼국사기》온조 설화에서는 친아버지로 나오지만 세주細註로 인용된 비류 설화에서는 의붓아버지로 기록되었다. 왕의 가계가 정치적 관계에 따라 얼마든지 정리될 수 있음은 역사서에서 쉽게 볼 수 있다. 이처럼 사마와 곤지의 관계는 실제 아버지 내지는 의붓아버지일 수도 있는 등 확인하기 힘들다. 다만 둘이 의붓아버지라 칭할 정도로 밀접했다는 것은 분명하다 하겠다. 그렇다면 곤지의 측근으로 사마 혹은 그의 가계가 동반했거나 백제 입국 후 사마 세력이 곤지계의 중심 역할을 하면서 점차 부상한 것이 아닌가 생각된다.

또한, 사마가 곤지와 부자 관계를 칭한 사실이 알려졌다면 후에 왕에 즉위할 수 있었을지 의문이다. 측근들을 제거하는 등 권력을 독점했던 동성왕의 집권 시기에 곤지의 혈연을 표방한 사마가 용납될 수 없었을 것이기 때문이다. 따라서 최소한 서슬 퍼런 동성왕의 치하에서는 사마는 곤지의 아들임을 표방하지는 않았을 것이다. 물론 동성왕에 대한 정변이 모의될 때 사마는 곤지의 알려지지 않은 아들이고, 이는 곤지계의 지지를 얻을 수도 있다는 점에서 소리 없는 소문이 퍼졌을 가능성은 있다. 따라서 사마는 처음 귀국했을 때 곤지와의 혈연보다는 자신의 실력을 바탕으로 성장했고, 신분이 널리 알려진 것은 동성왕 시해와 즉위 과정이라고 보는 것이 타당하다.

동성왕 즉위 배경

모대는 479년 드디어 동성왕으로 즉위했다. 동성왕이 어린 나이에 즉위했고, 왜에서 귀국했기에 국내 기반이 없다는 점에서 과연 동성왕이 독자적인 기반을 가지고 왕에 올랐을까 하는 의문이 제기되었다. 이에 동성왕의 즉위를 바라보는 관점을 정리하여 당시의 역사적 실체에 다가서보자.

| 왜 왕에 의한 옹립설 |

앞서 살펴본 것처럼 동성왕의 귀국과 즉위에 관한 내용은《일본서기》에 가장 많이 보이며, 비교적 자세하다.《일본서기》유라쿠 21년 조에 보이는 동성왕 즉위에 관한 기사는 "천황이 곤지왕의 둘째인 모대가 어린 나이이지만 총명하므로 칙명으로 궁궐에 불러 친히 머리와 얼굴을 어루만지며 은근하게 조칙을 내려 백제 왕으로 삼았다"라는 내용이다. 이를 액면 그대로 믿으면 왜 왕이 모대를 백제 왕으로 삼은 것이 된다. 이는 기본적으로《일본서기》편찬자의 왜곡된 시각이 반영되었음이 분명하다.

다만 사료를 중시하면, 동성왕이 왜에서 귀국한 것으로 보아 왜의 역할까지 부정할 수는 없을 듯하다. 그래서 천황이 모대를 부른 것은 그와 인척 관계이기 때문이며, 머리와 얼굴을 어루만진 것은 인척 간 친밀함의 표시라고 보아 동성왕의 어머니를 왜계로 보는 주장도 제기되었다. 곤지가 왜 왕실과 혼인한 것은 외교상 필요한 전략이었으므로 이러한 개연성은 충분하다. 하지만 이는 왜가 동성왕의 즉위에 도움을 주었다는 것과 바로 직결되기 때문에 선뜻 받아들이기는 힘들다.

《일본서기》의 내용을 액면 그대로 받아들이지는 않지만, 백제와 왜 측의 상호 필요에 따라 혹은 백제 입장에서 신라와의 동맹을 유지하고 왜국과 협력할 필요에서 동성왕을 선택했다는 주장 등은 기본적으로 왜의 역할을 강조하고 있다. 하지만 이 입장은 왜 중심의 천하관에 간

히고, 동북아시아가 한반도를 둘러싼 중국과 왜의 대결이라는 극단적인 구도로 흐를 수도 있어서 신중할 필요가 있다. 그리고 무엇보다도 이처럼 왜의 도움을 받은 동성왕이 즉위 후 왜와 긴밀한 외교 관계를 유지하기는커녕 오히려 왜와 대립적인 측면도 보이기 때문에 이렇게 보는 것은 동의하기 힘들다.

| 진씨 옹립설 |

진씨 옹립설은 기본적으로 동성왕의 국내 기반이 취약했다는 점에서 비롯된다. 진씨는 한성 시기 초기에 대대로 왕비족으로 최고 귀족의 지위를 누렸던 명문가였다. 더욱이 해씨의 반란을 처음 진압하러 간 인물이 좌평 진남이었으며, 해구를 제압한 인물도 덕솔 진로였다. 한성 시기부터 해씨와 경쟁 관계였던 진씨 세력이 반란 진압의 일등 공신이었던 것이다. 게다가 동성왕은 재위 4년 진로를 병관좌평에 임명하였다. 외견상 진씨가 국정을 장악했고, 이를 동성왕의 취약한 국내 기반과 연결해보면 진씨가 정국을 주도하였으며, 동성왕은 진씨에 의해 옹립된 왕에 불과한 듯하다.

하지만 진씨 또한 한성의 기반을 상실하고 남쪽으로 내려온 귀족이어서 토착적 기반이 취약했다. 아울러 진로가 제1관등인 병관좌평에 임명된 시점도 주목해야 한다. 진로는 동성왕 초반에는 관등이 4등급인 덕솔에 불과하였으니 동성왕 정권이 출범할 당시에는 병권이 다른 사람에게 있었던 것이 분명하다. 동성왕 4년(482) 병관좌평이 되면서 부상한 것이다.

그런데 동성왕은 진로를 임명한 이후 다음 해 한산성을 순무하고, 웅진 북쪽으로 수렵을 나가는 등 서서히 친정 체제를 위한 기지개를 켜고 있었다. 실제 재위 6년 내법좌평 사약사를 중국 남제南齊에 사신으로 보내고, 8년에는 백가를 위사좌평으로 중용했다. 외교와 의례를 담당한 내법좌평에 신진 세력인 사씨를, 경호실장에 해당하는 위사좌평에는 웅진 지역 토착 세력가인 백씨를 중용하여 확실하게 친정 체제를 굳히고 왕권 강화를 시도한 것이다. 이를 고려하면 진씨가 권력을 장악했다고 보기에는 석연치 않은 점이 보인다. 해씨 세력을 사민徙民한 것이 동성왕의 입국 이후 시행된 점, 진로가 곧바로 병관좌평이 되지 못한 점, 동성왕이 별 무리 없이 권력을 장악하고 있는 점 등이 그것이다. 특히 진로의 임명 시기가 동성왕이 성년이 된 나이로 추정된다는 점도 음미해볼 사안이다.

또한, 진씨가 권력을 장악하고 왕을 옹립했다면 자기들이 조정하기 쉬운 인물을 택했을 것이다. 그런데 동성왕에 대한 《삼국사기》의 인물평을 보면 "담력이 남보다 뛰어났으며, 활을 잘 쏘아 백 번 쏘면 백 번 맞혔다"라고 하여 매우 강인하고 무인적 기질이 남다른 것으로 평가된다. 이러한 강단 있는 인물을 왕으로 옹립하면 자신들의 권력을 유지하기 힘들 것은 자명하다. 실제 동성왕은 전제군주라 할 정도로 강력한 왕권을 구축했다. 따라서 모대가 왕이 된 것은 다른 배경이 있었을 듯하여, 진씨 옹립설도 전적으로 받아들이기에는 주저된다.

| 곤지계 기반설 |

이러한 점을 고려하면 모대가 왕으로 즉위할 수 있었던 것은 역시 곤지계의 적자라는 점이 크게 작용한 듯하다. 앞서 살펴본 것처럼 곤지는

일본 열도 가와치 지역에 기반을 구축했고, 곤지의 적자인 모대가 귀국할 때 호위병만 5백에 이를 정도로 많은 인원이 왜에서 귀국했다. 더욱이 삼근왕이 죽기 전에 귀국한 점도 눈여겨볼 만하다. 물론 모대의 나이가 어린 점이 걸림돌이 되지만, *그가 곤지계의 적자라는 점은 오히려 왕으로 옹립될 수 있는 여건이 되었다.* 삼근왕이 죽으면 혈연적으로 왕위에 가장 근접한 인물이기 때문이다. 따라서 미리 입국하여 삼근왕의 석연치 않은 죽음 이후 즉위한 점을 고려하면 곤지계의 조직적인 움직임으로 볼 수 있다. 다만 곤지계의 역할이 컸다고 보이지만 다른 요소도 있었기에 즉위할 수 있었다고 보인다. 이제 이 점에 대해 살펴보기로 하자.

동성왕의 정치적 기반

| 진씨 세력의 도움 |

곤지의 적자라는 점과 곤지가 가진 왜에서의 기반이 움직였다는 점에서 동성왕 즉위의 일등 공신은 바로 곤지계라고 할 수 있다. 그렇지만 진씨 세력을 빠뜨릴 수 없다. 해구의 반란을 진압한 진로 등의 공을 무시할 수 없기 때문이다. 다만 진씨 세력은 토착 기반이 약해서 해씨가 쉽게 무너진 것처럼 그들 역시 불안한 살얼음판을 걷는 상황이었다. 실제 진씨 세력은 해구의 반란을 진압한 이후 별다른 행동을 취하지 못했다. 동성왕이 입국한 이후에야 해씨 세력의 사민을 추진한 것은 진씨가 단독으로 정국을 주도할 수 없었음을 확인시켜준다.

사민은 근거지를 옮기는 것이므로 이를 추진한다면 해씨 세력이 완강히 저항할 것이 분명했다. 해구의 반란을 진압했지만, 해구에 의해 옹립된 삼근왕이 재위했고, 해씨 세력도 부활할 수 있는 불씨를 가진 어정쩡한 상황이었던 것이다.

문주왕이 곤지의 귀국을 요청한 것처럼 진씨 또한 곤지의 적자인 동성왕의 입국을 요청한 것으로 보인다. 다만 거기에는 분명한 차이점이 있었다. 곤지는 조건부 귀국이었지만 동성왕은 곤지계의 수장으로서 당당히 정국의 해결사 역할로 입국한 것이다. 백제로 입국한 동성왕은 여러 세력의 구심점 역할을 하면서 해씨 세력의 사민을 추진하여 남은 불씨를 없애고 자신의 즉위에 한걸음 다가섰다.

나아가 해구 축출의 명분이 문주왕의 시해에 있었으므로 해구에 의해 옹립된 삼근왕 또한 정통성을 인정받기 힘들었다. 그런데 당시 왕위 계승에 가장 적합한 왕족은 곤지계이며, 그중에서도 적자인 동성왕을 추대하는 것은 많은 세력의 지지를 확보할 수 있는 좋은 방안이었다. 이처럼 진씨 세력은 왜에 기반을 가진 곤지계와 제휴하여 동성왕의 즉위를 도운 일등 공신이라 할 수 있겠다.

| 왕족들의 도움 |

다음으로 주목되는 세력은 왕족이다. 뒤에 제시된 〈표 1〉(196쪽)처럼 동성왕은 재위 12년(490) 중국 남제에 관작의 승인을 요청했다. 이때 왕·후에 임명된 4명은 저근姐瑾, 여고餘古, 여력餘歷, 여고固였다. 이들 중 여씨 성을 가진 왕족이 3명인 점은 흥미롭다. 흡사 개로왕 때 왕족 중심의 친정 체제를 구축한 것과 유사하다. 이들이 동성왕 초기에 왕·후

로 임명된 것은 정권 초반에 왕족들이 대거 중용되었음을 알 수 있다. 이는 동성왕 즉위 과정에 이들이 큰 역할을 했다는 점을 말해준다. 개로왕 때 곤지가 좌현왕에 중용된 것도 개로왕의 즉위 과정에 크게 활약했기 때문이었다는 점을 상기하면, 이렇게 보아도 무방할 것이다. 이들의 관작 수여에 대한 공적으로 '힘을 합하여 나라의 어려움을 물리쳤다'라는 사실을 들고 있는 점은 이를 분명하게 보여준다. 나라의 어려움이란 해구의 반란과 그 진압 과정을 의미하는 것으로 보이며, 이러한 추정이 틀리지 않는다면 이들은 곤지계와 함께 동성왕의 즉위에 힘쓴 왕족들로 보아도 별 무리가 없을 듯하다. 물론 이들 중에는 적극적으로 참여하진 않았지만, 왕족들을 포용하기 위해 중용한 자도 있을 수 있다. 하지만 이들 중 다수가 동성왕의 즉위에 큰 도움을 주었다고 보는 것이 마땅할 것이다.

| 강력한 왕권 희망 |

왕족과 귀족들이 동성왕의 즉위에 적극적인 역할을 했던 까닭은 계속된 혼란으로 왕권이 실추된 점을 들 수 있다. 지도력의 부재는 나라를 혼란하게 만들고, 나아가 고구려와의 싸움에 대비하기 위한 체제 정비에도 바람직하지 않았다. 패전의 책임이 왕의 지도력에 있는 것도 사실이고, 이 때문에 초기에는 혼돈의 연속이었으며, 이렇게 이전투구하며 갈팡질팡하는 모습은 누구에게도 바람직하지 않았다. 누구의 잘못인가 가려내려는 답이 없는 소모전을 과감히 없애고, 문제점이 무엇인가를 파악하여 해결책을 추진할 수 있는 강력한 지도력을 갖춘 왕의 출현을 바라는 분위기가 조성되었다. 이러한 지배층의 집단 위기의식이 정통성을 바탕으로 강력한 군주의 자질을 갖춘 동성왕을 추대하는 배경이 된 것이다.

동성왕 즉위와 사마의 역할

사마는 곤지 혹은 동성왕을 수행하여 입국했다. 동성왕 즉위 과정에서 사마의 행적이 전혀 밝혀지지 않았기 때문에 추적하기 어려우나 전후 상황을 살펴보면 추정해볼 수는 있다.

동성왕의 즉위에 곤지계의 역할은 지대했다. 그리고 사마 역시 곤지를 수행한 측근 세력의 일원으로 곤지의 사후 동성왕의 귀국과 즉위를 도왔을 것으로 보인다. 물론 사마는 동성왕의 즉위 당시 나이가 18세였기 때문에 핵심적인 역할을 했다고 보기는 힘들다. 그러나 앞서 살펴본 것처럼 사마도 자기 세력을 동반했고, 이를 기반으로 활동했다면 동성왕 정권의 성립에 어떤 형태로든 공헌했을 가능성은 인정된다. 즉 다양한 반해구 세력과 진씨의 야망 등 산적한 문제를 해결하면서 동성왕이 즉위할 수 있는 발판을 만들었을 것이다.

동성왕 초기 정권의 면모를 보면 왕족들이 중심이었는데, 의제적 관계로 추정되는 사마 역시 점차 중심 역할을 하는 인물로 성장했을 것이다. 온조와 비류가 졸본부여 세력을 바탕으로 주몽과 의제적 관계를 맺고 부여에서 남하한 유리와 왕위 쟁탈전을 벌였듯이, 이제 사마는 동성왕의 즉위를 도우면서 자신의 나래를 펴기 시작한 것이다.

통상적으로 정권이 새로 출범하면 제법 힘을 받고, 주위에서는 그 정권에 대해 새로운 희망과 기대를 하게 된다. 반대 또는 경쟁했던 세력들도 덕담을 나누고, 우선은 지켜보자는 태도를 취한다. 사마는 동성왕 정권의 출범에 기여했기 때문에 나름의 기대와 희망을 품었음직하다. 그 기대와 희망은 무엇이었을까. 처음부터 왕이 되지 못한 섭섭함이었을까? 그렇다면 사마는 동성왕 정권 내내 잠재적 경쟁자로 낙인이 찍혀 활동하기가 힘들었을 것이다. 모대가 왕이 된 것은 그가 능력이 뛰어났기보다 곤지의 적자라는 점이 더 컸고, 이러한 점을 고려한 사마는 동성왕을 충실히 보좌했을 것으로 추정된다. 최소한 동성왕 정권에서 그 존재감이 있어야 사마도 동성왕의 대안으로 떠오를 수 있었을 것이기 때문이다. 동성왕과 비슷한 연배이며, 의제적 관계로 맺어질 정도로 믿을 수 있는 사람이었기에 더욱 그러했을 것이다.

사마의 국내 활동

동성왕의 왕권 강화 노력과 한계

동성왕은 웅진 천도 직후 왕권이 실추되고 귀족들이 발호하던 시기에
즉위했다. 그의 아버지인 곤지가 귀족인 해구와의 권력 다툼에서 의문
의 죽임을 당했다는 사실을 상기하면 동성왕 또한 귀족들의 동향에 촉
각을 세웠을 것이다. 특히 그는 부자상속이 아니라 여러 세력의 도움을
받아 즉위했기에 이들을 무시할 수 없었다. 따라서 동성왕이 다양한 세
력들을 어떻게 통제하느냐가 왕권 강화의 관건이 되었을 것이다.

동성왕이 즉위했을 때의 나이는 정확히 알 수 없지만 《일본서기》에
는 유년으로 표기되었다. 유년은 통상 어린 나이를 지칭하기 때문에 15
세 이하로 보기도 한다. 하지만 백제 구이신왕은 전지왕 원년(405)에 태

어났는데, 420년 즉위 당시 나이가 16세임이 확인된다. 그런데《일본서기》오진 25년 조는 그의 즉위 사실을 전하면서 유년이라고 표기했다. 따라서 유년이란 어린 나이임이 분명하나 성년이 아닌 정도로 이해하면 될 듯하다. 또한, 무령왕의 동생이기 때문에 동성왕의 즉위 당시에 무령왕의 나이가 18세인 점을 감안하면 대략 15~16세가 될 듯하다.

이처럼 동성왕은 아직 성년이 되지 않았고, 백제의 정치 상황에 익숙지 않았기 때문에 신중하게 정국 운영을 구상한 것으로 보인다. 어느 정도 판단이 선 시점인 재위 4년(482)에 진로를 병관좌평에 임명한 것은 주목할 만한 사건이다. 진로는 해구의 반란을 진압하였는데도 이 시점에 이르러서야 군사권을 맡게 된 것이다. 이후 진로가 죽자 병관좌평으로 연돌을 임명한 기록이 나온다. 이처럼 당시 좌평은 실세였기 때문에 죽거나 부득이한 경우를 제외하고는 교체되는 경우가 드물었다는 점에서 이례적이라고 할 수 있다.

여기서 궁금한 것은 진로 이전에 누가 병관좌평이었냐는 점이다. 진씨가 동성왕을 추대하는 데 역할을 했다는 점을 고려하면 진씨 세력의 일원 중에서 나왔을 것이고, 그렇다면 처음 해구의 반란 진압을 시도했다가 실패한 좌평 진남일 가능성이 크다. 그가 높은 관등을 유지한 것으로 보아 진씨의 수장일 수 있기 때문이다. 간과할 수 없는 점은 해구의 반란을 진압한 진로가 불만이 있었을 것으로 추정된다는 점이다. 물론 진남은 좌평이고, 진로는 덕솔이었기 때문에 현실적으로 진남을 우대할 수밖에 없는 정치 운영이었다는 점도 이해는 된다.

하지만 동성왕이 재위 4년 진로를 병관좌평에 임명한 것은 예사롭지 않게 파격적이다. 4등급 덕솔이 1등급 좌평으로 고속 승진한 것이다.

물론 실세인 진로의 전면 등장으로 이해할 수도 있지만, 같은 진씨 세력 내에서의 교체라는 점을 주목해야 한다. 즉 여기에는 동성왕의 의도가 작용한 것으로 보인다. 진로의 병관좌평 임명에는 동성왕이 진씨 세력 내의 갈등을 이용하여 친정 체제를 강화하고자 하는 의도가 있었던 것이 아닐까 하는 점이다. 진로의 중용은 진씨 세력의 현실적인 힘을 인정해주는 한편 혹시 모를 이들의 반발을 최소화하고자 하는 의도도 있었을 것이다. 실제 진로는 사망하기 전까지 별다른 활약을 보이지 않아 동성왕 정권의 핵심 인물은 아니었던 것 같다. 진로의 병관좌평 임명이 친정 체제를 강화하고자 하는 의도라는 것은 이후 동성왕의 행적에서도 확인된다.

실제 동성왕은 재위 5년 이후 빈번하게 수렵에 나섰고, 그의 죽음도 수렵과 관련되었다. 고대 사회에서 수렵은 군사 훈련과 통수권 확인이라는 의미가 있다. 이러한 점에서 보면 동성왕 대의 수렵 또한 통치권 행사와 밀접하게 관련이 있었을 것이다. 동성왕 대 사비 지역의 빈번한 수렵을 사비 천도 계획으로 보는 것도 이러한 측면에서 이해할 수 있다. 동성왕 22년 우두성으로 수렵을 간 것도 재위 8년 우두성을 쌓은 기사와 관련지어 보면 수렵이 갖는 의미를 알 수 있다.

수렵이 갖는 중요성을 고려하면 동성왕 5년의 수렵은 동성왕의 친정 체제 강화를 위한 시발점으로 보인다. 또한, 첫 번째 수렵 지역이 한성이라는 점에서 동성왕은 초기에 북방 지역에 관심을 가졌던 것으로 보이며, 한성에 기반을 둔 진로의 임명도 이와 관련이 있는 듯하다. 아울러 동성왕이 한산성에 가서 군민軍民을 위문하고 열흘 만에 돌아온 행위는 정국에 대한 자신감이 없으면 불가능했을 것이다. 열흘 동안 자리를 비웠다는 것은 자신의 자리가 안정적이라고 생각했기 때문에 가능한 일이다. 더불어 군민을 위문하는 것은 직접적인 대민 접촉으로 정국 장악에 대한 강력한 의지의 표현으로 이해된다. 따라서 동성왕은 이 무렵부터 자신의 의도대로 정국을 이끌고자 했던 것으로 보이며, 수렵은 이러한 자신감의 과시로 생각된다.

신진 세력의 중용과 독약이 된 용병술

이 점은 동성왕 재위 5년 이후 중앙 정계에 신진 세력들이 중용된 사실에서 확인된다. 신진 세력의 등용은 바로 한성 시기부터 유력한 귀족이었던 진씨, 해씨 등에 대한 정치적인 부담을 줄이고, 자신이 구상한 새로운 정국을 전개해가려는 의지로 보인다.

동성왕은 친정 체제를 강화하기 위해서 재위 6년(484)에 사약사를 비롯하여 8년에 백가, 12년에 연돌을 등용했다. 그런데 이들의 세력 근거지가 각각 사비 혹은 금강 하구, 웅진, 아산 지방으로 알려진 것으로 보아 이들은 천도 이후 중앙 정계에 새로 등장한 토착 세력임을 알 수 있다. 또한, 이들은 각각 내법좌평·위사좌평·병관좌평으로서 외교, 왕의 경호, 병권 업무의 책임자가 되어 권력의 핵심적인 자리에 중용되었다고 할 수 있다.

동성왕이 이처럼 웅진 부근의 토착 세력들을 등용한 것은 남래귀족들을 견제하기 위한 측면이 있었다고 보인다. 아울러 신진 세력들의 현실적인 기반도 무시할 수 없었기 때문일 것이다. 그런데 동성왕이 신진 세력들을 좌평에 임명한 점은 주목할 만하다. 이들이 역임한 좌평은 백제 최고의 관직으로, 중앙 정계에 기반이 없던 이들에게는 매우 파격적인 인사다. 그렇다면 동성왕은 친정 체제를 강화하면서 신진 세력들을 좌평에 임명하여 이들에게 힘을 실어주고, 좌평 중심으로 정국을 운영하려고 했던 것으로 보인다.

이러한 점은 내법좌평에 임명된 사약사의 예를 보면 확인된다. 사약사는 동성왕 6년 내법좌평으로 중국 남제에 조공을 시도했다. 그런데 이 시기에 사신들이 대부분 별도의 직함을 가지고 가는 것을 볼 때, 외교의 수장인 내법좌평이 사신으로 가는 것은 예외적인 사건이었다. 내법좌평을 직접 사신으로 보내는 것은 대중국 외교를 중시하겠다는 의지 표명인 동시에 내법좌평의 역할이 중요하게 부각되었다는 점을 의미한다. 이처럼 신진 세력을 좌평에 등용하는 것은 좌평 직이 귀족들의 영향력 확대와 관련이 있으므로 이들을 견제하려는 목적도 있었을 것이다.

좌평과 관련하여 주목되는 것은 업무에서 각각 차이가 있고 그 임명 시기 또한 편차가 있다는 점이다. 권력 구조가 제도적으로 완비되어 상호 균형 속에서 역할이 규정된다면, 왕은 이들을 조정하면서 정국을 주도할 수 있을 것이다. 그러나 동성왕은 귀족들의 힘이 강한 상황에서 즉위했기 때문에 이들의 역할에 따른 권력 배분을 하지 않은 것으로 보인다. 만약 이들에게 권력이 집중된다면 그것을 제어하기 힘들기 때문이다. 삼근왕 때 해구가 병관좌평 직을 배경으로 권력을 잡은 것이 그 단적인 예다. 이에 따라 동성왕은 이들의 역할보다는 자신의 신임도에 따라 권력을 배분하는 방식을 택한 것으로 보인다.

업무 분화보다는 왕의 신임도에 의존한 정치 형태는 이들의 정치적 위상이 정국의 변화에 따라 바뀔 수 있으며, 이는 바로 정국을 주도할 수 있는 위치가 변화된다는 점을 뜻한다. 예를 들면 정국의 변화에 따라 왕의 경호를 담당하는 업무가 중요하게 될 수도 있으며, 반대로 병권을 담당한 업무가 더 중요하게 될 수도 있다. 따라서 이들은 동성왕 정권의 핵심적인 위치에 있었지만, 왕의 신임도와 자신의 역할에 따라 권력 관계의 변화가 생길 수 있었기 때문에 경쟁적인 처지에 있었다.

동성왕 8년 이후 백가가 권력의 중심적인 위치에 있었다고 보는 것은 그의 역할과 관련이 있기 때문이다. 즉 왕권 강화를 추진한 동성왕에게 웅진에 기반이 있는 백가는 경호 업무를 수행하기에 최적의 인물이었을 것이다. 정적으로부터 왕을 보호하는 경호 업무는 매우 중요했다. 그런데 왕권 강화가 어느 정도 일단락되었을 시점에는 백가의 정치적 부상 또한 동성왕에게 부담이 되었을 것이다. 이와 관련하여 연돌의 정치적 부상이 주목된다.

연돌은 동성왕 12년 달솔로 임명되었고, 19년에는 진로가 죽자 병관좌평에 등용되었다. 그런데 연돌은 해구의 반란에 참여한 연씨 세력의 일원이라는 점이 흥미롭다. 연씨는 해구의 반란에 참여했기 때문에 해씨 세력의 사민 당시에 같은 운명에 처해진 것으로 보인다. 연씨 또한 사민을 당하여 근거지를 상실했고, 세가 상당히 약화되었을 것이다. 이러한 연씨를 동성왕이 다시 등용한 것은 바로 신진 세력 간의 상호 견제에 그 목적이 있었던 것은 아니었을까. 즉, 연씨는 이미 세력 근거지를 상실하여 상당히 약해졌으므로, 연돌의 중용은 동성왕에게 크게 부담이 되지 않았을 것이다. 그렇다면 해구가 자신의 세력을 기반으로 병관좌평이 된 것과는 달리, 연돌의 임명은 동성왕의 의도가 작용했던 것임을 알 수 있다.

병관좌평인 연돌이 군사부문을 담당하게 되면서 위사좌평인 백가와 왕의 신임을 둘러싸고 서로 치열하게 경쟁했을 것으로 보인다. 즉 이들이 정책 방향을 놓고 서로의 정치적인 입장에 따라 다른 의견을 제시한다면 정책 결정권자로서의 왕은 쉽게 이들을 통제할 수 있었을 것이다. 따라서 동성왕이 연돌을 병관좌평에 임명한 것은 신진 세력 간의 견제라는 고도의 통치술로, 이를 통하여 신진 세력도 제어하려는 목적이 있었음을 알 수 있다.

신진 세력의 역할과 관련하여 주목되는 것은 이들이 6좌평이라는 관직을 통하여 권력에 접근했다는 점이다. 이러한 관직 중심의 운용은 이전에 특정 가문이 자신의 세력을 중심으로 권력을 장악했던 것과 비교된다. 즉 진씨와 해씨처럼 자신의 세력을 기반으로 왕비족이 되어 권력을 장악한 것이 아니라, 신진 세력이 맡은 역할에 따라 권력 구조가 변화하고 있는 것이다. 왕의 빈번한 행사에는 경호 업무, 중국과의 관계가 중요하게 되었을 때는 외교 업무, 전쟁과 영토의 개척 등에서는 군사 업무가 중요하게 부상될 수 있었기 때문이다. 이들 신진 세력은 토착 기반으로 중앙 정계에 진출했지만, 정국의 상황에 따라 그 역할의 중요성이 변화했던 것이다. 따라서 동성왕은 기존의 6좌평제라는 틀 안에서 경쟁을 유도하고자 하는 의도를 가졌음을 알 수 있다.

| 왕·후제 시행, 권력의 양면성 |

동성왕은 신진 세력들을 등용해 남래귀족들을 견제했고, 신진 세력 또한 경쟁을 통해 견제했다. 이처럼 그의 용병술은 치밀했다. 절대 권력에 범접할 수 있는 한 치의 여유도 주지 않고, 홀로 권력을 독점하려 한

것이다. 이러한 그의 용병술을 가장 잘 보여주는 것이 동성왕 때 널리 시행된 왕·후제이다.

동성왕 때 왕·후는 〈표 1〉에 정리된 것처럼 지역의 명칭으로 보이는 곳에 임명되었다. 이것의 실상은 남제 황제에게 승인을 요청한 국서에만 보이기 때문에 그 전모를 파악하기는 힘들다. 하지만 다행히도 동성왕 재위 12년인 490년과 495년에 보낸 지역과 인물들의 기록이 남아 있다. 490년에는 저근·여고餘古와 같이 임지를 옮기고 있는 인물이 보이는데, 여력과 여고餘固는 새로 임명되었다. 이러한 사실에서 왕·후제는 의례적인 것이 아니라 어떤 필요 때문에 임명되었다는 사실을 알 수 있다.

그런데 웅진 천도 이후 백제가 금강 이남 지역에 대한 본격적인 지배에 나서고 있었다는 점을 고려하면, 왕·후의 임명은 이들의 현실적인 힘을 이용하여 토착 세력이 강한 전라도 지역을 평정하려는 데 일차 목적이 있었다고 보인다. 이러한 측면 외에 중앙의 유력자들을 지방에 파견함으로써 중앙 정계에서 이들의 힘을 약화할 수 있다는 부수적인 효과 또한 무시할 수 없었던 것으로 생각된다.

그러나 중앙의 유력자들 자신은 지방 파견이 별로 달갑지 않았을 것이다. 그 단적인 예를 보여주는 것이 바로 후에 살펴볼 백가이다. 백가는 가림성에 파견되었을 때 가고 싶지 않아 병을 칭했다. 그리고 끝내 가림성에 파견되자 이에 불만을 품고 동성왕을 시해했다. 백가의 경우는 극단적인 예이지만, 동성왕은 지방에 파견되는 것을 달가워하지 않는 귀족들을 왕·후로 대우해줌으로써 귀족들의 불만을 무마했던 것으로 보인다.

왕·후제가 이러한 의도로 운영되었다면 여기에서 중요한 사실을 엿볼 수 있다. 먼저, 중앙의 실력자가 왕·후로 임명되었다는 점이다. 이는 앞서 살펴본 것처럼 동성왕의 즉위에 공을 세운 왕족들이 왕·후로 파견된 사실에서 짐작할 수 있다. 또한, 495년 왕·후로 임명된 사법명 등 4명의 귀족이 490년 동성왕의 즉위에 큰 공을 세운 사실에서도 확인된다. 즉 이들은 490년의 전공을 바탕으로 중앙 정부에서 활약했고, 이 시기에 이르러 이들의 성장을 염려한 동성왕에 의해 지방의 왕·후로 파견된 것이다.

사법명 등이 활약한 시기가 왕족들이 왕·후로 파견된 시기와 일치한 점을 고려하면, 이들은 왕족을 대신하여 중앙 정계에서 활약한 것으로 생각된다. 그리고 이들은 사법명과 해례곤, 목간나 등 다양한 귀족들로 구성되었다. 또한, 490년은 중앙 정계에 연돌이 등장한 시기이기도 하다. 이를 고려하면 동성왕은 490년 그의 즉위에 도움을 준 왕족들을 견

〈표 1〉 동성왕 대의 지명과 왕·후

연대	인명\지명	비사	면중	팔중	도한	아차	매로	벽중	벽중
490	저근		왕 →		왕				
	여고			후 →		왕			
	여력						왕		
	여고	후							
495	사법명						왕		
	찬수류							왕	
	해례곤								후
	목간나		후						

제하는 동시에 신진 세력과 이미 세력이 약해진 해씨와 연씨 등을 등용하여 점차 자신의 의도대로 친정 체제를 강화하고자 했을 것이다.

특히 연돌의 중용은 동성왕 후기 측근 정치의 성립과 관련이 있다는 점에서 매우 흥미롭다. 측근 정치는 동성왕 대 왕권 강화의 모순점을 단적으로 보여주는 사례이다. 권력 집중을 방지하기 위해 신하를 내치는 용병술은 왕과 동고동락하면서 신명을 바칠 충신을 거세해버리는 부작용도 낳는 법이다. 왕을 권좌에서 끌어내리려는 세력에 맞서 목숨을 바쳐 왕을 구하려는 충신의 부재는 바로 동성왕 정권의 몰락을 재촉하는 누수가 되었던 것이다.

사마, 위기를 반등의 기회로

| 형제 사이도 가른 권력 |

동성왕은 그의 국내적 기반이 취약했기 때문에 초기에는 곤지계 세력이 든든한 버팀목이 되었다. 이에 따라 집권 초기에는 동성왕의 왜국 내 기반인 가와치 지역의 사람들을 중용했다. 더불어 곤지계의 적자였기 때문에 왕족들도 동성왕 정권 초기에 큰 역할을 했다. 물론 진씨처럼 국내 귀족들도 도움을 주었지만, 동성왕의 처지에선 혈연과 지연으로 뭉쳐진 이들을 훨씬 더 신뢰했을 것이다.

더불어 아버지의 의문스러운 죽음을 겪었던 어린 시절의 경험도 그의 정치에 영향을 미친 것으로 보인다. 동성왕은 곤지가 해구와 문주왕과의 삼각 구도 속에서 죽었기 때문에 누구도 믿지 못했다. 실제 동성왕이 정치를 하면서 사람을 믿지 못하고, 중용된 인물도 어느 정도 시간이 지나면 지방으로 내친 것이 이를 분명하게 보여준다. 동성왕이 무도하고 포악했다는 평도 그의 정치 운영 방식을 엿볼 수 있는 기록이다.

동성왕은 왕족 중심의 정치 운영을 신진 세력으로 대처했고, 신진 세력들 또한 상호 경쟁시켰다. 이어 기반을 상실한 구 귀족들을 재기용하는 등 왕권에 대한 도전을 방지하기 위해 철저하게 보직을 순환시켜 권력을 강화하고자 했다. 이러한 용병술은 그가 겪은 경험에 따른 것이었기에 많은 부작용을 낳았다.

그렇다면 의심이 많은 동성왕이 사마를 계속 중용했을까? 당연히 그 또한 제거 대상이었을 것이다. 초기에 지방으로 파견된 왕족들처럼 사마도 이 무렵 왕·후로 임명되어 전라도 지역에 파견된 것으로 보인다. 하지만 이는 사마에게 위기이자 기회였다. 만약 그가 중앙에 남아 동성왕을 보필했다면 언젠가는 제거되었을 것이고, 자신의 기반을 쌓을 수도 없었을 것이기 때문이다.

| 왜계 무덤이 영산강 유역에 보이는 이유 |

백제로 귀국한 사마의 행적과 관련 있는 유적으로는 영산강 유역에 산재한 전방후원형분이다. 형태가 왜계 무덤인 전방후원분과 유사하여 전방후원형분이라고 부르며, 일부에서는 장고처럼 생겼다 하여 장고분이라고도 한다. 전방후원형분에서 주목되는 현상은 시·공간적 제한성이다. 전방후원형분은 한반도에서 5세기 말에서 6세기 초 영산강 유역에서만 대략 13기 정도가 보이기 때문이다. 왜와의 교류 결과물이라고

보면 경남 해안에서도 출현해야 하며, 시기적으로도 폭넓게 보여야 한다. 이 때문에 학계에서는 전방후원형분의 출현을 명쾌하게 설명하지 못하고 있다.

그런데 이 시기는 백제가 점차 영산강 유역에 대한 지배력을 강화할 때다. 동성왕 때는 이 지역에 왕·후가 파견되었다. 예전에는 토착 세력의 힘이 강한 지역에는 직접 지방관을 파견하지 못하고 이들로부터 공납 혹은 국가에서 필요한 물적·인적 자원만 조달받았다. 동성왕 때 왕·후의 파견은 중앙의 유력자들을 보내어 지방에 대한 통치를 강화하는 조치임이 틀림없다. 이를 바탕으로 무령왕 때는 담로제를 시행하여

월계동 고분 전경

광주광역시 광산구 월계동 765-5번지 일원에 위치한 전방후원형분이다. 1호분은 전체 길이 44미터에 달하며, 2호분은 전체 길이 33미터이다. 도랑이 분구 전체에 돌아가고 있으며, 원통형 토기 등 토기류가 출토되었다. 도랑과 원통형 토기를 통해 왜의 영향을 받은 것임을 알 수 있다.

전국을 22담로로 편제하여 자제와 종족을 파견했다. 직접적인 지방 통치 체제로 전환한 것이다.

하지만 중앙에서 먼 곳은 통제하기가 매우 힘들었다. 이에 상급 행정 기관인 방方을 설치하고, 그 밑에 지방 행정기구 냄새가 물씬 나는 군郡으로 담로를 개칭하였으며, 군 밑에는 하급 기구인 성城을 설치했다. 이처럼 방-군-성이라는 3단계 지방 통치조직이 완성되면서 백제의 지배력이 강화되어 영산강 유역에서도 확연한 중앙 문화의 모습이 보이게 되는 것이다.

토착 세력이 강한 영산강 유역에 대한 지배력을 강화한 시기는 동성왕과 무령왕이 통치하던 때이다. 그런데 두 왕이 모두 왜에서 입국했다는 점이 예사롭지 않다. 이들이 입국할 때에는 백제계 도왜인들을 비롯한 왜인들도 동반했다. 따라서 이러한 왜계 무덤이 나타나는 것은 동성왕과 무령왕 때 백제로 온 백제계 도왜인들과 관련이 있음을 보여준다.

문제는 전방후원형분을 축조한 도왜인들 중에 동성왕과 무령왕 정권에서 크게 활약한 인물들로 추정되는 사람들이 보인다는 점이다. 왜계 무덤을 축조하고, 토착적인 냄새도 나는 매우 복합적인 성격의 유적과 유물이 출토되었지만, 백제의 위세품을 가지고 있었다는 점에서 이들과 백제와의 관련성도 무시할 수 없다. 실제 동성왕 때 이 지역에 파견된 왕·후를 그 근거로 들 수 있다.

동성왕과 함께 귀국한 인물들로는 먼저 동성왕의 형제들을 들 수 있다. 《일본서기》에 의하면 곤지에게는 아들이 5명이었으며, 그중 동성왕과 무령왕이 확인된다. 이들 통해서 나머지 형제들의 모습도 상정할 수 있다.

당시 백제는 전지왕이 아신왕 때 파견되었고, 비유왕 때 신제도원, 개로왕 때 지진원 등을 일본에 보내 왕족 외교를 펼쳤다. 이들은 잠시 다녀온 것이 아니라 장기간 머물렀다는 점에 그 특징이 있다. 이처럼 일본 열도에도 왕족임을 자처하는 사람들이 제법 있었는데, 815년 일본에서 편찬된 고대 씨족의 계보를 담은 《신찬성씨록》에는 백제 왕족의 후예들이 상당수 보인다. 이를 고려하면 영산강 유역에 보이는 전방

전방후원분이란

전방후원분은 말 그대로 앞은 네모지고, 뒤가 원형인 무덤을 말한다. 형태가 열쇠 구멍과 비슷하다 하여 영어로는 'keyhole-shaped tomb'라고도 한다. 3세기 중반에 일본 열도에 등장하고 6세기 후반까지 각지에서 만들어진 분구묘 형식이다. 뒤가 원형인 것은 무덤이며, 앞이 네모진 것은 제단의 성격을 지닌 것으로 통상 이해된다. 이 무덤 중 최대 486미터에 달하는 '닌토쿠텐노료仁德天皇陵'가 잘 알려져 있으며, 이처럼 야마토의 중심지인 오사카와 나라 일대에는 200~300미터에 달하는 초대형 무덤이 산재한다. 때문에 전방후원분은 야마토 왕조의 대표적인 무덤이고, 전방후원분이 출현하는 것은 야마토에 복속한 결과물로 주장하며, 이를 전방후원분 체제라고 부른다. 이에 따르면 전방후원분의 크기는 세력의 정도를 나타내주며, 분구에 매장된 하니와(원통형 토기)의 크기와도 관련이 있다 한다. 하지만 이는 어디까지나 일본 고분 시대의 상황을 말해주는 것이며, 이를 한반도에 그대로 적용하는 것은 무리한 억측이다.

후원형분의 축조 세력은 동성왕 때 파견된 왕·후 내지는 무령왕 때 파견된 자제와 종족宗族일 가능성이 크다 하겠다.

사마는 동성왕 정권 초기에 활약했으나 그 역시 왕족들처럼 전라도 지역으로 파견된 것으로 추정된다. 전라도는 토착 세력이 강한 지역이어서 사실 백제의 지배에 대한 부정적인 시선이 존재했을 것이라는 점은 쉽사리 추정할 수 있다. 그래서 이곳에 파견된 왕·후가 능력을 발휘하여 지역을 지배한다면 다행이며, 최악의 경우 실패하면 중앙 정계에 다시 복귀할 수 없다. 이처럼 동성왕은 잃을 것이 없는 조치를 택한 것이다.

하지만 파견된 모든 이들이 동성왕의 뜻대로만 되지는 않았다. 사마

원통형 토기
일본 가시하라 고고학연구소에 전시된 원통형 토기, 즉 하니와이다. 이 하니와는 메수리산 고지에서 출토된 높이 2.4미터에 달하는 현존 최대 크기의 토기다. 하니와의 단은 토기의 크기와 관련이 있으며, 하니와 크기 또한 무덤의 규모와 밀접한 상관 관계가 있다. 10단이 넘은 메수리산 초대형 하니와에 비해 광주 월계동에서 출토된 하니와는 3단이다.

가 영산강 유역에 파견되었다는 추정이 맞는다면 그가 즉위할 수 있었던 것은 지방 지배에 성공했기 때문이다. 따라서 사마의 국내 활동에 대한 사료가 없어서 국내에서의 성장 부분도 추정에 의지할 수밖에 없지만, 상황 논리를 통해 나름의 모습을 제시하고자 한다.

사마는 영산강 유역을 지배하려고 한 것이 아니라 백성들의 어려운 참상을 보고 이들과 함께 호흡하며 보살피려 했다. 계속된 전쟁으로 지친 백성들에겐 누구의 지배와 이념보다는 한 조각의 빵이 더 절실한 상황이었다.

무령왕에 대한 《삼국사기》의 평은 "인자하고 너그러워 백성들의 마음이 그를 따랐다"라고 했다. 포학하다는 동성왕과 달리 이러한 평을

모즈 고분

총 길이가 486미터에 달하는 초대형 전방후원분으로 닌토쿠텐노료(인덕천황릉)로 추정된다. 4세기 후반에서 5세기 말까지 일본 열도에서는 200미터가 넘는 초대형 전방후원분이 축조되었는데, 주로 오사카와 나라 일대에 집중 분포한다. 모즈百舌鳥 고분은 일본 최대의 무덤으로, 2019년 세계유산으로 등재되었다.

듣는 사마가 중앙 정부에 있었다면 아마도 이를 위험시한 동성왕에 의해 바로 제거되는 계기가 되었을 것이다. 중앙의 힘이 미약한 먼 지역에서 백성들의 마음을 헤아려 숨 쉴 수 있는 곳으로 만들었다면 그의 인기는 올라갔을 것이다.

민심을 헤아린 사마의 행보는 동성왕 정권의 실정이 계속되자 그를 동성왕의 대안으로 떠오르게 했다. 사마 역시 왕으로 즉위한 후 일관된 위민爲民 정치를 실현했다. 사마가 왕으로 즉위하기까지의 활동은 이처럼 알려진 것이 없지만 분명한 것은 민심을 얻었다는 점과 그가 즉위 후 백성들을 위한 정치를 실천했다는 점이다.

동성왕 몰락과 사마의 결단

파국으로 치달은 권력 투쟁

| 새로운 측근 연돌의 등장 |

연씨는 반란에 가담한 죄로 삼근왕 말년 그 세력이 약화하여 중앙 정계에서 활약하지 못했다. 그런데 동성왕은 재위 12년(490) 연돌을 중용하였는데 그 시점이 왕족을 대거 지방으로 파견한 시기였다는 점이 주목된다. 왕족을 대신할 새로운 대안을 찾았고, 그 기준점은 왕에 대한 충성도였을 것이다.

이러한 추정은 연돌이 동성왕 19년 권력의 핵심인 병관좌평으로 임명된 이후 사비 천도 계획이 본격적으로 이루어졌다는 점에서 좀 더 확신이 든다. 연돌이 병관좌평으로 임명된 이후 동성왕은 재위 20년에 사정성을 쌓고 한솔 비타를 진주시켰다. 그런데 사정성은 오늘날의 대전시 사정동으로 비정되고 있다. 따라서 사정성 축조는 동성왕 23년(501) 탄현에 책을 쌓아 신라에 대비했다는《삼국사기》의 기사와 통한다.

이들 지역은 바로 사비로 통하는 길목이다. 이곳에 성과 책을 쌓아 방비하는 것은 사비 천도를 염두에 둔 조치이며, 이는 연돌의 병관좌평 임명과 관련이 있는 듯하다. 실제로 동성왕 23년에 사비 지역으로 빈번하게 수렵을 간 것이 이를 뒷받침해준다.

연돌의 중용은 웅진 천도 이후 병관좌평에 임명된 해구나 진로의 경우와는 다르다는 점이 흥미롭다. 즉 해구나 진로는 군사력을 소유한 실세 귀족이었고, 그 때문에 권력의 핵심 세력으로 등장할 수 있었다. 그러나 연돌이 병관좌평에 임명된 것은 군사력을 장악했다기보다는 왕권을 강화하는 데 적당한 인물이었기 때문이다. 새로 측근으로 발탁된 연돌은 기존 측근인 위사좌평 백가와 왕의 신임을 놓고 대결을 벌인 것으로 생각된다. 특히 백가는 웅진이 자신의 기반이라는 점에서 사비 천도를 달가워하지 않았을 것이다. 이에 반하여 연돌이 사비 천도 계획에 관여했을 가능성이 크다면, 이는 정책을 놓고 병관좌평과 위사좌평의 대결이라는 양상이 전개된 것으로 볼 수 있다. 또한, 백가가 지방으로 전출된 사실은 그 대결에서 연돌이 승리했다는 것을 의미한다.

그렇다면 연돌이 사비 천도 계획을 적극적으로 추진한 의미는 무엇일까. 이에 주목되는 것은 동성왕 대 후기는 정책 면에서 전기와 차이가 나고 있다는 점이다. 앞서 살펴본 것처럼 동성왕은 집권 초기에는 즉위를 도운 진씨와 왕족들에 대한 입장, 대외적인 상황 등을 고려하여 북방 지역에 관심을 둔 것으로 보인다.

동성왕은 재위 8년 웅진에서 사비로 가는 길목에 우두성을 쌓은 것을 필두로 사정성, 탄현 등 사비로 가는 길목을 지키는 성을 축조하고, 23년에는 부여 임천면 성흥산에 사비 이남을 제어하는 가림성을 쌓았다. 또한, 12년에 처음 사비에 수렵을 간 이후 모두 세 차례나 수렵을 나간 것은 동성왕이 사비에 얼마나 관심이 지대했는지를 말해준다. 그런데 동성왕 21년에는 구휼을 하지 않아 한산인 2천 명이 고구려로 도망갔다. 이는 동성왕이 재위 5년에 본격적인 왕권 강화를 하기 위한 시발점으로 한산성을 방문한 것과는 너무 대조적인 장면이다. 이처럼 북방 지역 주민의 이탈은 예사롭게 볼 문제가 아니다. 여기에서 동성왕의 정책 변화를 엿볼 수 있으며, 그 중요한 시기에 연돌의 부상은 눈여겨볼 사안이다.

분쟁의 씨앗, 구휼 상소

동성왕 정권의 파국을 잘 보여주는 것은 가뭄과 구휼에 대한 대처이다. 가뭄은 전국적인 현상이었거나 한산 지역에 국한된 것일 수도 있다. 그러나 한산인 2천 명이 도망갔다는 사실에서 최소한 한산 지역의 가뭄이 심했고, 그렇지 않다면 이 지역 홀대에 대한 불만에다 가뭄이 겹쳤기 때문일 가능성이 있다. 어떠한 경우라도 이들을 포용하기 위해서 구휼이 필요했다. 그러나 이들을 구휼하지 않았다는 사실은 바로 중앙 정계 내에서 한산 지역으로 대표되는 북방 지역에 대한 무관심 내지는 견제가 있었음을 보여주는 것이 아닐까 추측된다.

구휼 문제는 그 자체로만 끝날 사안이 아니었다. 사비 천도 계획을 적극적으로 추진했다는 것을 보면, 측근 세력은 연돌의 예와 같이 웅진

《삼국사기》에 보이는 동성왕의 몰락 과정

(동성왕) 21년 여름에 큰 가뭄이 들어 백성들이 굶주려서 서로 잡아먹고, 도적이 많이 생겼다. 신하들이 창고를 열어 진휼하여 구제할 것을 청하였으나 왕이 듣지 않았다. 한산 사람 중 고구려로 도망간 자가 2천 명이었다. 겨울 10월에 전염병이 크게 돌았다.

22년 봄에 임류각을 궁궐 동쪽에 세웠는데 높이가 다섯 길[丈]이었다. 또한, 연못을 파고 기이한 짐승을 길렀다. 신하들이 반대하며 상소하였으나 대답하지 않고, 다시 간하는 자가 있을까 염려하여 궁궐 문을 닫아버렸다. 여름 4월에 우두성에서 사냥하다가 비와 우박을 만나서 그만두었다. 5월에 가물었다. 왕이 측근들과 더불어 임류각에서 잔치를 베풀며 밤새도록 환락을 즐겼다.

23년 봄 정월에 왕도의 늙은 할멈이 여우로 변하여 사라졌다. 호랑이 두 마리가 남산에서 싸웠는데 잡으려 했으나 잡지 못했다. 3월에 서리가 내려 보리를 해쳤다. 여름 5월에 비가 오지 않고, 가을까지 계속되었다. 7월 탄현에 목책을 세워 신라에 대비했다. 8월에 가림성을 쌓고 위사좌평 백가에게 지키게 했다. 겨울 10월에 왕이 사비 동쪽 벌판에서 사냥했다.

二十一年 夏 大旱 民饑相食 盜賊多起 臣寮請發倉賑救 王不聽 漢山人亡入高句麗者 二千 冬 十月 大疫

二十二年 春 起臨流閣於宮東 高五丈 又穿池養奇禽 諫臣抗疏 不報 恐有復諫者 閉宮門 夏 四月 田於牛頭城 遇雨雹乃止 五月 旱 王與左右宴臨流閣 終夜極歡

二十三年 春 正月 王都老嫗化狐而去 二虎鬪於南山 捕之不得 三月 降霜害麥 夏 五月 不雨至秋 七月 設柵於炭峴 以備新羅 八月 築加林城 以衛士佐平苗加鎭之 冬 十月 王獵於泗沘東原(《三國史記》26〈百濟本記〉東城王條)

이남에 관심을 두는 남방 정책을 선호하는 인물이었을 것이다. 그리고
한산인을 구휼하자는 신하들은 한산 지역의 중요성을 인식하거나 남방
중심의 파행적인 정책에 의구심을 품은 사람들일 것이다. 정치는 균형
감각이 필요한데 극단적인 대립이 가속화되면 이분법적인 선택을 하게
된다. 남방 정책을 강조하면 여기에 반대하는 인물들은 모두 반대편으
로 인식되고, 남방과 북방이라는 대결 양상으로 치닫게 되는 것이다.

복원된 임류각

임류각은 동성왕 22년(500) 왕궁 동쪽에 세웠다는 기록이 전한다. 공산성 동쪽의
가장 높은 지대인 광복루 서쪽 구릉에서 초석과 '류流' 자가 새겨진 기와 조각이
발견되어 임류각지로 추정되고 있다.

이처럼 동성왕 집권 후반기에 추진된, 사비에 대한 적극적인 정책에 대해 한성에 기반을 가졌던 진씨와 해씨 등 남래귀족들은 반발했을 것이며, 또한 웅진 부근 지역에 세력 기반을 가진 백가 등도 불만을 가졌을 것이다. 따라서 구휼 상소를 수용할 경우 천도 정책에 대한 전반적인 반대로 확대될 수도 있었기 때문에 동성왕은 구휼을 무시했을 것으로 생각된다. 구휼을 둘러싼 대립은 정국의 주도권 장악과 관련이 있기에 한산인의 이탈사태는 동성왕에게 달갑지 않은 사건임에도 불구하고 결국 구휼을 할 수 없었던 것이다.

양자 간 대결은 재위 22년(500) 임류각을 짓는 문제로 다시 한번 발생했다. 그러나 동성왕은 계속되는 이들의 문제 제기에 일절 대응하지 않고 아예 궁궐의 문을 닫고 상소조차 막았다. 이러한 대결에서 사비 천도 정책을 추진한 측근들은 완승을 거두었고, 동성왕은 독단적인 결정을 함으로써 일단 왕권을 확고히 했다.

그러나 이러한 왕권 강화 방식은 커다란 문제를 낳았다. 구휼을 받지 못한 한산인 2천 명이 고구려로 도망간 것이다. 이는 지역민뿐만 아니라 천도 정책의 추진에 불만을 품은 세력의 이탈을 뜻하기도 했다. 또한, 백가와의 주도권 싸움에서 연돌이 승리함으로써 동성왕 정권의 핵심 세력이었던 백가의 이탈을 초래했다. 백가의 이탈은 그가 나중에 동성왕 시해에 참여함으로써 동성왕 정권을 무너뜨리는 직접적인 계기가 되었다. 구휼의 문제가 정권의 안위와도 직결된 아킬레스건이 된 것이다.

동성왕 지지 세력의 이탈과 관련하여 주목되는 것은 중앙 정부의 유력자들을 지방으로 파견하는 정책이 계속되었다는 점이다. 이와 같은 지방 전출은 유력한 세력의 힘을 약화한다는 면도 있으나 북방 지역이나 웅진에 기반을 둔 세력의 이탈을 뜻하기도 한다. 이제 동성왕은 소수의 측근에 의지한 정치를 하게 된 것이다. 이러한 점은 왕권 강화가 추진될수록 동성왕의 정치적인 기반이 점점 좁아지고 있는 것을 의미한다. 그 결과 동성왕은 여론의 향방과는 어긋나게 측근들의 말에 의지하면서 정치적인 실패를 거듭했다. 이러한 상황에서 극적인 반전이 없는 한 동성왕은 몰락을 피할 수 없게 되었다.

동성왕의 몰락

| 구휼 정국, 왕으로서 자격 상실 |

구휼을 둘러싼 정치적 문제는 예상보다 심각했다. 북방의 한산인 2천명이 적대적인 고구려로 도망간 것은 상당한 문제를 일으켰음이 분명하다. 오늘날도 탈북과 월북 문제가 사회화되는 현실을 생각하면 충분히 짐작할 수 있을 것이다. 정권의 정통성마저도 거론될 수 있는 사안인 것이다. 게다가 왕이 백성들을 구휼하지 않았다는 것은 왕으로서 의무를 다하지 않은, 일종의 왕임을 포기한 행위라면 지나친 추정일까?

《삼국사기》 기록에 몰입하다 보면 동성왕 말년은 마치 궁예의 몰락과 비슷한 구도로 기술되었다는 느낌을 받는다. 민중의 구세주를 자처한 궁예가 말년에는 독심술에 심취한 미치광이로 묘사되었듯이, 동성왕도 광기가 심각하게 묘사되지는 않았지만, 무도無道하고 백성들에게 포학하여 제거되었다는 내용이 《일본서기》 부레츠 4년(502) 시세 조에 기술되어 있다. 《삼국사기》에는 자신의 '경호실장'인 백가에게 시해당한 비운의 인물로 나온다. 궁예는 쫓겨나서 죽었으나 동성왕은 재위 중에 시해되었다는 점에서 차이가 있을 뿐이다. 정변이라는 면에선 이처럼 동성왕과 궁예는 비슷한 면이 많다. 이런 관점에서 동성왕 말년의 기록을 들여다보면 궁예처럼 동성왕이 몰락할 수밖에 없는 구도를 잡아놓고, 그 과정을 하나씩 그려내고 있는 흥미로운 사실을 발견할 수 있다. 그 몰락의 전초전으로 내세운 것이 구휼이었다. 동성왕은 시해되기 2년 전 백성들을 돌보지 않아 이미 왕의 자격을 잃고 서서히 몰락의 수렁으로 빠진 것이다.

| 권력에 취해 귀를 닫다 |

동성왕은 신하들의 상소에도 불구하고 구휼을 하지 않았다. 나라에 흉년이 들거나 어려움이 닥치면 왕은 소식小食을 하며 백성들의 고충을 헤아리는 것이 정상이다. 그런데도 동성왕은 이듬해 임류각을 세웠는데 높이가 5장[16.5미터]이나 되는 높은 건물이었고, 여기에 연못을 파고 기이한 짐승을 길렀다 한다.

이처럼 백성들을 아랑곳하지 않고 사치스러운 건물을 짓자 신하들은 다시 항소하여 부당함을 간했다. 그러자 동성왕은 아예 궁궐 문을 닫아버렸다. 신하들의 정당한 충언을 듣지 않는 고집불통의 임금이 돼버린 것이다. 이런 고집불통은 왕의 자격을 상실하는 또 다른 근거가 되었다.

임류각은 현재 건물터만 남아 있어 전체적인 모습을 그릴 수 없다. 다만 축조 시점이 하필이면 구휼을 해야 하는 어려운 시기였다는 점에서 비난을 받을 수밖에 없다. 더욱이 왕은 신하들의 항소를 듣지 않았고, 가뭄이 든 5월에는 임류각에서 측근들과 밤새도록 환락을 즐겼다. 건물의 규모와 연못, 기이한 짐승들이라는 기록을 통해 사치스러운 왕의 모습을 떠올리는 것은 당연하다. 마치 신라가 패망으로 치닫는 927년 경애왕이 포석정에서 연회를 즐긴 사실과 대비된다. 동성왕은 이제 백성들의 어려움을 돌보지 않은 고집불통의 왕, 사치와 향락에 빠진 왕이 되었다.

동성왕 몰락의 전조

| 노파가 여우로 변해 사라졌네 |

동성왕이 시해당한 501년 웅진 도성에서 노파가 여우로 변해 사라진 사건이 발생했다. 고대 사회에서 여우의 출현은 변고를 의미하는 예언으로 보면 된다. 백제가 멸망하기 1년 전에도 여러 마리의 여우가 궁궐 안으로 들어오더니 흰 여우 한 마리가 상좌평 책상 위에 앉았다는《삼국사기》기록이 전한다. 이어 태자궁의 암탉이 참새와 교미하고, 사비를 흐르는 강에서 석 장이나 되는 큰 물고기가 죽는 등 몰락의 전조로 가득 차 있다. 백제 멸망 때 여러 이상한 변고가 나타난 것처럼, 여우의 출현은 동성왕의 변고를 상징하는 하늘의 경고로 볼 수 있다.

백제 멸망 당시의 구조도 비슷하다. 멸망의 전조가 나타나기 전인 655년에는 붉은색 말이 북악 오함사(오합사)에서 들어가 울면서 법당을 돌다가 며칠 만에 죽었다. 오함사는 전쟁으로 죽은 군인들을 위로하기 위해 세운 사찰인데, 하필이면 전쟁을 상징하는 말이 왜 그곳에 들어가 죽은 것일까. 이 또한 백제 멸망의 과정을 단계적으로 설명하기 위한 배치로 보인다. 655년에는 백제가 오랜 침묵을 깨고 당나라의 경고를 무시한 채 고구려와 연합하여 신라를 공격했다. 그래서 이해에 당은 백제 정벌을 결정하고, 전쟁 준비에 박차를 가한다. 655년이 갖는 상징성을 설명하는 것과 구휼로 비롯된 동성왕의 몰락 과정의 전진 배치가 일치하고 있는 것이다. 이러한 면에서 동성왕이 시해된 정월에 여우가 등장하는 것은 의도적인 배치이며, 몰락할 수밖에 없는 동성왕의 모습을 그린 상징물로 후대에 의도적으로 삽입된 것으로 보인다.

| 남산에서 두 호랑이가 싸웠다 |

이러한 추정은 이어진 기록을 보면 좀 더 확실해진다. 《삼국사기》 기록에 의하면 남산에서 두 호랑이가 싸웠는데, 잡으려 했으나 잡지 못했다 한다. 물론 남산이라는 산에서 실제로 호랑이 두 마리가 싸웠을 수도 있다. 하지만 남산이 왕도 웅진의 진산이라는 상징성을 고려하면 예사롭게 넘길 사안은 아니다. 그렇다면 이 또한 뭔가 전달하려는 의미가 있었을 것이다. 호랑이는 백수의 왕이라고 한다. 두 호랑이가 싸웠다면 백수의 왕 자리를 놓고 싸웠을 것이다. 결국, 호랑이 또한 왕을 상징하므로 왕 자리를 두고 두 사람이 싸운 것을 상징하고 있다. 두 사람은 누굴까? 현재의 왕인 동성왕과 차기 왕인 사마로 보면 지나친 억측일까. 동성왕이 시해된 해 정월 권력의 향방을 놓고서 두 사람의 다툼을 그린 것이라고 볼 수 있겠다.

　문제는 잡으려 했으나 잡지 못했다는 점이다. 이는 동성왕이 현재의 난국을 수습하지 못한 사실을 말해준다. 결국, 동성왕의 몰락을 결정적으로 예시하고 있는 것이다. 고대 역사 기록은 조선 시대처럼 사관이 독립적인 공간에서 사실을 기술하고, 이를 바탕으로 편찬되는 것이 아니라, 후대 왕이 선왕先王 대의 사건을 정리할 때 편찬자의 시각이 들어갈 가능성이 매우 크다. 백제가 멸망한 이후 신라에 의해 의자왕이 왜곡되어 패망의 군주로 각인된 것처럼, 동성왕의 몰락 과정도 단계적으로 설명하고 있음을 알 수 있다.

사마는 어떻게 살아남아 왕이 되었는가

권력에 취한 동성왕에게는 신하도 형제도 필요 없었다. 오로지 자신의 권력을 유지하기 위한 수단과 방법을 취할 뿐이었다. 점차 파국으로 치닫는 고삐 없는 질주에 모두들 몸을 사려야만 했다. 이 와중에 곤지와 관련이 있는 사마는 어떻게 해서 살아남았을까. 그가 왕으로 추대될 정도로 힘을 가졌다면 틀림없이 제거 대상 1호가 되었을 터인데 말이다.

앞에서 사마는 동성왕 때 견제 차원에서 지방으로 전출된 왕·후 중 한 명이 아닐까 추정했다. 사마는 왜에서 입국한 초기에는 정권의 안정화에 기여했지만, 왕권을 강화한 동성왕은 점차 초기 공신들에 대해 부담을 가지게 되었다. 따라서 동성왕 정권 초기 파견된 왕·후들이 웅진 왕도와는 거리가 먼 전라도 지역으로 추정되는 것으로 보아 사마가 서슬 퍼런 동성왕의 눈앞에서 멀어졌을 것이라는 점이 우선 주목된다.

다음으로《삼국사기》무령왕 즉위년 조에 보이는 인자하고 너그러웠다는 평도 주목할 필요가 있다. 이는 무령왕의 이미지를 말하는 것이지만 적극적으로 해석하면 처신술로 볼 수 있다. 강성이 아닌 부드러운 이미지는 동성왕의 경계심을 누그러뜨리는 작용을 했을 것으로 보인다. 권력의 핵심에서 비켜나고, 조심스러운 처신술이 사마가 살아남을 수 있는 요인이 된 것이다.

사마는 단순히 동성왕 정권에서 숨을 죽이고 있었던 것이 아니라, 동성왕 정권이 몰락 조짐을 보이자 점차 세를 규합했던 것으로 보인다. 이제 사마가 생존을 넘어 권력을 쟁취하여 왕으로 추대될 수 있었던 요인에 대해 살펴보자.

| 민심의 귀의 |

사마는 동성왕이 시해된 후 왕으로 추대되었다. 그가 왕으로 추대될 수 있었던 것은 무엇보다도 따르는 사람들이 많았기 때문으로 보아야 할 것이다. 물론 사마가 동성왕의 배다른 형 혹은 개로왕의 아들이라는 혈통이 맞다면 이 점도 고려되었을 것이다. 하지만 계통에 대한 여러 설이 여전히 남아 있어서 확인하기는 힘들다. 가계는 얼마든지 조작할 수 있기 때문이다. 이러한 면에서 본다면 동성왕의 시해 후 혈통적으로 가장 근접했다는 것은 명분이고, 사실상 사마를 따르는 무리가 많았기 때문으로 보는 것이 온당하다.

이렇게 비상시국에 왕이 될 수 있으려면 남다른 역량이 갖추어져야 한다. 그 역량은 어디에서 비롯되었을까. 중앙 정부의 통치력이 비교적 미치지 않은 외곽 지역인 전라도 지역이 주목되는 것도 이 때문이다. 무령왕에 대한 《삼국사기》 기록에 '눈매가 그린 듯하였으며, 인자하고 너그러워 민심이 그를 따랐다'라는 평에서 드러나듯이 사마의 민심 수습은 그가 왕이 될 수 있었던 가장 큰 덕목이었다.

다음으로 《일본서기》 부레츠 4년 조에 인용된 《백제신찬》이라는 사서에 "(동성왕이) 무도하고 백성에게 포학하여 나라 사람들이 제거하여 사마를 세웠다"라는 기록이 보인다. 이를 액면 그대로 받아들일 수는 없지만 적어도 사마가 즉위하는 명분이 되었을 것은 충분히 짐작할 수 있다. 동성왕이 곤지의 적자로 비교적 순탄하게 왕이 되어 자신의 독단적인 정치에 빠져 있을 때, 사마는 왜에서 겪은 백제계 도왜인들의 힘든 삶, 그리고 영산강 유역 백성들의 어려운 삶을 체험하면서 민심을 읽을 줄 아는, 아니 주도하는 역량을 갖추어서 백성들에게 새로운 희망을 품게 했던 것이다.

| 외유내강 리더십 |

고대 사회에서 민초들의 역할이 이처럼 지대했을까 하는 의문이 있을 수 있다. 실제 고대 사회에서 민초들이 정국의 주도권을 잡은 경우는 거의 보이지 않는다. 하지만 정치가 백성을 대상으로 한 게임이라는 점을 잊어서는 안 된다. 이를 분명하게 보여주는 것이 앞에서 언급한 《백제신찬》에서 동성왕을 제거하고 사마를 추대한 집단을 '나라 사람들國人'로 표현하고 있다는 사실이다. 모든 나라 사람들이 이 정변에 참여하는 것은 당연히 아니었을 것이며, 명분을 백성으로 삼을 뿐 실제로는 정치를 주도한 귀족 계층을 나라 사람으로 보는 것도 이 때문이다.

사마에게 민심 수습 못지않게 중요한 것은 백제에서 힘있는 귀족들의 지지를 얻는 일이었다. 그렇다면 좋은 방안은 무엇일까. 동성왕은 천도 이후 실추된 왕권을 강화하기 위해 권위적이고 독단적인 정책을 펼쳤다. '활을 백 번 쏘면 백 번 다 맞추었다'라는 《삼국사기》 동성왕 즉위년 조의 기록이 말해주듯이 힘에 의존한 정치를 한 것이다.

무령왕은 동성왕에 대한 원성이 자자해질수록 이와 대비되는 이미지로 차별화했다. 의도적인 행보라면 당연히 동성왕의 견제를 받았을 터이니, 아마도 신중하게 자신의 이미지를 관리했을 것이다. 인자하고 너그럽다는 평은 이를 분명하게 보여준다. 이러한 행동은 그가 살아남을 수 있었던 요인이 되었지만, 다른 한편으로는 지지를 받을 수 있는 요인도 되었다. 귀족들 역시 강성의 이미지보다 자신들의 말을 들어줄 사마에 호감을 느꼈을 것이다. 그렇다고 사마가 몸을 사리기만 한 것은 아니었다. 뒤에서 살펴보겠지만 동성왕을 시해한 정변에 그가 관여한 흔적이 보이는데 이는 그의 결단력을 말해주는 것이다. 이처럼 겉으론 부드럽지만 중요한 순간에 결단을 내린 그의 행적은 외유내강의 전형이라 할 수 있다.

동성왕과 대비되는 부드러움과 소통, 이는 정국에 영향력을 발휘할 수 있는 왕족과 귀족들의 호감을 샀을 것이다. 이처럼 사마는 부드러움을 유지하면서 강인함과 결단력까지 겸비했고, 이는 결정적 순간에 그를 믿고 따르는 지지층의 확보로 이어졌다. 사마가 왕으로 추대될 수 있었던 두 번째 이유이다.

동성왕 시해와 정변 주도 세력

동성왕의 질주는 허무하게 끝났다. 그것도 자신의 심복이었던 백가에게 시해되는 어처구니없는 일이 발생한 것이다. 혼란의 종지부를 찍겠다는 동성왕의 호언은 허언이 되었고, 백제는 또다시 예측할 수 없는 수렁으로 빠졌다. 다행히도 이를 기다렸다는 듯이 수습한 이가 있었으니 바로 무령왕으로 즉위한 사마다.

동성왕 시해 사건의 전모

《삼국사기》에 의하면 동성왕은 재위 23년(501) 백가에 의해 시해된 것으로 나온다. 그 이유로는 동성왕이 백가에게 가림성을 지킬 것을 명하였는데 백가가 병을 핑계로 이를 사양했는데도 동성왕이 받아들이지 않자 불만을 품고 자객을 보내 시해한 것이라 한다. 학계에서는 이를 액면 그대로 믿어 초기에는 백가에 대한 동성왕의 견제나 신진 세력의 불만, 사비 천도 계획에 대한 불만 등에서 그 이유를 찾고자 했다.

물론 백가의 가림성 전출이 동성왕을 시해하는 한 계기가 되었을 수도 있다. 하지만 지방 전출이라는 이유로 동성왕을 시해했다고 보기에는 다소 이해되지 않는 점이 있다. 무엇보다 동성왕 시해 사건은 무령왕이 집권한 이후 정리된 기록이라는 점에서 더욱 그렇다. 이에 이 사건 기록의 의문을 살펴보고 그 전모를 하나씩 밝혀보기로 하자.

| 백가의 단독 범행이었을까 |

백가의 시해 동기는 지방 전출이며, 백가가 이를 심각하게 받아들였다는 점이다. 자신의 근거지가 웅진이기 때문에 세력 근거지를 떠난다는 부담도 있지만, 무엇보다도 동성왕의 신임을 잃고서 실각했다는 점이 크게 작용했을 것이다.

그런데 백가가 전출된 가림성이 당시 전략적으로 매우 중요한 지역이었다는 점을 간과해서는 안 된다. 즉 가림성은 금강 하구의 요충지로서 금강변에 위치한 사비나 웅진으로 진입하는 길목을 장악하고 있는 지역이다. 가림성은 현재의 부여군 임천면에 있는 성흥산성으로, 이곳 정상에서 살펴보면 멀리 금강 하구가 눈에 들어온다. 금강으로 진입하는 적 병선을 발견하고 대비할 수 있는 요충지라는 점은 쉽게 짐작할 수 있다. 백제 부흥 운동기에 나당연합군이 가림성이 험하고 견고해서 고민했던 것을 보면 얼마나 중요한지 알 수 있을 것이다. 또한 사비 도

동성왕 시해 사건에 대한 《삼국사기》의 기록

8월에 가림성을 쌓고 위사좌평 백가에게 지키게 했다. 겨울 10월에 왕이 사비 동쪽 벌판에서 사냥했다. 11월에 [왕이] 웅천 북쪽 벌판에서 사냥했다. 또 사비 서쪽 벌판에서 사냥하였는데 큰 눈에 막혀 마포촌에서 묵었다. 이전에 왕이 백가에게 가림성을 지키게 했을 때 백가는 가지 않으려고 병을 핑계로 사양했으나 왕이 허락하지 않았다. 이 때문에 왕을 원망했는데, 이에 이르러 사람을 시켜 왕을 칼로 찔렀다.

[무령왕 원년] 봄 정월에 좌평 백가가 가림성을 거점으로 반란을 일으키니 왕이 군사를 거느리고 우두성에 이르러 한솔 해명에게 토벌을 명했다. 백가가 나와 항복하자 왕이 그의 목을 베어 백강에 던졌다.

八月 築加林城 以衛士佐平苗加鎭之 冬 十月 王獵於泗沘東原 十一月 獵於熊川北原 又田於泗沘西原 阻大雪 宿於馬浦村 初王以苗加鎭加林城 加不欲生 辭以疾 王不許 是以怨王 至是 使人刺王 至十二月乃薨 諡曰東城王

春 正月 佐平苗加據加林城叛 王帥兵馬至牛頭城 命扞率解明討之 苗加出降 王斬之 投於白江(《三國史記》26 〈百濟本記〉4 東城王 23年條)

동성왕 시해 사건에 대한 또 다른 기록, 《백제신찬》

이해 백제 말다왕이 무도하여 백성들에게 포학했으므로 나라 사람들이 마침내 제거하여 도왕嶋王을 세우니 이가 바로 무령왕이다[《백제신찬》에 이르기를 말다왕이 무도하여 백성들에게 포학하였으므로 나라 사람들이 함께 제거하여 무령왕을 세웠다.]

是歲 百濟末多王無道 暴虐百姓 國人遂除 而立嶋王 是爲武寧王 [百濟新撰云 末多王無道 暴虐百姓 國人共除 武寧王立](《日本書紀》16 武烈天皇 4年條)

성인 부소산성이 조망되고, 동쪽으로는 사비로 이르는 논산 방면이 관찰되어 적의 침입에 대비할 수 있는 요충지인 곳이다.

　더욱 중요한 사실은 가림성 지역이 동성왕 23년의 사비 천도 정책과 관련하여 중심지로 부상하고 있었다는 점이다. 백가의 가림성 전출에 앞서 백제는 탄현에 책을 세웠다. 탄현은 바로 신라 지역에서 사비에 이르는 길목에 해당하는 곳으로, 사비 지역 방어에 중요한 요충지였다. 뒤이어 동성왕은 사비 동쪽과 서쪽 지역으로 사냥을 가고 있는데, 이러한 빈번한 사냥은 사비 천도 계획과 연관이 있는 것으로 보인다. 따라서 가림성의 축조는 동성왕의 사비 지역에 관한 관심이 실제로 시행된

것으로 보아야 할 것이다. 그렇다면 백가의 가림성 파견은 사비 천도
와 관련된 매우 중요한 결정으로, 그의 실각으로만 볼 수 없을 듯하다.
즉 동성왕은 천도와 관련된 매우 중요한 지역에 그가 신임하고 있는 인
물을 파견했을 것이며, 동성왕이 백가의 관할권 내에 사냥을 가고 있는
것도 이러한 측면에서 이해해야 한다.

가림성 일대 전경
가림성에서는 북으로 백제 왕성인 부소산성이 보이며, 남쪽으로는 금강 하구와 서
해가 조망된다. 또한 동쪽으로는 논산 일대가 한눈에 들어온다. 이러한 지리적 요
인 때문에 가림성은 백제 도성을 방어하는 전략적 요충지가 되었으며, 실제 백제
멸망과 부흥 운동기에도 중요한 역할을 했다(백제고도문화재단 제공).

물론 백가의 입장에서는 가림성이 아무리 중요하다고 해도 왕의 측근에 있는 위사좌평 직이 더 좋았을 것이다. 더욱이 그의 세력 기반인 웅진 지역을 떠나 가림성으로 파견되는 것은 불리한 여건임이 틀림없다. 이 때문에 백가는 병을 핑계로 사양했다.

그렇다면 사비 천도 계획은 백가가 아닌 다른 세력에 의해 추진된 것으로 보이며, 백가가 위기의식을 느꼈을 개연성은 충분하다. 그러나 이러한 위기의식 때문에 백가가 바로 동성왕 시해를 결행했을지는 의문이다. 백가는 비록 가림성으로 전출되었지만, 가림성의 전략적인 중요성에 비추어 적당한 기회가 되면 중앙 정계에서 재기할 수도 있었을 것이다. 그런데 이러한 가능성을 버리고 왕을 시해하는 모험을 감행했다면, 백가에게는 나름대로 확실한 대안이 있어야 할 것이다. 왕을 시해하는 것은 바로 목숨이 걸린 문제이기 때문이다.

그렇다면 백가의 대안은 무엇이었을까. 이를 살펴보는 데에는 백가와 비슷한 시기에 문주왕을 시해한 해구의 경우가 좋은 사례가 된다. 해구는 문주왕 말년에 권력을 장악하고 급기야 왕을 시해했다. 그런데도 해구는 삼근왕을 옹립하고 권력을 장악했다. 이처럼 왕을 시해하고도 정권을 장악한 것은 그의 개인적인 힘이 있었기 때문에 가능했을 것이다.

따라서 백가는 자기 세력이 해구처럼 막강했다면 자신이 왕을 옹립하고 막후 실력자로 군림하려고 했을 것이다. 그러나 백가는 자신의 기반을 떠나 지방으로 전출된 상태였다. 더욱이 백가는 무령왕이 즉위한 직후에 반란을 일으키지만 무기력하게 처단되었다. 이를 볼 때 백가가 해구처럼 자신의 힘에 의존하여 왕을 옹립하려 했을 가능성은 희박하다.

다음으로 동성왕에 반대하는 여러 세력과 연대 가능성을 들 수 있다. 이 경우는 동성왕에 반대하는 세력이 대세를 장악할 가능성이 크다는 판단과, 이에 참여하는 것이 자신에게 유리하다는 확신이 들었을 때 가능하다. 《삼국사기》 기록에 따르면 동성왕 말년에는 민심의 이반 현상이 곳곳에서 보인다. 이런 상황에서 동성왕 정권의 핵심 세력이었지만 자신의 기반을 떠나 가림성에 있는 백가에게, 이 방법은 자신을 지키면서 지분을 보장받을 수 있는 가장 좋은 방안으로 보인다. 따라서 해구처럼 힘의 우위를 점하지 못한 상황에서 백가가 거사를 단행하려 했다면, 여러 세력과 연대 속에서 행동을 취했을 가능성이 더 크다.

동성왕을 시해한 백가의 행적에는 이해할 수 없는 점이 몇 가지 있다. 먼저, 백가는 직접 동성왕을 죽인 것이 아니라 사람을 시켜 시해했다. 그리고 동성왕이 시해된 마포촌은 서천군 한산면 일대로 비정되며, 백가의 관할 지역이다. 동성왕은 이곳에서 죽은 것이 아니라 12월에 이르러서야 죽었다. 백가 또한 즉시 행동을 취한 것이 아니라 무령왕이 집권한 이후인 다음 해 1월에 반란을 일으키고 있다. 이러한 사실에서 우리는 동성왕 시해를 둘러싼 매우 중요한 단서를 찾을 수 있다.

먼저 주목해야 할 사실은 동성왕을 시해한 배후 세력이 현장에서 밝혀지지 않았다는 점이다. 동성왕을 시해한 사람은 자객이고, 따라서 자객의 자백은 배후 세력의 실체를 밝히는 데 결정적 근거가 되었을 것이다. 그런데 이처럼 중요한 사실이 그 자리에서 밝혀져 백가가 범인으로 몰렸다면 그는 반드시 후속 행동을 취했을 것이다. 따라서 동성왕을 시해한 배후 세력은 거사 직후 정국의 소용돌이 속에서 밝혀지지 않았을 가능성이 크다.

그리고 무령왕의 집권 후에야 백가가 행동을 취하고 있다는 것은 이 무렵에 이르러서야 백가가 동성왕을 죽인 배후 세력으로 지목된 것으로 생각된다. 그런데 백가는 가림성에 웅거하여 반란을 일으키고 있다. 여기에서 백가는 동성왕의 사후에도 중앙 정계에 복귀한 것이 아니라 계속 가림성에 머무르고 있었던 것이 확인된다. 동성왕 시해 직후 백가의 신변에 커다란 변화가 없었다면 백가를 동성왕 시해 사건을 주도한 인물로 보기에는 의문이 남는다. 거사를 주도했다면 중앙 정계에서 권력을 장악했거나 최소한 혼란의 와중에서 정국의 주도권을 장악하려는 시도가 있어야 하기 때문이다. 따라서 동성왕 피살 후에도 가림성에 웅거하고 있었다는 점에서 백가는 시해를 주도한 세력이 아닌 것으로 확인된다.

무령왕 집권 전후에 백가가 동성왕 시해의 배후 세력으로 지목되었다면 백가가 동성왕을 시해하지 않았을 가능성도 있다. 자객의 자백은 조작할 수 있고, 동성왕 피살 지역이 백가의 관할 지역이라는 점만으로도 무령왕의 집권에 걸림돌이 되는 백가에게 누명을 씌웠을 가능성도 있기 때문이다. 그렇지만 동성왕 시해가 백가의 관할권에서 일어난 점을 고려하면 백가 또한 이에 직간접적으로 연루되었다고 보아야 할 것이다. 왕의 시해와 같은 중요한 거사는 최소한 관할 지역 책임자의 묵인 없이는 불가능하기 때문이다.

동성왕의 수렵에는 경호 부대가 수행했을 것이다. 시해 목적으로 자객을 보냈다면 이러한 경호 부대를 의식하지 않을 수 없다. 이외에도 거사가 실패할 경우의 변수까지 고려하면 동성왕 시해를 주도한 세력은 관할 지역 책임자인 백가와 사전에 모의했을 가능성이 크다. 거사가 실패로 돌아가면 거사 참여 세력뿐 아니라 동성왕 정권에 방해가 되는 세력들에 대한 대대적인 숙청이 뒤따를 것이 분명하기 때문이다. 단 한 번뿐인 거사의 성공률을 높이기 위해 백가를 거사에 끌어들이는 것은 주도 세력이 취할 수 있는 최상의 방법이었을 것이고, 따라서 백가가 거사에 참여했을 가능성은 크다. 그리고 백가의 지방 전출에 대한 불만도 그를 정변에 끌어들이는 호재가 되었을 것이다. 그렇다면 동성왕 시해 사건은 주도 세력의 모의 아래 거사의 적임자로 백가를 끌어들였으며, 무령왕이 집권한 이후 백가에게 그 책임을 전가한 것으로 보인다. 백가가 무령왕의 집권 후에 행동을 취하고 있는 것도 이 때문이라 믿어진다.

이와 관련하여 백가의 반란이 무령왕을 대상으로 했다는 점도 간과할 수 없다. 더욱이 백가는 진압하러 간 장수 해명에게 쉽게 항복했다. 이는 해구가 결사적으로 항전을 하다 처단된 사실과 대비된다. 동성왕을 시해했고, 이후에 왕으로 즉위한 무령왕을 대상으로 반란을 일으킨 백가가 쉽게 항복한 것은 선뜻 이해하기 어렵다. 항복 자체가 살려는 의지의 표현임을 감안해보면, 백가의 항복은 그가 죽임을 당할 정도로 중죄를 저지른 것이 아니라는 인식에서 나온 행동으로 보아야 한다. 이를 고려할 때 백가는 무언가 자신의 억울함을 호소하고 싶어 한 것으로 보이며, 여기에서 주도 세력과의 거래가 있었다는 심증이 굳어진다.

따라서 동성왕 시해 사건은 백가의 개인적인 불만 차원에서 일어난 행동으로 볼 수 없다는 점이 분명해진다. 아울러 거사 이후 백가가 정국의 주도권을 전혀 잡지 못했다는 점에서 이 사건의 배후에는 이를 주도한 세력이 따로 있음을 알 수 있다. 그렇다면 동성왕 23년에 발생한 시해 사건은 이를 주도한 배후 세력에 의해 진행된, 매우 치밀하게 계획된 정변으로 보아야 할 것이다.

| 동성왕 시해에는 누가 참여했을까 |

동성왕 23년의 정변이 백가 개인의 결단에 의한 행동이 아니라면 여기에 어떠한 세력이 참여했을까. 이와 관련하여 주목되는 것은 앞서 살펴본 것처럼 동성왕 말년에 민심의 이반 현상이 곳곳에서 보였다는 점이다. 특히 시해된 해에 호랑이 두 마리가 도성의 상징인 남산에서 싸웠으나 잡지 못했다는 기록이 보이는데, 동성왕 23년 초에 반란의 조짐이 있었고 이러한 예견이 대체로 민심의 향방을 놓고 행해진다는 것을 고려하면, 이는 민심의 이반 현상을 상징적으로 표현한 것이라고 할 수 있다. 이에 대한 근거로는 동성왕이 말년에 구휼을 하지 않고, 이에 대한 신하들의 항소를 막아버리고 측근들과 임류각에서 사치와 향락을 즐겼다는 점을 들 수 있다. 이처럼 민심의 이반 현상이 점차 심화했다면 측근에서 배제된 신하들은 정권에서 이탈할 가능성이 커진다. 이러한 상황에서 동성왕 23년의 정변이 일어났다면 이에 참가한 세력들은 일단 측근에서 배제된 신하들로 보는 것이 온당할 것이다.

이와 관련하여 다른 기록을 살펴보자. 《백제신찬》은 동성왕 시해 사건에 대해 《삼국사기》와는 다르게 기록되어 있어 주목된다. 《백제신찬》에는 국인國人(나라 사람)들이 동성왕의 무도無道와 백성들에 대한 포학을 이유로 함께 왕을 제거한 것으로 기록되어 있다. 이러한 사실을 전하고 있는 《백제신찬》의 내용을 신뢰할 수 있을까.

《일본서기》에 인용된 백제계 사서는 왜와 관련된 부분에만 윤색이 행해졌을 가능성이 크며, 그와 관련이 없는 백제 왕위 계승 부분은 상당히 신빙성이 높은 것으로 평가되고 있다. 특히 《백제신찬》은 《삼국사기》에 전하는 백제 왕의 인식과 공통되며, 일본을 '왜(倭)'라고 호칭하는 등 백제에서 성립된 원사료의 모습을 가장 잘 유지하고 있다. 따라서 동성왕 시해 사건을 전하는 《백제신찬》은 그 내용이 왜와 관련성이 없으므로 사료의 신빙성이 인정된다 하겠다.

그렇다면 《백제신찬》의 국인과 《삼국사기》에 기술된 백가의 거사를 어떻게 이해해야 할까. 먼저, 국인의 실체이다. 앞서 살펴본 것처럼 왕을 제거한 국인은 귀족 계층을 지칭하는 것이며, '나라 사람들'이란 표현은 거사의 정당성을 확보하기 위한 명분으로 이해된다. 그런데 백가 또한 유력한 귀족이었기 때문에 국인으로 볼 수 있고, 따라서 거사에 가담한 계층에선 두 사서가 어긋나는 것은 아니다.

다음으로 정변의 원인으로 《백제신찬》은 동성왕의 무도와 백성들에 대한 포학을 들고 있다. 이에 반해 《삼국사기》에서는 백가의 개인적인 불만으로 서술하고 있어 그 내용이 다르게 나타난다. 그런데 앞서 살펴본 것처럼 동성왕 말년에는 실정을 거듭했다. 그렇다면 《백제신찬》은 당시의 정치적 상황을 다소 명분론적인 입장에서 서술했지만, 《삼국사기》는 직접 계기가 되었던 구체적인 상황을 서술한 것으로 이해된다. 두 사서는 서로 다른 사실을 전하고 있는 것이 아니라 보완적임을 알 수 있다. 따라서 동성왕 23년의 정변에는 백가뿐만 아니라 정치에 영향력이 있는 국인들이 참여했다는 점이 확인된다.

그렇다면 동성왕 23년의 정변에 참여한 국인들은 어떠한 세력이었을까. 우선 국인을 백가를 중심으로 한 일단의 신진 세력으로 보는 견해가 있다. 물론 백가의 경우처럼 중앙 정계에서 밀려난 다른 신진 세력도 이 거사에 가담했을 것으로 보인다. 즉 백가처럼 동성왕의 왕권 강화에 도움을 준 세력들 중에, 동성왕 말년 측근 위주의 정치가 행해지면서 권력의 핵심에서 배제된 사람들도 참여했을 가능성이 크다.

그렇지만 국인들을 신진 세력으로 한정하는 것에는 다소 문제가 있다. 한성에서 내려온 남래귀족들의 경우도 동성왕이 신진 세력을 등용함에 따라 입지가 약해졌다. 더욱이 동성왕 말년 측근 위주의 독선적인 정치에 민심이 급속도로 악화한 상황이라면, 이들 또한 정변에 참여했다고 보는 것도 큰 무리가 없을 듯하다. 실제 무령왕의 집권 이후 백가의 반란을 진압한 인물이 남래귀족 출신인 해명이라는 점에서 이를 확인할 수 있다. 정권의 성립에 참여한 세력이 정권에 반대하는 세력을 제거한다는 것은 자연스러운 행동이기 때문이다.

아울러 동성왕 23년의 정변에는 왕족도 참여한 것으로 보인다. 무령왕은 집권하자마자 원년 11월 달솔 우영을 보내 고구려의 수곡성을 습격했다. 우영이 집권 직후에 활약한 사실은 그가 정권의 성립에 공헌한 인물임을 나타낸다. 그런데 고이왕 때 왕의 동생인 우수, 비류왕 때 왕의 이복동생 우복 등의 《삼국사기》 기록을 볼 때 우영은 왕족으로 추정된다. 이처럼 동성왕 23년의 정변에는 귀족과 왕족, 그리고 신진 세력등 다양한 계층의 사람들이 참여한 것으로 보인다.

문제는 동성왕 23년 정변을 누가 주도하였는가다. 앞서 살펴보았듯이 백가는 정변을 주도한 세력이 아니었다. 오히려 동성왕의 집권 기간에 소외된 남래귀족과 왕족인 우영 등이 무령왕의 등극에 커다란 역할을 했던 것으로 생각된다. 동성왕이 말년에 이르러 실정을 거듭하고 측근의 말에 의지하는 정치를 행하자, 이들이 여기에서 밀려난 백가와 같은 동성왕의 핵심 세력을 거사에 끌어들인 것으로 보인다. 이와 같은 이유로 백가는 정변의 주도권을 잡지 못했고, 동성왕을 시해한 인물로 몰리자 반란을 일으켰다가 주도 세력에 의해 진압된 것이다. 따라서 동성왕 23년의 정변은 정권의 교체라는 목적을 가지고 남래귀족과 왕족의 주도하에 백가가 참여한 계획적인 사건임을 알 수 있다.

동성왕 시해와 무령왕의 역할

동성왕 23년의 정변이 동성왕의 실정에 반대하는 귀족과 왕족들에 의해 왕의 교체를 목적으로 일어났다면, 그 대안을 세우는 것은 상식이다. 그런데 동성왕 23년의 정변 결과 나타난 양상은 무령왕의 집권이다. 그렇다면 무령왕은 이 정변의 가장 큰 수혜자가 된다. 이를 볼 때일단 무령왕이 정변에 참여한 세력과 관련이 있지 않을까 하는 의구심이 든다. 더욱이 앞서 살펴본 것처럼 무령왕의 계통에 여러 설이 있다는 것은 무령왕의 왕위 계승에 문제점이 있었고, 이를 정당화하기 위해서 조작했을 가능성이 있다는 점도 고려해야 한다.

| 무령왕 가계의 정리 |
무령왕의 가계 정리와 관련해서 주목되는 것은 《일본서기》 부레츠 4년 시세 조이다. 무령왕 탄생을 전하고 있는 이 기사 내용을 보면 무령왕

의 아버지는 실제로 개로왕이지만, 어머니가 동생인 곤지와 혼인을 하는 바람에 곤지 또한 아버지가 된다. 따라서 무령왕에게는 두 아버지가 존재한 셈이다. 그러나 위의 내용에서 개로왕이 임신한 부인을 곤지에게 주는 것은 상식적으로 이해하기 힘들다. 더욱이 두 달 후에 무령왕이 태어난다는 것이 기정사실인데도, 태어나면 무령왕을 백제로 되돌려 보내라는 내용은 다소 의문이 든다. 그렇다면 무령왕은 이유는 정확하지 않으나 아버지인 곤지와 떨어져서 혈연적 기반이 약해졌고, 그의 정통성을 주장하기 위해 백제에 돌아온 사실을 개로왕과 연관 지어 미화한 것이 아닌가 생각된다.

또한, 동생인 동성왕이 먼저 즉위했던 것은 그가 무령왕과는 달리 곤지의 적자이기 때문에 가능한 것으로 생각된다. 여기에서 중요한 사실을 밝혀낼 수 있다. 먼저 무령왕이 개로왕의 아들이라는 설이 생성된 배경을 이해하는 단서를 찾을 수 있다. 무령왕이 곤지와 같이 왜의 가와치 지역에 입성하지 않고 규슈에 남은 것은 그의 어머니가 곤지와 같이 행동할 수 없었던 상황을 나타내준다 하겠다. 그리고 동성왕은 곤지가 활동했던 가와치 지역에서의 세력을 바탕으로 즉위하고 있는 반면에, 무령왕과 곤지와의 관련성은 찾기 어렵다. 이처럼 무령왕이 곤지와의 관련성이 적다면 그는 동성왕과 달리 어머니에게 문제가 있었기 때문에 곤지와 함께 가와치 지역에서 활동할 수 없었던 것으로 보인다.

따라서 무령왕은 이러한 신분의 취약성을 보완하기 위해 그의 가계를 개로왕과 연관 지은 듯하다. 무령왕이 개로왕의 아들이 되면 곤지와 떨어져 백제로 되돌아온 것은 실질적으로 아버지인 개로왕 때문이고, 아울러 어머니도 개로왕의 부인이 되어 왕위 계승의 정당성이 확보되는 효과가 있다. 《일본서기》의 내용이 《백제신찬》과 달리 문제가 있는 것은 이 때문으로 이해된다.

| 정변에서 무령왕의 역할 |

무령왕이 형임에도 불구하고 신분상의 문제로 왕위에 오르지 못했다면, 그가 동성왕 23년의 정변에 관여했을 가능성이 클 수 있다. 참여 동기 역시 동성왕의 행적과 무령왕의 드러난 성품에서 추정할 수밖에 없다. 무령왕은 모친의 문제로 형임에도 불구하고 왕위에 오르지 못했지만, 동성왕이 자신이 꿈꾸던 세상을 만들어주길 바랐다. 그런데 왕위에 오른 동성왕은 왕권 강화에는 성공했으나 말년에 이르러 국인들의 원성을 살 정도로 측근들의 말에 의지하는 전횡을 하여 차츰 그 지지 세력을 잃어갔다. 이를 안타깝게 여기면서도 다행히 동성왕의 견제를 피했다는 안도감 속에서 무령왕은 묵묵히 동성왕과 다른 면모를 보이면서 민심을 수습했다. 동성왕에 대한 불만이 커질수록 이와 대비되는 무령왕은 상대적으로 민심을 얻었던 것으로 보인다. 이리하여 동성왕의 전횡이 극에 달하고 측근 위주의 정치를 하여 입지가 매우 좁아졌을 때, 불만 세력들의 대안으로 무령왕이 거론되었을 것으로 생각된다. 즉 무령왕이 정변에 직간접적으로 참여한 것을 엿볼 수 있다. 정변의 지도자가 결정됨으로써, 동성왕의 반대 세력은 급격하게 세력을 규합하여 정변을 실행할 단계에 이르렀던 것이다.

이처럼 분위기가 무르익은 시점에 정변의 주도 세력은 동성왕의 핵심 측근이었던 백가를 사주하여 동성왕을 시해한 것으로 보인다. 무령왕은 정변을 통하여 집권했기 때문에 정당성을 확보하는 것이 필요했다. 정변을 국인들의 거사로 서술하고 있는 것은 이러한 작업의 일환으로 이해된다. 아울러 무령왕을 개로왕의 아들로 부회한 것 또한 같은 목적을 띤 것으로 보인다. 이를 통해 먼저 혈연의 문제점을 극복하고 왕위 계승의 정당성을 확보할 수 있기 때문이다. 이에 따라 무령왕은 개로왕의 아들인 동시에 곤지의 아들도 되어 양자의 혈통을 이어받은 적자가 된 셈이다.

다음으로 무령왕은 동성왕과 달리 한성 시기 마지막 왕인 개로왕의 혈통을 이어받음으로써 한성 시기의 남래귀족들을 포용할 수 있다는 점도 고려한 듯하다. 이는 정변의 주도 세력이 동성왕 정권에서 소외된 남래귀족과 왕족이라는 점에서 이들의 지지를 끌어내려는 목적도 있었던 것으로 보인다. 무령왕이 집권한 후 바로 고구려·말갈과 빈번한 전투를 벌이는 것도 이러한 측면에서 이해된다.

강에 수장된 역적

| 백가의 처단 |

즉위한 무령왕이 내디딘 첫걸음은 바로 정변의 일등 공신이었던 백가와의 단절이었다. 동성왕을 제거한다는 데에는 여러 세력의 의견이 일치하였으나 이후 권력의 배분이나 노선 등 정책 전반까지 일치된 것은 아니었다. 필연적으로 권력 투쟁이 발생할 수밖에 없는 상황이었다.

무령왕 정권의 출범은 이러한 복잡한 셈법에서 이루어졌다. 여러 이질적인 집단이 결합하면 정권 초기에 혼선이 있을 수 있다. 그런데 기존의 왕족이나 남래귀족의 처지에서 보면 백가와 같은 웅진 일대의 신진 세력은 동성왕 후기에 정권에서 밀려났지만, 초기에는 적극적으로 참여하여 왕이 무소불위의 권력을 갖게 한 장본인들이었다. 이러한 백가가 다시 무령왕 정권에 참여한다면 무령왕 정권의 차별성은 무엇일까 하는 불만을 토로하는 세력도 있었을 것이다. 다시 말하면 동성왕 정권의 실정에 상당 부분 책임이 있는 이들을 다시 공신으로 인정할 수 있느냐는 것이다.

또한, 이들은 태생이 달라서 필연적으로 정책의 추진 과정에서 부딪칠 수밖에 없다. 백가를 위시한 웅진 부근 세력은 현상유지를 고집할 것이며, 남래귀족들은 한성의 수복에 비중을 두는 북방 정책에 주안점을 둘 것이기 때문이다. 그 때문에 이질적인 집단 사이에 권력 다툼이 벌어질 수밖에 없고, 이의 향방은 무령왕 정권의 성격을 가늠하는 척도가 된 것이다.

그리고 정변이 성공한 이후 이에 참여한 세력들의 논공행상에 따른 갈등은 필연적으로 발생할 수밖에 없었다. 이에 대한 백가의 불만, 그리고 이질적인 백가를 정권에 계속 참여시키는 문제 등에서 무령왕이 택할 방법은 바로 백가의 제거였다. 곤지와 문주왕의 시해 때 많은 유언비어가 난무했고, 그 점이 해구를 결정적으로 불리한 상황으로 몰고 갔다는 경험도 고려되었다. 왕을 시해하고 정권을 잡은 정변 주도 세력들의 심리적인 부담이 가중될 때 모든 것을 백가의 단독 범행으로 몰아가면 무령왕 정권의 탄생은 부담을 덜 수 있다는 계산이었다. 동성왕을 시해한 백가를 압박하여 그를 제거하고 왕위를 계승했다는 정통성을 확보할 수 있었던 것이다.

하지만 백가의 처지에서는 청천벽력 같은 상황이다. 무령왕의 집권에 일등 공신인 자신에게 별다른 포상도 없고, 더욱이 동성왕의 시해를 주도한 인물들이 모든 책임을 자신에게 뒤집어씌우려 한다. 이럴 때 백가가 택할 수 있는 길은 자신을 방어하는 길, 다시 말하면 반란을 일으킬 수밖에 없었을 것이다. 그런데 반란을 일으킨 백가는 토벌군인 해명이 이르자마자 어이없게도 항복을 하였다. 상식적으로 보면 왕을 시해한 사람은 분명한 사형감이다. 그런데도 항복을 했다는 것은 살려고 하는 의지 내지는 무언가 억울함을 하소연하고 싶은 심정을 말해주는 것이 아닐까.

이러한 상황을 이해하면, 백가는 정변에 참여했고 실질적으로 동성왕을 시해하는 데 결정적인 역할을 했지만, 정변을 주도한 인물이 아니었다는 점이 분명해진다. 오히려 정변 주도 세력에 의해 밀려났으며, 억울하게도 동성왕 시해의 주범으로 몰린 것이다. 무령왕도 백가라는 이질적인 집단의 제거가 유리했을 것이다. 자신의 기반이 왕족이었고, 남래귀족과의 유대감이 강하기 때문이다. 이는 바로 무령왕 정권의 성격과 집권 초기 정책의 방향을 가늠할 수 있는 지표이기도 하다.

무령왕은 정변 주도 세력의 편에 서서 백가를 제거하고, 그에게 모든 죄를 뒤집어씌움으로써 부담을 덜 수 있었다. 동성왕을 시해한 주범을 처단한 정통 계승자가 된 것이다. 국인에 의한 제거로 정변의 정당성을 확보함과 동시에 한편으로 백가를 시해의 주범으로 처단하는 이중성을 보인 것이다. 이제 무령왕은 즉위 이후 걸림돌이 되는 상황을 정리하고 정국의 안정을 취하고자 했다.

백가의 제거는 그 시작에 불과한 것이다. 아울러 자신의 왕위 계승에 대한 정통성도 입증하고자 했다. 그의 가계에 대한 정리도 이러한 맥락에서 이해된다. 정권의 탈취라는 측면에서 보면 무령왕은 목적을 위해 수단을 가리지 않은 파렴치범으로 볼 수도 있다. 혈육 이상의 존재인 곤지와의 인연도, 동생이면서 왕으로 모셨던 동성왕과의 의리도 중요하지만 결단을 내릴 수밖에 없었다. 이런 고뇌 속에 택한 어려운 결정이었기에 무령왕은 백제를 중흥시키는 데 최선을 다했다. 백제를 다시 강국으로 만들 수 있던 원동력은 이런 부담감을 극복하기 위한 실천 속에서 이루어진 것이다.

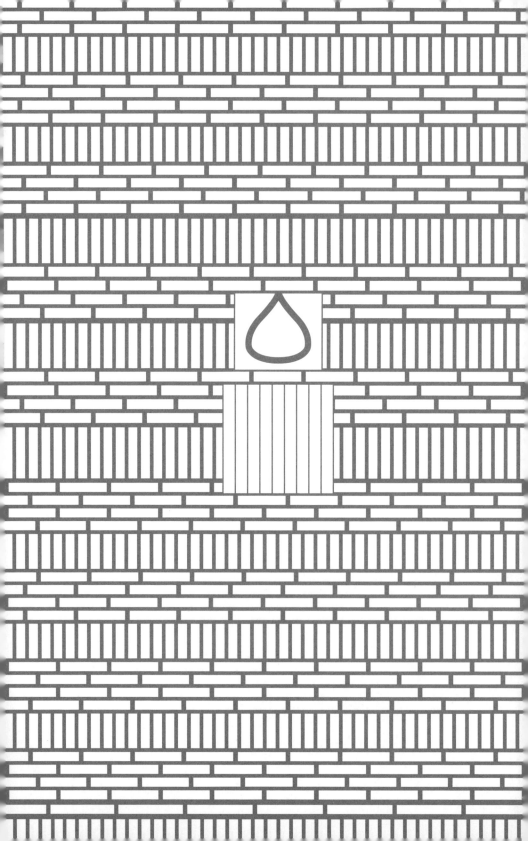

IV부

갱위강국
更爲强國

준비된 개혁군주

제도적인 왕권 강화로

무령왕은 동성왕의 실패를 누구보다도 가까이서 지켜보았기 때문에 그 문제점을 잘 알고 있었다. 그것은 바로 다름 아닌 개인의 힘에 의존한 왕권 강화였다. 왕이 아무리 뛰어난 역량을 가졌다 해도 모든 것을 다 할 수 없고, 또 알 수 없는 영역도 있다.

동성왕은 웅진 천도 이후 혼돈을 종식하기 위해 오로지 왕권 강화라는 목표만 향해 나아갔다. 그 과정에서 수많은 시행착오가 있었고, 그 결정이 옳은 것인지 돌아볼 겨를이 없었다. 신하들의 상소도 반대편의 정치 논리로만 파악했지 그것이 미치는 파장에는 주목하지 못했다.

무령왕은 이를 반면교사로 삼아 다양한 목소리를 경청하면서 효율적이고 합리적으로 의사를 결정하는 시스템을 만들고자 했다. 동성왕과 달리 제도적인 차원에서 왕권 강화가 이루어진 것도 이와 관련이 있다.

무령왕은 계속된 전란으로 희망과 꿈을 잃어버린 상실의 시대, 그리고 기댈 곳이 없는 정치 불신의 시대에 백성들에게 새로운 동력을 불러 일으킬 필요가 있었다. 다름 아닌 동성왕과는 다른 정책의 실현이었다. 즉위 해인 501년 11월 군사를 보내어 고구려의 변경을 공격했다. 이는 동성왕과 달리 북방 정책을 추구함으로써 한성을 회복하겠다는 강한 의지를 보여주는 정치적 이벤트였다. 또한, 동성왕 대에 나타난 여러 문제점을 하나하나 고쳐 나갔다. 정치와 사회를 안정시키고, 경제를 부흥시킬 수 있는 방안을 모색한 것이다.

| 반란의 근원 6좌평제 무력화 |

무령왕의 즉위 이후 뚜렷한 정치적인 변화가 감지된다. 그것은 바로 좌평제가 바뀌었다는 점이다. 이는 웅진 천도 이후의 정치적 상황과 무관하지 않다. 천도 이후 일어난 두 차례의 반란은 모두 병관좌평과 위사좌평이라는 직책을 가진 좌평에 의해 일어났다. 병관좌평은 오늘날 국방부 장관에 해당하고, 위사좌평은 청와대 경호실장에 해당한다. 권력자의 최측근에 있는 막강한 자리인 것이다.

문제는 이들이 자신들의 세력을 바탕으로 좌평이 되었고, 정해진 임기가 없어 한 번 임명되면 특별한 일이 없는 한 교체되지 않았기 때문에 권력을 장악하기가 쉬웠던 것과 관련이 있는 듯하다. 따라서 이러한 문제점을 보완하기 위해서는 힘의 분산이 필요했을 것으로 보인다. 다만 이들을 완전히 무력화할 경우 반발이 일어나는 것은 불을 보듯 뻔하므로 이들을 예우해주되, 힘의 균형을 유지하는 현실적인 방안을 제시해야 했다.

이러한 고민 끝에 좌평제의 운영이 바뀌었다. 즉 동성왕 대까지는 좌평이 직책을 가지고 있었으나 무령왕 대부터는 직책을 가진 좌평이 등장하지 않는다. 흥미로운 사실은 이후인 성왕 대의 좌평은 상좌평, 중좌평, 하좌평 등 관등의 서열을 나타내는 성격으로 변화된 점이다. 따라서 무령왕 대에 관직의 성격을 가진 좌평 대신에 등급을 나타내주는 좌평으로 성격이 바뀌었다는 점을 알 수 있다.

이는 실무 부서의 최고 장관이 아닌 관직을 차지할 수 있는 후보군으로 신분이 바뀌었음을 말해준다. 직접적인 연결 고리를 차단하되, 예우를 보장해주는 접점을 찾음으로써 그 반발을 무마하면서 개혁을 추진한 것이다. 무령왕 이후 왕의 시해 같은 극단적인 변고가 없어진 것도 그 요인을 찾아 해결해낸 무령왕의 추진력 때문이라고 해도 지나치지 않을 것이다.

| 22부사제의 시행과 의도 |

좌평의 직무가 없어졌다면 어떠한 형식으로든지 좌평의 임무를 대신수행할 부서가 설치되었을 것이다. 이와 관련하여 주목되는 것은 《주서周書》에 22부사部司가 보인다는 점이다. 주나라는 북주北周를 말하며, 이 나라가 존속한 시기는 6세기 중·후반이기 때문에 위덕왕이 재위한 시기에 해당한다. 따라서 22부사는 통상 위덕왕 혹은 일러야 성왕 때 시행된 것으로 보는 것이 일반적이다. 그 근거로 드는 것은 북주가 중국 고대의 주나라를 이상적인 나라로 생각하여 주나라 때 제정된《주

례周禮》6관제를 도입했는데 백제의 22부사 중 사군司軍, 사도司徒, 사공司空, 사구司寇부 등 4개 부사가 보인다는 점이다.

하지만 백제의 22부에는 곡부穀部, 점구부點口部 등 백제에서만 볼 수 있는 독특한 부도 다수 존재한 것으로 보아, 오히려 백제 고유의 제도가 북주 시대에 앞서 시행되었을 가능성도 크다. 이렇게 적극적으로 해석한다면 백제에서 이전부터 6좌평을 대신하여 부사가 설치되었고, 이러한 제도가 북주의 영향을 받아 22부사로 정비된 것으로 이해할 수 있다. 이러한 추정을 무령왕 때 좌평제가 변화했다는 점과 연결하면 이 무렵부터 부가 설치되기 시작했음을 알 수 있다.

그렇다면 무령왕이 좌평제 대신에 부사제를 시행한 의도는 무엇이었을까. 웅진 시기에는 남래귀족뿐만 아니라 신진 세력들도 등장하여 중앙 정계에서 관직을 차지할 수 있는 인원이 증가했다. 전 왕인 동성왕은 이들을 점차 중앙 정계에서 배제함으로써 왕권을 강화하는 방식을 취했다. 그러나 이의 부작용으로 왕이 시해당하는 불행을 겪은 것은 앞서 살펴보았다. 이러한 과정에 정변으로 집권한 무령왕은 누구보다도 귀족들의 대우에 고민했을 것으로 보인다. 이에 이들의 현실적인 힘을 인정해주면서, 아울러 왕권도 강화하는 방안을 모색한 것으로 생각된다.

그 방안은 바로 좌평을 제1품 관등으로 바꾸면서 행정적 성격을 띤 부를 설치한 것이었다. 귀족들에게는 그 세력의 크기에 따라 관등을 주고, 그 상한선을 정하여 신분적인 대우를 보장해준다면 이들의 반발을 살 가능성은 줄어든다. 한편으로 부를 설치함으로써 귀족들은 이제 그 신분에 따라 해당하는 부의 관직을 맡을 수 있다. 이러한 관직의 임명은 이제까지 세력을 기반으로 6좌평 직을 맡는 것과는 분명한 차이가 있다. 즉 신분은 보장되지만 왕의 의도에 따라 맡을 수 있는 관직이 바뀔 수 있다는 점은 실제적인 면에서 왕권을 강화하는 효과가 있는 것이다.

22부사의 책임자가 장사長史 등으로 불리며 3년 단위로 교체된 것은 바로 이러한 면을 분명하게 보여주고 있다. 부의 책임자에게 임기제를 적용한 것은 기존과 같이 관직을 배경으로 세력을 확대할 가능성을 방지하고자 한 것으로 보인다. 또한, 다음의 관직 임용 때 임명권자인 왕의 의도가 크게 작용하는 만큼, 귀족들은 좋은 보직을 얻기 위해선 왕의 의사에 반하는 행동을 하기 힘들었을 것이다. 이처럼 그 책임자에게 임기제를 적용하고 있는 것은 실제 운영 여부를 떠나서 관료제를 지향하고 있음을 알 수 있다. 그리고 그 궁극적인 목표는 왕의 통치를 보좌하는 관리를 배출하는 데 있었다 하겠다.

무령왕 가계의 골족의식

개혁은 정치적인 분야에서만 진행된 것이 아니라, 사회적인 면에서도 뚜렷한 변화가 감지된다. 특히 그 방향이 무령왕 자신의 신분적인 약점을 극복하려는 노력의 일환으로 진행되었다는 점에서 주목된다. 무령왕은 동성왕과는 확실히 다른 선택을 했다.

동성왕 때 중용된 신진 세력들의 득세는 그때까지의 위계질서를 뛰어넘는 파격 그 자체였다. 이는 능력에 따른 등용이라는 긍정적인 면도 있지만 반대하는 사람의 논리로 보면 기본적으로 사회질서를 문란하게 만드는 혼란으로 볼 수도 있다. 따라서 한성 시기부터 중앙 정계에서 활약한 남래귀족과 왕족들은 자신들의 기득권을 지키기 위해서라도 사회적 서열, 다시 말하면 신분제를 공고히 할 필요가 있었다.

신분제의 강화는 왕이 될 수 있는 신분을 구별하는 것에서부터 출발했다. 이는 무령왕의 취약한 가계를 보완하는 데에 그치는 것이 아니라 자신의 소가계小家系를 신성화할 기회이기도 했다.

무령왕은 자기의 모친을 개로왕의 부인으로 정리하여 개로왕을 잇는 혈통을 획득하고, 또한 곤지를 의붓아버지로 만듦으로써 혈연적으로 그리고 명분상으로도 양자를 계승한 정통 후계자가 되었다. 한걸음 더 나아가 그의 가계를 다른 왕족들과 구별하여 그 차별성을 부각하고 있는 점도 주목된다.

《일본서기》 부레츠 6년 조에 의하면 무령왕은 재위 4년(504)에 그 전해에 왜에 파견한 마나군麻那君을 자신의 골족이 아니라는 이유를 들어 사아군斯我君과 교체했다. 불과 여섯 달 만의 교체는 이 시점에 무령왕의 혈족이 중요한 정치적 쟁점이 되고 있었다는 것이다. 최근 일본 천황이 자신의 모계에 백제의 피가 흐르고 있다고 언급해 화제가 된 적이 있다. 이는 일본 간무桓武 천황의 어머니인 고야신립高野新笠을 말한 것이다. 고야신립은 무령왕의 아들로 추정되는 순타純陀 태자의 후손으로 알려진 인물이다. 후대에까지 그의 가계가 전해진 사실에서 무령왕 때 강화된 무령왕 가계의 우월의식, 즉 골족의식의 실체를 엿볼 수 있다.

이와 관련하여 무령왕과 같은 시기에 신라에서도 비슷한 상황이 전개되었다는 사실이 주목된다. 신라의 골품제는 법흥왕 7년(520) 율령을 반포할 때에 제도화된 것으로 알려져 있다. 골품제의 핵심은 왕이 될 수 있는 특정 가계를 성골聖骨 신분으로 구분한 점이다. 그런데 신라의 성골은 지증왕계에 속한 소가계 집단의 구성원들에 의해 유지되었던 것으로 알려져 있다. 이것은 왕권을 배타적으로 독점하려는 소가계 집단의 우월의식을 고양하는 계기가 되었을 것이다.

그런데 최근 발견된 영일 냉수리비에 의하면 지증왕은 갈문왕 신분이었다. 그가 왕위에 올랐음에도 처음에 갈문왕이란 칭호를 사용한 것을 보면 방계로 왕위를 계승했음을 말해준다. 지증왕 역시 혈연적으로 문제점이 있었던 것이다. 이를 보면 지증왕과 무령왕이 자신의 신분상의 취약점을 보완하기 위해 소가계 우월의식을 확립한 사례가 매우 흡사함을 알 수 있다. 이런 우월의식은 여기서 그치지 않는다. 지증왕의 아들인 법흥왕은 울주에 있는 천전리서석에 '성법흥대왕聖法興大王'으로 기록되어 있다. 무령왕의 아들인 성왕도 성스럽다는 의미의 '성聖'이란 이름을 사용했다. 두 나라의 유사성은 우연일까. 대세로 보아 백제에서 시작된 골족의식이 신라에 영향을 미친 것으로 보아야 할 것이다. 이처럼 무령왕은 왕위 계승상의 문제점을 보완하기 위해 자신의 소가계 집단에 대한 우월성을 강조하고, 이에 속한 집단에서만 왕을 배출할 수 있도록 제도화한 것으로 보인다.

귀족들의 서열화

무령왕의 왕권 강화 전략은 신분제의 확립 과정에서도 드러난다. 무령왕은 동성왕처럼 자신의 권위만 증대시킨 것이 아니라 자신을 떠받쳐주는 신하들의 권위도 보장해주면서 그에게 충성을 다하도록 유도했다.

백제에서 신분제의 모습을 보여주는 것은 비록 후대이긴 하나 백제 멸망기에 활동한 흑치상지의 경우를 예로 들 수 있다. 흑치상지의 가문은 《삼국사기》 〈흑치상지 열전〉에 의하면 왕족인 부여씨 출신으로 대대로 제2관등인 달솔을 유지했고, 본인 또한 스무 살 이전인 약관의 나이에 달솔이 되었다. 그가 어린 나이에 달솔이 된 것도, 그리고 끝내 최고 관등인 좌평에 이르지 못한 것도 백제에서 신분적인 구별이 있었다는 것을 분명하게 보여준다. 신라 골품제의 상한과 매우 유사한 것이다.

이처럼 백제에서 신분제가 유지되고 있었다는 것은 확인할 수 있으나 그 실체에 대해서는 자세히 알 수 없다. 《삼국사기》에 의하면 백제는 고이왕 27년(260)부터 16관등제가 시행된 것으로 나온다. 그런데 학계에서는 고이왕 때 이처럼 정교한 관등제가 시행되었다는 것에 의문을 표한다. 《일본서기》가 일본 중심의 천하관 속에서 역사를 왜곡하여 서술하였듯이, 《삼국사기》 〈백제본기〉 또한 백제를 중심으로 서술되었을 백제 사서史書를 바탕으로 했을 가능성이 농후한 것으로 보기 때문이다.

그 실시 시기에 관한 의문을 부채질한 것은 16관등제의 기록이 중국 《주서》와 일치한다는 것이다. 《주서》가 6세기 중후반 경의 사실을 기록했다는 점에서 시행 시기가 맞지 않기 때문이다. 그렇지만 이는 당시 16관등제가 시행된 모습을 보여주고 있을 뿐 관등제의 시행 시기가 북주 시대라는 것을 의미하지는 않는다.

그런데 16관등 중에서 달솔과 나솔 등 솔계率系 관등과 장덕과 대덕 등 덕계德系 관등이 일찍부터 설치되었다는 것은 연구자 대부분이 받아들이고 있다. 그리고 이견이 있긴 하지만, 이후 국가가 발전함에 따라 솔계와 덕계의 관등이 분화 과정을 거치는 것으로 이해하고 있다. 또한 하위 관등 중에서 진무는,《남제서》백제 조에 의하면 동성왕이 재위 17년(495) 남제에 요청한 관작 중에 진무 장군이 있었던 점으로 보아, '진무'라는 명칭을 이미 동성왕 때 사용하고 있었던 것이 확인된다. 게다가 무령왕 때에는 구체적 직명을 가진 좌평이 관등으로 변화되었다. 이처럼 16관등제는 사비 시기에 갑자기 출현한 것이 아니라 고이왕 때 기본적인 틀이 만들어진 이후 점진적으로 분화되어 사비 시기에 완성된 것임을 알 수 있다. 무령왕 때에 좌평이 16관등제의 으뜸으로 자리 잡는 것과 같은 변화에서 이를 확인할 수 있다.

아울러《주서》에 보이는 관리의 복색에 관한 규정이 고이왕 때 기사로 나오지만, 학계에서는 후대에 완비된 규정이 고이왕 때로 소급, 정리된 것으로 보고 있다. 이에 의하면 6품 이상은 자색 옷을 입고 은꽃 모양의 관 꾸미개를 착용할 수 있다. 이처럼 관리들의 복색을 자색과 비색 그리고 청색으로 구분하고 허리띠의 색깔도 구분하는 등 그 위계를 분명히 하고 있다. 또한 "백성들은 붉은색이나 자주색 옷을 입을 수 없다"라는 내용도 확인된다. 이러한 조항은 귀족들의 서열을 정하고 이에 따른 복색을 규정하는 것뿐만 아니라, 백성들의 복색을 제한함으로써 신분제 사회의 틀을 확립하고 있는 것을 보여준다. 복색의 구별은 관등제와 밀접하게 관련이 있으므로 무령왕 때 이러한 신분제의 정비가 이루어졌음을 알 수 있다.

색의 구별은 외형적으로 분명하게 나타나고, 어느 순간에 무의식적인 영역까지 침투하게 된다. 자주색을 입은 관리는 고위 관리, 비색 옷을 입은 관리는 중간 관리, 청색 옷을 입은 관리는 하급 관리이기 때문에 이들과 만났을 때 그에 맞는 예를 갖추어야 했을 것이다. 이러한 행위가 일상화되면 자연스럽게 관리는 공경의 대상이며, 그 직급에 따라 예를 달리했을 것은 당연하다. 이처럼 무령왕은 관리들의 위계를 피라미드형으로 조직하고, 왕이 고위 관리들을 통제하면 이들이 중견 관리를 챙기며, 중견 관리가 하급 관리를 부리는 등 다단계 질서를 통해 조직을 효과적으로 운영할 수 있었던 것이다. 요컨대 신분제의 강화는 웅진 천도 이후 계속된 왕과 귀족 간의 갈등 상황을 수습하고자 하는 목적에서 비롯된 것이며, 무령왕의 왕권 강화와 직결된 것임을 보여준다.

위민정치의 실천

무령왕의 위민의식

무령왕은 동생의 희생을 딛고 일어선 군주였기 때문에 동성왕 대 통치의 문제점을 없애고, 효율적인 정치 운영을 지향하고자 했다. 무엇보다 왕의 독단적인 결정과 소통의 부재 속에서 파생되는 사회적 갈등을 줄임으로써 국론의 분열과 국력의 낭비를 방지하고자 했다. 왕과 귀족의 서열화를 추구한 것도 사회질서를 유지하기 위한 조치였다. 그리고 사회적 합의를 이루기 위해 나라를 지탱해주는 백성들의 안정적 지지를 받으려 한 것이다.

　백성들의 바람은 먹고사는 문제로 귀결되므로 이를 위한 과감하고도 실천적인 정책이 필요했다. 이에 무령왕은 재위 6년(506) 춘궁기에 백성들이 굶주리자 창고를 열어 구휼했다. 이는 선왕인 동성왕이 백성들이 서로 잡아먹을 정도의 심각한 상황에 이르렀어도 구휼을 하지 않아 이들이 고구려로 도망간 것과 대비된다.

'민심은 천심'이라는 말이 있듯이 힘이 약한 백성들이 취할 수 있는 가장 일반적인 저항은 세금을 내지 않고 도망치는 것이다. 좀 더 적극적인 형태로는 도적과 반란까지 꾀하게 된다. 국가에서 본다면 백성들의 유망流亡은 세수의 감소뿐만 아니라 인력 동원 등 여러 면에서 국력의 약화를 가져올 수 있다. 통일신라 말기 도적에서 출발한 저항이 반란에 이르고, 마침내 새로운 국가의 건립까지 이루어진 사실을 상기하면 국가의 흥망은 백성에게 달려 있다고 해도 과언이 아니다. 무령왕은 이러한 역사인식이 분명했던 것으로 보이며, 적극적인 진휼을 하여 농민층의 안정을 추진한 것이다.

국가 주도의 제방 축조

이에 그치지 않고 무령왕은 재위 10년(510) 봄에 제방을 완비하게 하고 중앙과 지방의 놀고먹는 자들을 몰아 농사를 짓게 했다. 이는 《삼국사기》에 기록된 내용이며, 전체적인 문맥으로 보아 '몰아'라는 의미는 강제적이고 적극적인 의미로 해석할 수 있다. 또한, 농사를 짓도록 했다는 말과 제방을 완비하게 했다는 말을 연결해보면 이제까지 농업용수 문제로 농사를 짓지 못하는 지역의 문제를 해결하여 농사를 지을 수 있게 해주었다는 의미다. 물을 통제함으로써 하천의 범람을 막고, 저습지를 활용할 수 있는 부수 효과까지 생긴 것이다.

무엇보다도 중요한 사실은 이러한 제방 축조사업을 국가에서 주관했다는 점이다. 백제는 한성 함락과 웅진 천도 이후 한강 유역을 상실해서 농지가 축소되었고, 오랜 전쟁으로 관리가 이루어지지 않아 농사 여건이 매우 좋지 않았다. 무령왕은 이처럼 위축된 경제 기반을 확대하기 위해 수리 시설의 확충과 완비를 주도한 것이다.

이와 관련하여 무령왕 이후 '살포'의 부장이 사라졌다는 사실이 주목된다. 살포는 물길을 막거나 열 때 사용하는 농기구로, 천안 용원리,

김제 벽골제 전경

김제 벽골제는 동진강 지류인 원평천 일대에 축조된 제방이다. 《삼국사기》에는 330년 쌓았다는 기록이 있다. 초축 제방은 직선 형태이며, 후대에 증축이나 수리와 관련된 흔적이 확인된다. 1차 부엽층의 연대 측정 결과 가장 이른 것은 384~534년이고, 늦은 것은 428~591년으로, 대체로 5세기 초에서 6세기 초중반 무렵 축조된 것으로 보고 있다.

공주 수촌리, 고흥 안동고분군 등 유력한 토착 세력가의 무덤에서 출토되었다. 이들 고분군에서 금동관이 함께 출토되었다면 그 위세를 짐작할 수 있을 것이다. 따라서 이들 무덤에 부장된 살포는 실제 사용보다는 이들의 물에 대한 통제, 즉 치수를 과시하기 위한 상징물로 의미가 있다고 본다. 토착 세력가들의 치수 통제는 해당 지역에 대한 경제적 지배로 연결되는 것이다.

그런데 무령왕 이후 유력한 토착 세력가의 무덤에서 이러한 살포가 부장되지 않은 것은 국가에서 직접 제방 축조를 주도했기 때문이며, 따라서 치수도 국가에서 관리하는 단계에 이르렀다고 해석할 수 있다. 토착 지배층들이 담당했던 역할의 상당 부분을 국가에서 통제하는 단계로까지 발전한 것이다. 물론 이것이 가능했던 것은 지방을 통제할 수 있는 지배력의 강화와도 밀접한 관련이 있다. 무령왕 대 22담로의 설치와 파견을 생각하면 번쩍 눈이 뜨일 것이다. 22담로에 자제와 종족을 파견한 것은 전국적인 지방 통치의 실현이며, 그 결과 토착 세력가

공주 수촌리 출토 살포
수촌리 4호분에서 수습된 철제 살포로 총길이 99.6센티미터에 달한다.
신부는 크기가 작고, 평면 형태는 사다리꼴 모양에 가깝다. 손잡이는 단면 지름
1.3센티미터 정도 되는 철봉으로, 길이가 92~95센티미터 정도이다.
나무 목관 밖에서 수습되었다(출처: 국립공주박물관).

의 경제적 지배력이 약화하는 현상이 생겼다고 볼 수 있는 것이다.

백성들의 귀환과 호적 정비

다행히 무령왕이 제방을 축조하기 전에 그 의도를 추정할 수 있는 기록이 존재한다. 《일본서기》 게이타이 3년 조에 인용된 《백제본기》에 의하면, 무령왕 9년(509) 백제의 백성으로 임나 지역에 도망가서 호적이 끊긴 지 3~4세대가 지난 자를 찾아내어 모두 백제로 옮기고 호적에 올리도록 한 것이다. 물론 이 기사는 정치적으로 해석되어 백제의 가야 진출 혹은 임나일본부의 존재로도 이용되기도 한다. 복잡한 역사 해석은 뒤로하고, 이 사료가 전해주는 당시의 상황을 주목해보자.

백제는 고구려와의 장기전, 웅진 천도 이후의 혼란 등으로 힘든 나날이 계속되었으므로 백성들이 유망하는 것은 당연했으리라. 이 기록은 실제 백제의 백성들이 유망하여 가야 지역까지 이르렀던 사실을 보여주고 있는 것이다. 도망간 백제의 백성들을 찾아내어 다시 백제로 옮겨 호적에 편입시키는 것은 이전과는 다른, 백성들을 수용할 수 있는 여건을 조성하려는 의도를 말해준다.

이러한 면에서 그다음 해 제방을 쌓고 농사를 짓게 한 조치는 백성들을 돌아오게 하려는 실제적인 후속책이라 할 수 있다. 말로만 백성을 위한 정치를 하는 것이 아니라 실제 현장에서 농사를 지을 수 있는 여건을 마련해준 것이다.

이들이 돌아온 백제는 다른 나라가 되어 있었다. 국가에서 제공한 농지와 농기구는 더 말할 필요 없고 제방의 축조로 농사를 지을 수 있는 여건까지 만들어주어 안정적인 정착생활을 할 수 있었던 것이다. 이들의 성공적인 정착은 발 없는 말이 천리를 간다는 속담처럼 순식간에 소문이 퍼져 백제로 귀환하는 백성들이 점점 많아졌다. 백성들의 숫자가 늘어나자 이미 호적이 끊겼으나 돌아와서 정착한 백성들을 대상으로 호구조사를 하고 이들을 호적에 올렸다. 그런데 호구조사를 할 때는 이를 수행하는 기관이 있어야 하는데, 22부사 중의 하나로 인구를 파악하는 점구부點口部는 이미 무령왕 때 설치되었거나 최소한 그 역할을 하는 기구가 존재했음을 확인할 수 있다. 일차적으로 건강한 백성을 육성하고, 이어 백성들의 호적을 정비함으로써 백제는 국가에서 필요한 세수와 노동력의 확보가 이루어졌다. 그리고 유사시에는 백성들을 군사로 동원할 수 있었다.

이 같은 호구 파악은 국가 경제력의 향상과 군사력의 증대로 이어졌다. 무령왕 때 백제가 신라의 협력 없이 고구려와 단독으로 대결하여 승리할 수 있었던 것은 '나라의 근간은 백성이다'라는 무령왕의 위민의식을 현실적으로 실천했기 때문이다.

백성의 나라임을 선언하다

무령왕은 백제를 중흥시킨 군주로 널리 알려졌다. 물론 동성왕도 초기의 혼란을 수습하고 왕권을 강화하여 백제를 안정시켰으며, 전라도 지역에 왕·후를 파견함으로써 중앙에서 직접 지방관을 지명할 수 있는 여건을 마련했다. 이러한 면에서 보면 동성왕의 노력도 평가할 만하지만, 역사서에서는 개인의 힘에 의존한 독단 정치라는 면에서 평가에 인색했다. 동성왕은 어쩌면 백제 중흥의 악역을 했다고 볼 수 있다. 고려 초기에 호족들을 무자비하게 숙청한 광종이 없었으면 고려가 안정되지 못했을 것이고, 조선 초기에 태종이 없었으면 개국 공신들 중심의 정치 운영 때문에 왕권이 확립되지 못했을 것이다. 이처럼 동성왕은 웅진 천도 이후 혼란을 종식한 일등 공신이라 할 수 있다. 다만 그 방법에 문제가 있어서 제대로 평가를 받지 못한 것이 아쉽긴 하다.

무령왕은 동성왕의 왕권 강화 방식에 문제가 있음을 누구보다도 잘 알았다. 그래서 힘에 의존한 통치가 아니라 제도적으로 시스템을 갖추어 국가를 운영하는 방식을 택했다. 가장 큰 차이점은 백성을 위한 정치를 지향했다는 점이다. 표면적으로 드러내지는 않았지만, 무령왕은 동성왕과 달리 백성들이 건강해야 나라가 부강해진다는 것을 인식하고 이를 하나씩 실현한 것이다.

이와 관련하여 주목되는 것은 백제라는 나라 이름이다.《삼국사기》온조왕 대 기록을 보면 비류의 백성들이 온조에 합류하면서 "백성들이 즐거이 따랐다 하여 나라 이름을 백제라 했다"라고 했다. 백제의 '百' 자는 '백성 백' 자가 되고, '濟' 자는 '따를 제' 자로 해석하여 백성들이 즐거이 따른, 다시 말하면 백성들이 원하는 나라임을 천명한 것이다.

사실 온조왕 때 기록은 여러 면에서 문제점이 보이는데, 대표적인 예로 마한을 멸망시킨 것을 들 수 있다. 당시 백제가 마한을 멸망시켜 전 지역을 통치했다는 것은 상식적으로 믿기 어렵다. 이는 중국 기록인《삼국지》〈동이전〉에서 마한이 3세기 말까지 존속한 내용이 확인되며,

또 고고학적으로도 영산강 유역에서 마한의 유적이 확인된다는 것으로 뒷받침된다. 그렇다면 온조왕 때 기록은 어떻게 보아야 할까? 백제가 오랫동안 마한과 동시에 존재한 것으로 기술되면 백제로서는 자존심이 상하는 문제다. 따라서 학계에서는 백제에서 사서를 편찬할 때 시조인 온조왕 대에 마한을 멸망시킨 것으로 소급하여 정리한 것으로 보고 있다. 백제의 위상과도 직결되기 때문이다.

이와 비슷하게 나라 이름과 왕의 성姓도 백제의 정체성과 관련된 중요한 문제다. 《삼국사기》에 백제의 건국 시기인 온조왕 때 왕의 성을 '부여씨'라 했다는 기록이 보이지만 다른 기록에서 실제 확인되는 것은 근초고왕 때다. 《진서晉書》 간문제簡文帝 함안咸安 2년(372) 조에는 "백제 왕 여구를 진동 장군 영낙랑태수로 삼았다"는 기록이 있다. 근초고왕의 성과 이름인 '(부)여구'가 확인된 것이다. 이를 고려하면 '백성이 원하는 나라'라는 의미는 온조왕 대가 아닌 후대에 만들어진 것이 확실하다 하겠다.

나라 이름도 마찬가지다. 《삼국사기》에서는 신하 열 명의 보좌를 받아서 나라 이름을 '십제'라 했다는 백제 이전의 나라 이름도 확인된다. 십제에서 백제로 나라 이름이 바뀐 것이다. 이 역시 온조왕 때 바뀐 것으로 되어 있지만, 후대의 관점이 들어간 것을 고려해야 한다. 그런데 '백제百濟'라는 나라 이름 역시 근초고왕 때 역시 처음으로 확인된다. 이를 보면 백제라는 나라 이름은 백제의 전성기인 근초고왕 때 널리 알려졌음을 알 수 있다. 다만 나라 이름의 의미가 다를 가능성도 있다.

이와 관련하여 흥미로운 점은 백제라는 나라 이름이 달리 해석된다는 사실이다. 먼저 '百'은 많다는 의미로 해석된다. 다음으로 '濟'는

'거느릴 제' 자로도 해석된다. 이 두 글자를 합치면 많은 것, 즉 주변을 거느린 큰 나라라는 의미가 된다. 이는 새롭게 사방을 두른 큰 나라라는 '신라'의 의미와 상통한다. 신라의 국호는 지증왕 때 확정되었으니 국가의 전성기에 붙여진 이름일 것임은 분명하다. 따라서 백제의 전성기인 근초고왕 때 주변을 거느린 큰 나라라는 이름이 붙여졌다고 상정하는 것은 어렵지 않다. 백제의 나라 이름이 처음에는 주변을 거느린 큰 나라라는 의미로 사용되었음을 알 수 있다.

문제는 백성의 나라라는 이름이 언제 붙여졌을까이다. 여러 가능성이 있지만, 백성들을 위한 나라를 지향했고, 실제 이를 실천한 무령왕 때 나라의 이름을 새롭게 해석했다고 하면 지나친 말일까? 오늘날도 정권이 바뀌면 정권의 지향점과 정체성을 드러내기 위한 홍보가 이루어진다. 우리에게 익숙한 문민정부, 국민의정부, 참여정부 등은 그 정권의 지향점을 드러내기 위한 차별성의 극대화이다. 이처럼 무령왕 때도 백제라는 나라 이름의 의미를 강조하여 백성의 나라를 지향하는 차별성을 드러내지 않았을까?

강을 열고, 바닷길을 잇다

흔들리는 백제의 위상

| 연안 항로를 장악한 백제 |

나침반이 없다면 어떠했을까. 방위를 모르니 북쪽으로 가는지, 남쪽으로 가는지 알 수가 없다. 더구나 칠흑같이 어두운 밤에는 공포심도 증대될 것이다. 낮에는 해를 보고 방향을 짐작할 수 있지만 흐린 날과 밤에는 이마저도 소용없으니 도무지 알 수 없다.

백제 당시에는 주로 연안 항로를 통해 다른 나라와 교류를 했다. 육지가 표지가 되어 위로 쭉 올라가면 중국으로 갈 수 있다는 사실을 인지한 것이다. 물론 육지 부근에는 암초가 많으므로 일정 정도 거리를 두고 육지와 나란히 항해한다. 이를 연안 항로라 부른다.

백제는 한반도의 서남부 지역에 위치했기 때문에, 남해안의 가야, 동해안의 신라, 그리고 일본 열도에 있는 왜는 백제의 도움 내지는 허가 없이 중국과 교류할 수 없었다. 백제가 다른 나라보다도 일찍 중국의 선진 문물과 제도를 받아들인 것도 이러한 지리적 요인과 관련이 있다. 강국 고구려와의 싸움에서 승리하기 위해선 국력을 결집하고 효율적인 운영을 할 수 있는 체제 정비가 필요했는데 그 모델을 중국의 남조에서 찾았던 것이다.

가야의 배신인가, 활로 모색인가

백제는 한성 함락과 웅진 천도, 그리고 천도 이후 불안한 정치 상황 때문에 상당히 위축된 시기가 계속되었다. 그런데 479년 《남제서》에 의하면 가라 왕 하지가 중국 남제와 교류하여 보국장군輔國將軍 본국왕本國王 작위를 받은 것이 주목된다. 가라는 가야와 같은 말이며, 그때까지 가야가 중국과 직접 통교한 적이 한 번도 없었다는 점에서 예사롭지 않다. 이전까지의 교류는 백제가 중심에 있었고, 가야는 독자적으로 교류를 할 수 없었는데 백제가 쇠약해진 틈을 타서 가야가 기습적으로 중국과 통교한 것이다. 그렇다면 이는 가야의 백제에 대한 배신인가? 아니면 독자적인 활로를 모색하기 위한 시도인가 궁금하다.

가라 왕은 김해로 비정되는 금관가야, 함안으로 비정되는 아라가야, 고령으로 비정되는 대가야의 왕이라는 세 가지 설이 있으나 당시 세력 크기로 본다면 대가야의 왕으로 보는 게 타당할 것이다. 보국장군은 중국으로부터 받은 작위로 3품에 해당하여 백제 왕이 받은 2품 관작에 비해 높지 않다. 더욱이 개로왕 4년 곤지 등 백제의 신하들이 받은 영삭장군이나 관군장군보다도 낮다. 이는 처음으로 중국과 통교했기 때문이며, 가야에 대한 인식이 부족해서 통상적인 작위를 준 것으로 이해된다. 본국왕이라는 칭호가 붙여진 것도 '그들 나라의 왕'이라는 일반적인 의미로 해석하기도 하나 가야 여러 나라 중 대가야의 위상을 나타내는 용어라고 생각된다.

이 무렵 대가야가 남제와 통교한 것은 가야 지역의 대표적인 정치 세력체임을 과시하는 동시에 한반도의 유력한 국가의 하나로 국제적인 공인을 받으려는 시도로 볼 수 있다. 대가야가 중국으로 가는 길은 고령-거창-함양-남원-하동으로 이어지는 섬진강 루트를 이용했던 것으로 보인다. 따라서 479년 무렵에는 대가야가 섬진강 지역을 활용하고 있었던 것을 말해준다. 그러나 대가야는 단 한 번 남제에 사신을 보냈다. 이후에 사행使行을 하지 못했다면 대가야의 사행길이 막힌 것으로 보아야 한다. 물론 대가야의 사행이 백제의 도움으로 이루어졌다는 견해도 있지만 이 경우 사행이 1회에 그치고 있는 점을 설명할 수 없다.

그렇다면 대가야의 사행은 백제의 위기 상황을 틈 탄 대가야의 부상을 보여준 것으로 해석하는 것이 자연스럽다. 실제 고고학적 현상으로 보아도 대가야의 고령 양식 토기가 함양, 합천, 산청, 진주 등 소백산맥 일원에서 광범위하게 출현한다. 게다가 섬진강 유역인 전북 남원 지역에서도 고령 양식 토기가 출토되고 있다. 이를 정치적인 지배로 보는 것은 위험하지만 5세기 후반 대가야의 영향력이 이 지역까지 확장된 것으로 보아도 큰 무리가 없을 것으로 보인다. 이처럼 대가야의 사행은 여러 가야 세력의 중심 역할을 하면서 독자적인 활로를 모색한 자신감의 발로로 여겨진다. 백제의 처지에서는 배신이겠지만 이 틈을 탄 대가야의 흥기로 이해할 수 있는 것이다.

백제의 기지개, 가야와의 알력

| 배반의 싹을 자르다, 백제의 지배력 회복 |

웅진 천도 이후 백제는 한강 유역을 상실하여 영역이 축소되었다. 영역의 축소는 백성의 수가 줄어든 것으로 이어지며, 이는 곧바로 세수의 감소로 경제력 약화가 뒤따른다. 더불어 병력의 감소로도 연결되어 군사력의 약화로까지 이어진다. 이에 백제는 웅진 천도 이후 한강 유역을 대신할 금강 상류 지역과 영산강 유역 등에 대한 지배력을 강화한다.

이전에 이들 지역은 직접 통치한 곳이 아니라 토착 세력가를 통해 지배한 곳이었다. 일정한 공물과 부세를 받고, 유사시에는 군사로 동원하는 간접 지배였었다. 따라서 백제는 느슨한 형태의 지배에서 직접 지배로 전환하고자 하여, 토착 세력이 강한 지역에 대해서는 본격적인 경략에 나설 수밖에 없었다. 이러한 백제의 압박에 지방의 세력가들이 반발했을 것은 자명하다.

이와 관련하여 《일본서기》 겐조顯宗 3년 조에는 흥미로운 기사가 전한다. 동성왕 9년(487) "기생반숙녜紀生磐宿禰가 임나에 걸터앉아 고구려와 통교하고, 서쪽에서 삼한의 왕이 되려고 관부를 정비하며 스스로 신성神聖이라 칭했다. 임나의 좌로左魯와 나기타갑배那奇他甲背 등의 계책을 이용하여 백제의 적막이해適莫爾解를 이림爾林[이림은 고구려 땅이다]에서 죽였다. 또한, 대산성을 쌓아 동쪽 길을 막아 지켜 군량을 운반하는 나루를 차단하여 군대를 굶주리게 함으로써 괴롭혔다. 백제 왕이 크게 노하여 영군領軍 고이해와 내두內頭 막고해 등을 보내 무리를 거느리고 나아가 대산성을 공격하게 했다"라는 내용이다. 이러한 충돌이 하필이면 웅진 천도 이후 영산강 유역 등 지방에 대한 백제의 지배가 강화되고 있는 시점임을 고려하면 나기타갑배와 기생반숙녜의 행동은 백제의 압박과 관련이 있다는 것을 쉽게 짐작할 수 있다.

백제가 이들과 충돌한 이유는 지명과 참여 인물들의 성격을 통해서 짐작할 수 있다. 먼저 기생반숙녜는 '기씨紀氏'로, 백제계 도왜인 혹은 가야계 인물로 보인다. 그를 백제계 도왜인으로 보면, 백제를 배신한 인물이 되는데, 이는 정치적 상황에서 비롯된 것으로 보아야 하며 그가 주둔한 지역에 대한 무언가의 압박 때문으로 보는 것이 자연스럽다. 반면 가야계 인물로 보면, 나기타갑배가 임나, 즉 가야 세력이기 때문에 백제의 변방에 있던 가야 세력의 활동으로 볼 수도 있다. 즉 나기타갑배의 경우도 임나에 대한 백제의 압박과 관련이 있다는 사실이다. 따라서 이들은 백제의 압박에 대처하기 위해 서로의 이해관계가 일치하여 공동 행동을 취한 것으로 보인다.

또 백제와 충돌한 이림과 대산성의 위치도 중요하다. 이 문제는 이림이 고구려 땅이며, 이림과 대산성은 인접해 있다는 구절이 보여 해결의 실마리를 제공한다. 아울러 동쪽 길이라는 표현도 백제를 중심으로 놓고 본 기록이기 때문에 도읍에서 동쪽 길에 해당하는 지점을 찾아야 하며, 나루와 관련된 지역이라는 점도 시사점을 준다. 따라서 이림과 대산성은 백제와 고구려와 접경 지역이면서 임나와도 관련이 있는 지역에서 찾아야 한다. 특히 '나루를 차단했다'라는 표현을 고려하면 하천과 관련이 있는 지역이 되어야 한다. 그렇다면 금강 상류인 청주나 청원 혹은 대전이나 옥천 방면의 하천이 이에 해당함을 알 수 있다. 그래야 모든 조건을 다 충족할 수 있는 것이다.

그렇다면 기생반숙녜는 왜 이 지역에 주둔했고 반란을 일으켰을까. 이는 《일본서기》의 내용이 기씨의 활동상을 적은 것이기 때문에 왜 혹은 가야의 움직임과도 일정 정도 관련이 있을 듯하다. 이들은 한성 함락 당시에 동원된 구원군 또는 곤지와 동성왕의 귀국 때 동반한 백제계 도왜인으로 추정된다. 이들이 독립을 시도한 이유는 힘이 강해졌을 경우와 반대로 압박에 대한 저항으로 볼 수 있다. 그런데 동성왕은 재위 5년(483) 한산성에 대한 순무를 시발로 8년에는 궁 남쪽에서 크게 사열하여 본격적인 지방 경략에 나선다. 공교롭게도 다음 해에 이림에서 반란이 일어나는 것은 이와 같은 지방에 대한 압박과 관련이 있다고 보는 것이 자연스럽다.

| 섬진강 유역 진출의 발판 확보 |

이림 지역은 금산을 거쳐 진안–장수–남원으로 연결될 수 있다. 백제는 금강 상류에서 섬진강 유역의 교통로와 연결되는 이 지역을 장악함으로써 고구려에 대한 방어선을 확보하면서 남방 지역으로의 진출을 시도한 것으로 보인다. 금강과 섬진강 수계를 연결하는 백두대간을 방어하면서 국토를 횡단하여 남해안에 이르는 육로의 개척은 천도 이후에 현실적으로 매우 필요했을 것이다.

이림에서의 반란 사건이 임나와 관련이 있는 것으로 기록된 것은 무엇보다도 기씨 세력의 활동상에 관한 기술 때문으로 보이지만 이를 계기로 백제가 금강 상류와 섬진강 유역을 장악하는 과정을 알 수 있다. 기생반숙녜가 임나로 돌아왔다는 것은 반대로 임나에서 이림 지역으로 진출하는 교통로가 있었음을 말해주며, 따라서 백제는 금강 상류에 있는 기생반숙녜를 제압한 후 자연스럽게 임나에 대한 진출, 다시 말하면 섬진강 유역에 이르는 교통로를 확보할 수 있었다.

| 영산강 유역 지배 공고화 |

백제의 영산강 유역 지배와 관련하여 주목되는 것은 앞에서 살펴본 동성왕 12년(490) 중국에 승인을 요청한 왕·후이다. 이때 등장한 지명은 대체로 전라도 내륙과 서남해안 일원의 지역으로 영산강 유역에 해당한다. 그런데 이들 중 일부는 490년 이전에 전라도 일원에 왕·후가 파견되었기 때문에 이림 지역에서의 분쟁 시기와도 엇비슷하다. 따라서 동성왕은 백제의 동·남 방향으로 본격적인 경략에 나섰음이 확인된다. 물론 이림 기사에 보이듯이 기존 토착 세력들의 반발도 만만치 않아 제동이 걸린 것도 있었을 것이다.

그런데 동성왕은 재위 20년(498) 제주도로 비정되는 탐라가 공물과 조세를 바치지 않자 직접 정벌하려고 오늘날의 광주인 무진주에 이르렀다. 사실 웅진에서 탐라를 정벌하려면 금강 하구로 내려가는 배를 이용하여 해로로 정벌하는 것이 나을 것이다. 그런데도 굳이 육로로 무진주까지 이른 사실은 동성왕이 단순히 탐라의 정벌만 시도하려고 한 것이 아님을 보여준다. 공물을 바치지 않은 탐라를 정벌할 정도로 위엄을 과시하면서 영산강 유역의 토착 세력에 대해 강한 경고를 하고자 한 의도도 있는 것이다. 따라서 이 시점에 백제는 전라도 내륙과 서남해안 지역의 지배를 공고히 하고 있다는 것임을 보여준다.

지배를 강화하는 것은 무엇일까? 그것은 탐라가 공물과 조세를 바쳤다는 내용처럼 이들 지역도 비슷한 형태로 복속되었을 것이다. 동성왕 때에는 이러한 간접 지배 방식이 아닌 직접 지배를 하려고 시도를 한 것이다. 이를 통하여 백제는 무령왕 때 담로제, 성왕 때 방·군·성 체제로 정비되어 지방에 대한 지배를 확립시켜나갔다.

남방 정책, 섬진강 유역을 장악하다

섬진강은 진안군 백운면 데미샘에서 발원하여 전남 동부 지역과 서부 경남 지역을 연결해준다. 금강 또한 같은 권역인 장수군 장수읍 수분리 뜬봉샘에서 시작된다. 그런데 섬진강 중류에 해당하는 남원 지역에서는 백두대간을 넘어 남강의 수계와도 연결된다. 이처럼 섬진강 유역은 금강 유역에서 내려오는 백제의 진출로이자 가야·신라와의 접경 지역이었고, 왜와의 교역로로도 매우 중요한 지역이었다.

백제의 섬진강 유역 진출은 무령왕 대에 이르러 새로운 전기를 마련했다. 백제의 체제 정비가 이루어져 가야로의 진출과, 보다 안정적인 대왜對倭 교역로가 필요했기 때문이다. 이 시기에 백제의 섬진강 유역 확보가 이루어진 것은 이와 같은 상황에서 비롯되었다고 보인다. 이제 이를 살펴보기로 하자.

《일본서기》 게이타이 6년 조에 의하면 백제는 무령왕 12년(512) 임나 4현을 왜로부터 할양받았다 한다. 《일본서기》의 왜곡된 시각을 걷어내

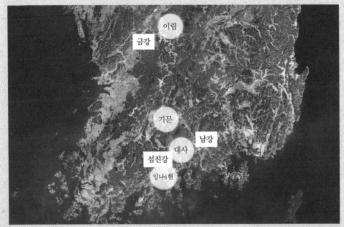

이림

금강

기문

남강

대사

섬진강

임나4현

• 백제의 섬진강 유역 진출 형세도

• • 하동 고소성에서 바라 본 섬진강

하동 악양면에 있는 고소성은 신라의 성곽으로 사적 제151호이다. 일부에서는 가야 혹은 백제에서 축조한 산성으로 보기도 한다. 고소성에서 바라본 섬진강은 그림에 보이는 것처럼 모래 백사장이 넓게 형성되어 있다. 섬진강 하구를 모래가 띠처럼 둘렀다 하여 대사강으로 부른 것도 이와 관련이 있는 것으로 보인다.

면 이 기사는 실제로는 백제가 4현을 취한 것을 말해준다고 보아도 무방하다. 그런데 임나 4현의 위치는 낙동강 중·하류 방면으로 보기도 하지만 일련의 기사가 섬진강 유역인 기문·대사와 밀접한 관련이 있으므로 이 권역에서 찾는 것이 무난할 듯하다. 임나 4현은 현재의 여수와 순천, 구례, 곡성 등 섬진강 하류 지역권으로 보는 것이 일반적인 학계의 통설이다. 따라서 무령왕은 동성왕 때 확보된 전라도 서남 지역을 넘어 섬진강 하류 지역으로 연결되는 지점까지 지배력을 강화했음을 알 수 있다.

흥미로운 사실은, 백제는 전남 남해안을 장악한 이후 본격적으로 섬진강 유역 영역화를 추진했다는 점이다. 당시 백제는 기문과 대사를 놓고 대가야인 반파와 다투고 있었다. 《일본서기》에는 왜가 백제에 할양한 것으로 되어 있으나 왜곡된 부분을 교정하면 백제가 이 무렵 기문과 대사를 확보했다고 보는 것이 온당하다.

그렇다면 기문과 대사는 어디일까. 먼저, 기문은 백제와 가야의 접경 지역이라는 점을 고려하면 역시 섬진강 유역으로 비정하는 것이 옳을 듯하다. 특히 기문은 반파가 매우 예민하게 반응했다는 것으로 보아 반파국의 팽창과 관련된 교통로의 요지에서 찾는 것이 자연스럽다. 이를 고려하면 역시 남원과 임실 지역이 유력한 후보지로 떠오른다. 이 경우 가야와 백제계 유적이 혼합된 남원의 아영면과 인월면 일대에서 백두대간을 넘어 섬진강 수계에 이르는 교통로가 주목된다.

대체로 고령의 대가야 세력이 우세할 때 이들은 거창–함양을 거쳐 남원 아영면 일대를 지나 운봉고원을 넘어 팽창했고, 반대로 백제는 임실 혹은 장수 방면에서 이 길을 따라 동진하여 가야 지역으로 진출을 시도한 것으로 보인다. 아영면 일대의 두락리 32호분에서는 백제계 금동 신발이 출토되었다. 이는 이 일대가 이 무렵 백제의 영향력 아래에 놓였었다는 물적 증거이며, 따라서 기문은 섬진강 유역원인 현재의 남원 시내 일대가 가장 유력하다 하겠다.

다음으로 대사는 대부분 연구자가 섬진강 하류인 하동으로 보고 있다. 내륙으로 깊숙이 들어간 대가야로서도 항구의 확보가 중요했을 것이다. 백제 역시 섬진강 중류인 남원을 따라 하류인 하동에까지 이르러 남해안에 안정적인 항구를 확보하는 것이 매우 중요했다. 이처럼 대사를 둘러싼 치열한 다툼 끝에 백제는 성왕 7년(529) 무렵 서부 경남 지역에 대한 교두보이면서 대왜 항구인 대사를 확보하여 대가야를 압박했던 것으로 보인다.

| 기문과 대사 확보의 의미 |
《일본서기》 게이타이 23년(529) 3월 조에 의하면 백제는 교역로 확보 과정과 관련하여 다사진(대사)이 필요한 이유로 항해 중 섬의 굴곡에 따른 위험을 들고 있다. 이는 이전까지 백제가 남해안의 도서 연안을 도는 바닷길을 이용했음을 말해준다. 이를 고려하면 백제는 전남 지역의 서남해안을 먼저 확보한 다음 경남 서해안으로 이를 수 있는 임나 4현을 확보하고, 동시에 안전한 바닷길을 확보하기 위해 육로에서 섬진강을 타고 내려오는 기문과 대사 지역을 확보하는 과정을 거쳤을 것으로 보인다.

다음으로 섬진강 중류에 해당하는 기문을 먼저 장악하고 하류의 대사를 장악한 것은 백제가 섬진강 유역의 육로를 따라 점차 남하했다는

남원 두락리 출토 금동 신발 파편

남원 두락리 32호분에서 출토된 금동 신발 파편이다. 주 석곽의 무덤칸에서 출토된 금동 신발은 타출 기법을 이용한 원점문을 연속적으로 시문하여 능형문을 띠고 있다. 이러한 기법은 익산 입점리 1호분 및 나주 신촌리 9호분과 유사하다. 피장자는 5세기 말이나 6세기 초에 운봉고원에서 활동한 토착 세력가로 추정된다 (출처: 국립전주박물관).

남원 척문리 출토 은화 관식

은화 관식은 남원시 이백면 척동마을에 위치한 척문리산성 부근 백제 굴식돌방무덤에서 출토되었다. 현재 전북대학교 박물관 3층 전시관에 진열되어 있다. 넓은 줄기와 윗부분이 좌우로 대칭을 이루며 꽃 모양을 하고 있고, 그 끝은 보주 형태로 마감했다. 은화 관식은 형태에 따라 위계를 구분하며, 지방관의 표지로도 본다.

사실을 뜻한다. 이는 동시에 대가야 세력이 섬진강을 통한 교역로를 상실하면서 최후에는 대왜 교역로의 중심 항구인 대사 지역마저 상실했음을 의미한다. 이 때문에 대가야는 기문에 대한 회복을 기도했고, 대사에서 완강히 저항했다. 이러한 과정을 거쳐 백제는 호남 동남 지역의 장악에 이어 섬진강 하류의 대사 지역을 장악하면서 섬진강 유역에 대한 육로 확보를 완결했던 것이다.

이 무렵부터 백제는 섬진강 유역의 토착 세력을 제어하며 직접 통치로 들어간 것으로 보인다. 백제와 가야의 접경인 남원 지역의 건지리와 두락리, 초촌리 등에서는 5세기 후반부터 백제계 유적이 나온다. 특히 초촌리 지역에는 200여 기의 백제 석실분이 밀집되어 섬진강 중류 지역의 중심지로 주목받고 있음을 보여준다.

같은 세력권인 척문리에서는 백제 귀족이 패용했던 은제 화형 관식이 출토되어 백제와의 관련성이 입증된다. 6세기 초반 무렵으로 추정되는 은화 관식의 출토는 백제의 6품 이상이 착용할 수 있는 것으로 지방 통치와 밀접한 관련이 있으며, 이 피장자가 백제의 관제 속에 편입된 인물임을 확인해준다. 따라서 백제는 섬진강 유역 중류 지역인 남원을 장악하여 백두대간을 넘어 남강 수계로 이어지는 가야에 진출할 수 있는 기반을 마련했다는 것을 알 수 있다.

이러한 사실은 무령왕 때의 정치적 상황에서도 드러난다. 앞서 살펴본 것처럼 무령왕 9년(509)에 임나 지역으로 도망가서 호적이 끊긴 지 3~4세대가 지난 자를 찾아내어 호적에 올리도록 한 것이다. 백제가 이 무렵 도망간 백제의 백성들을 찾아내어 호적에 편입시키는 것은 바로 이 지역의 인구를 파악하여 직접 통치를 하고자 하는 분명한 증거이다.

과거 임나 지역에서 백제에 편입된 곳은 남원 등 섬진강 유역과 전남 동남해안 지역이 상정되기 때문에 이는 백제의 진출과 관련된 행위이다. 무엇보다도《일본서기》긴메이 4년 조에 보이는 임나의 하한下韓에 있는 백제의 군령과 성주는 백제가 섬진강 유역으로 진출하여 군사를 주둔시켜 직접 통치를 했다는 가장 확실한 증거가 된다.

| 남방 정책의 완결판, 백제의 섬진강 유역 지배 |

무령왕이 대고구려 선제 공격 등 한강 유역을 회복하기 위해 심혈을 기울인 것은 정권의 탄생과도 관련되며 정체성의 유지에도 필요했기 때문이다. 그런데 고구려는 녹록지 않은 나라였다. 백제가 체제를 정비하여 전력을 강화했지만 고구려를 능가하기엔 역부족이었다. 북진하려는 북방 정책이 국가의 주요 과제임에도 불구하고 현실에서는 많은 제약이 따른 것이다.

이에 무령왕은 불안한 북방으로의 진출 못지않게 조용히 내실을 기하는 남방 정책을 수립하였는데, 섬진강 유역으로의 진출은 이 정책의 일환이다. 먼저 금강 상류를 장악하여 고구려와 신라 그리고 가야에 이르는 교통로를 통제했다. 이어 섬진강 중류인 기문을 장악하고, 하류인 대사를 단계적으로 장악하면서 남방 정책을 완결했다. 그 완결은 남해안의 교역항 확보이며, 해로뿐만 아니라 육로로도 연결되는 영역화의 일환이었다. 이는 단기간에 이루어진 것이 아니라 근초고왕 때의 거점 확보, 동성왕 때의 영역화 시도 과정을 거쳐 무령왕 때 최종적으로 직접 지배에 이른 것을 보여준다. 이를 통하여 무령왕은 실질적으로 북방 정책을 뒷받침해줄 수 있는 물적·인적 자원을 확보하고, 든든한 지원 세력인 왜와도 안정적으로 교류할 수 있는 기반을 마련했던 것이다.

동아시아 교역로를 주관하다

무령왕은 섬진강 유역을 장악함으로써 왜와의 상시적인 통교가 가능하게 했고, 중국의 양나라와도 빈번하게 교류했다. 이는 백제가 중국-한반도-일본 열도로 이어지는 동아시아 교역로를 활발하게 이용했음을 말해준다. 그렇다면 무령왕 대에 활용된 동아시아 교역로가 어떠한 의미를 가졌는지 알아보기로 하자.

| 낙랑에 의해 구축된 동아시아 교역로 |

고조선은 기원전 108년 중국의 한漢에 의해 멸망했다. 한무제는 고조선이 흉노와 연계될 것을 염려하여 기회를 노리고 있었다. 강대한 흉노는 무제의 근심거리였는데 연왕燕王 노관이 흉노로 망명하자 연에서 관리를 지낸 위만이 세운 고조선과도 통할 수 있었기 때문이었다. 이때 마침 한반도 남쪽의 여러 나라가 중국과 직접 통교하려 하였으나 고조선의 방해 때문에 어렵다는 호소를 하게 된다. 고조선은 중계무역을 통하여 이득을 얻는 동시에 남쪽의 나라들을 휘하에 두려고 했기 때문이었다.

이러한 상황은 구실을 찾던 한에게는 절호의 기회였다. 고조선을 압박하여 이들과의 교류를 방해하지 못하도록 압박했다. 그리고 두 나라의 조정 과정에서 한의 사신이 피살되자 이를 구실로 침공하기에 이른 것이다. 두 나라의 전쟁은 일종의 정치와 경제가 결합한 양상이었다. 고조선의 붕괴는 이제 중국 제국의 팽창에 따라 한반도가 더는 안전할 수 없는 상황에 이르렀음을 보여준다.

한은 고조선을 멸망시킨 후 도읍인 평양에 낙랑군을 설치했다. 낙랑 태수가 중국 황제를 대신하여 큰 문제 없이 한반도를 지배할 수 있었다. 토착 세력가들이 앞 다투어 평양에 이르러 조공했고, 태수는 이들에게 인장과 의복, 두건을 주어서 이들의 지배를 인정해주었다. 중국 기록인 《삼국지》〈동이전〉 한 조에 의하면 이때 이것을 받은 인원이 천여 명에 이른다니 가히 대단한 규모였음을 알 수 있고, 이것은 실제로는 한에 대한 충성을 유도하는 분열 정책이었다. 반면에 낙랑의 상인들은 한 제국에 필요한 소금과 철 등을 교역하기 위해 한반도 서남해안을 거쳐 일본 열도에 이르렀다. 이러한 과정을 거쳐 자연스럽게 중국-한반도-일본 열도를 잇는 동아시아 교역로가 만들어지게 된 것이다.

| 근초고왕, 동아시아 교역로 재개 |

한반도에서 정치적 발전이 이루어지자 상황이 변했다. 한반도의 여러 세력이 성장하면서 이들은 더는 중국의 위세를 이용하지 않았다. 오히려 낙랑에서 자기들 지역으로 되돌아가는 현상이 속출했고, 이에 중국은 대방군을 설치하여 한반도를 정치적으로 지배하려 하였으나 이미 때는 늦었다.

결정적인 것은 고구려의 흥기로 서안평이 점령됨으로써 중국으로 가는 육로가 막힌 것이다. 낙랑이 고립되자 그 치소를 중국 대륙으로 옮김으로써 한반도에서 낙랑의 존재가 사라진 것이다. 당연히 정치와 불가분의 관계를 맺은 낙랑 상인들도 자유롭게 활동할 수가 없었다. 그 결과 동아시아 교역로는 쇠퇴하게 되었고, 철의 교역으로 번성했던 가야 나라들의 쇠퇴는 필연적이었다. 이제 교류는 먼 옛날의 추억이 되어버린 것이다.

백제의 정복군주로 잘 알려진 근초고왕의 등장은 사실 동아시아 교역을 둘러싼 산물이다. 한반도의 주도권을 장악하기 위한 고구려와의 싸움을 앞두고 근초고왕은 366년에 신라·가야와 우호 관계를 수립했고, 369년에는 후방인 마한을 복속시켰다. 그뿐만 아니라 366년에 일본 열도의 왜 세력과도 처음 통교하여 고구려의 남하에 대비하고자 했다. 근초고왕이 371년 평양성 전투에서 승리를 거둔 것은 바로 이러한 주도면밀한 대비가 있었기 때문이다.

백제는 주변 세력들과 통교하면서 자연스럽게 동아시아 교역로를 재건했다. 그리고 고구려를 격파하여 그 위명을 떨치고, 372년에는 양자강 이남에 있는 중국의 동진과도 처음으로 통교했다. 이는 백제가 고도의 항해술로 해상 교역로를 활용할 수 있었기에 가능했던 것이다. 이처럼 백제는 근초고왕 때 낙랑이 개척한 동아시아 교역로를 재건하여 고구려에 대적할 수 있는 유력한 나라로 부상했다.

| 무령왕의 동아시아 교역로 주관 |

《일본서기》 진구神功 섭정 49년(보정연대: 369년) 조에 의하면 백제 근초고왕은 저항하는 남만南蠻 침미다례를 도륙하고 가야에 이르는 길을 확보했다. 침미다례는 대체로 해남과 강진 등으로 비정된다. 흥미로운 점은 백제가 적개심을 보였다는 사실이다. 침미다례를 남쪽 오랑캐라고

부르고 있으며, 깨뜨리거나 복속이 아닌 무참하게 죽였다는 '도륙'이라는 표현을 쓰고 있는 것이 그 증거다.

이것은 침미다례가 교역로를 확보하려는 백제에 완강히 저항했음을 말해주고 있다. 따라서 백제가 힘이 강할 때는 교역을 주관할 수 있지만, 그 반대의 경우에는 언제든지 반발이 일어날 수 있었다는 것이다.

이처럼 백제는 근초고왕 때 마한을 정벌하고 가야 지역에 진출하여 드디어 왜와의 교섭로를 확보했다. 다만 이때는 탁순국 등 가야 세력의 협조를 얻어 일본 열도로 갈 수 있었고, 남해안의 교역로도 직접 지배라기보다는 거점 지배 방식으로 보인다. 웅진 천도 이후 동성왕 때 영산강 유역에 왕·후를 파견하여 직접 지배를 시도한 것이 이를 말해준다. 물론 백제가 확보한 남해안 거점도 점진적으로 백제의 영역화 과정을 거치며 직접 지배 지역에 편입되었을 것으로 보인다.

이러한 과정을 보여주는 것이 고흥 안동 고분이다. 이 유적은 고흥반도를 장악할 수 있는 위치에 있으므로 해상 세력과 관련된 것임은 분명하다. 그 시기는 5세기 중반에서 후반으로 추정되며 웅진 천도를 전후한 시기에 백제의 남해안 거점 활용과 관련된 유적임을 알 수 있다. 이 유적에서는 삼각판 단갑 등 왜계 유물과 백제에서 하사한 것으로 보이는 금동관과 금동 신발이 출토되었다. 유물을 볼 때 이 유적의 피장자는 상당한 세력가임을 짐작할 수 있다.

안동 고분의 피장자에 대해서는 토착세력설과 왜인설로 크게 구별된다. 묘제와 출토된 무기류에서 왜계 요소가 두드러지며, 단독으로 조영되었다는 점에서 장기간에 걸쳐 형성된 토착 세력가가 아닌 왜계 인물과 관련된 것으로 볼 수 있는 여지는 있다. 하지만 피장자를 왜계 인물

고흥 안동 고분

고흥 안동 고분은 직경 약 34미터, 높이 약 6미터 규모의 원형 고분이다. 무덤은
석곽으로 길이 320센티미터, 너비 150~130센티미터, 깊이 130센티미터 규모의
사다리꼴 형태이다. 이 고분에서는 최상의 위세품인 금동관과 금동 신발이 출토되
어 피장자의 위상이 대단했음을 알 수 있다. 금동관은 반구형 장식이 달린 것으로
문양은 투조문이다. 전체적인 형태는 익산 입점리 출토 금동관과 유사하다. 금동
신발은 바닥이 T자형 투조문으로 원주 법천리 출토 금동 신발과 유사하다.

로 볼 경우에도 일시적인 정주라면 몰라도 교역을 위해 형성된 세력으로 볼 수는 없을 듯하다. 교역을 주도했다면 장기간에 걸쳐 형성된 세력으로 보는 것이 자연스럽기 때문이다.

이러한 면을 고려하면 피장자를 토착 세력가로 보는 것이 무난하다. 분명한 것은 고흥반도가 남해안 항로의 요충지라는 점, 따라서 이 지역을 무대로 한 토착 세력가 혹은 해양 세력이 존재했을 가능성이 충분하다는 점이다. 이 때문에 백제 중앙의 위세품을 받을 수 있는 고흥 안동 고분 피장자와 같은 인물이 나올 수 있는 것이다. 이러한 면에서 백제는 5세기 중후반 무렵 고흥반도를 무대로 한 세력을 복속시켜 단순한 거점의 확보에서 더 진일보했음을 알 수 있다.

5세기 이후 남해안 일대에 외도와 신안 배널리 고분 등 왜계 고분이 등장하고, 왜계 고분은 아니더라도 토착 세력가의 무덤에서 많은 왜계 유물이 출토되는 것도 점차 교역이 활발해지고 있음을 짐작케 해준다. 그 교역의 중심은 일본 열도와 백제였고, 매개 역할을 한 세력은 토착 세력가 내지는 왜계 인물이라는 점을 말해주는 것이다. 이를 통해 동아시아 교역로가 점진적으로 구축되었고, 점차 활발한 교류가 이루어지고 있음을 확인할 수 있다.

무령왕은 실리적인 남방 정책을 추구하여 지배 영역을 확대할 수 있었다. 이러한 사실 못지않게 더 중요한 의미는 다름 아닌 안정적인 교류가 가능한 기반을 마련했다는 점이다. 백제의 대사 확보와 관련된 《일본서기》 게이타이 23년 조에는 사신이 섬의 해안과 맞닿은 굴곡을 피하느라 매번 풍파에 시달리며, 이 때문에 물품이 물에 젖거나 훼손되는 것을 하소연하는 내용이 기록되어 있다. 이는 서남해안의 리아스식

해안과 암초 때문에 선박의 항해가 어려웠던 상황을 대변해준다.

이러한 상황에서 백제가 섬진강 중류인 기문과 하류인 대사를 확보한 것은 왜와의 교류에 큰 도움이 되었다. 금강 상류를 통해 섬진강에 이르고, 동시에 왜와의 교역항인 하류의 대사로 가는 길을 안정적으로 확보할 수 있었던 것이다. 물론 강과 육로의 접속은 바닷길의 배처럼 많은 물량을 싣지는 못했겠지만, 위험한 바닷길과는 비교가 되지 않을 정도로 안정적인 교역로였음은 분명하다.

무령왕 13년(513)에 오경박사 단양이가 왜로 파견되고, 516년에는 한고안무와 교체되는 등 3년 주기의 빈번한 교류는 이를 분명하게 보여준다. 아마 인적 교류 등 물품 선적이 필요하지 않은 때는 섬진강을 통한 교역로를 이용했던 것으로 여겨진다. 선진 문물의 정수인 유학이 중국에서 백제를 통해 왜로 전파되고 있는 모습을 확인할 수 있다.

이처럼 무령왕은 동아시아 교류를 주관함으로써 왜를 확실하게 백제 편에 서게 했다. 선진 문물과 제도를 전수해주는 대신에 왜의 물자와 군사를 지원받음으로써 고구려의 압박에 대처할 수 있게 된 것이다. 왜가 오로지 친백제 노선을 견지한 것은 고대 집권 국가 확립에 필요한 불교와 유교, 문자, 율령 등 이른바 동아시아 공유 문화라고 하는 선진 문물과 제도가 백제에 있었기 때문이다. 왜는 백제를 통해 율령 국가로 나갈 수 있는 토대를 만들 수 있었다. 무령왕의 아들인 성왕 때 동아시아 교역이 매우 활발하게 이루어진 것도 바로 무령왕이 주관한 교역 덕분이라고 해도 과언이 아니다.

갱위강국 선포

무령왕 정권의 지향점

무령왕의 즉위 초에 백가의 반란이 일어났다. 그런데 백가의 반란을 진압한 사람이 한성의 북부 지역에 기반을 두었던 남래귀족 출신인 해명이라는 점이 주목된다. 먼저, 백가의 제거는 무령왕 정권의 성격과 관련하여 갖는 의미가 크다. 만약 백가가 무령왕 정권에서 주요 세력으로 자리 잡았다면 현재 상황을 변화시키려 하지 않았을 것이다. 즉 적극적인 북방 정책으로 구 도읍이었던 한성 지역이 수복된다면 웅진을 기반으로 한 백가는 중앙 정계에서도 그 기반이 약화할 가능성이 크기 때문이다. 따라서 백가와 남래귀족 및 왕족은 동성왕의 측근 정치에 대한 불만에서 연합했을 뿐 본질에서는 그 기반이 다른 이질적인 집단이었다.

다음으로, 무령왕이 집권하자마자 백가를 제거한 것은 무령왕 정권이 한성 지역에 기반을 둔 남래귀족과 왕족들 중심의 체제를 분명히 했다는 점을 의미한다. 해명이 반란을 진압한 것이 이를 확인시켜준다. 한성 지역에 기반을 가진 이들이 한성 지역의 회복에 강한 집념을 보인 것은 당연하다고 생각된다.

《삼국사기》무령왕 즉위 조에 의하면 무령왕이 백가의 반란을 진압하고 실제로 처음 행한 것은 고구려에 대한 공격이었다. 군사를 이끌고 출병한 장수도 왕족인 우영이었다. 왕족 역시 남래귀족처럼 무령왕 초기 정권의 든든한 버팀목이 되고 있었던 것이다. 무령왕이 처음으로 행한 정책이라는 점에서 고구려에 대한 선제 공격은 대단히 상징적인 사건이다. 정권의 지향점과 의지를 보여주기 때문이다.

동성왕도 집권 초기에는 처음으로 한성을 순무하여 한성 지역에 관심을 두었지만, 집권 후반기에는 남방인 사비에 관심을 가졌다. 이러한 행동에 의구심을 품은 남래귀족과 왕족들이 중심이 되어 동성왕은 제거되었다. 따라서 무령왕이 집권하자마자 고구려를 공격한 것은 자신을 지지한 세력들에 대한 확실한 보답이며, 또 이들을 결집하려는 목적도 있었던 것이다.

숙원인 고구려를 격파하다

무령왕이 즉위 후 처음으로 공격한 곳은 고구려의 수곡성이었다. 수곡성은 황해도 신계군 지역으로 비정되며, 백제의 전성기인 근초고왕 때 전투가 벌어진 장소였다. 백제가 한성이 함락된 후 웅진으로 천도를 단행했고, 한강 유역을 상실했다는 통설에 비추어 보면 의외이다. 백제의 땅이 아닌 곳에 대한 공격이었지만 고구려의 지배가 면적 지배가 아닌 거점 지배 방식이어서 실제 통치를 하지 않았다는 점을 고려하면 불가능한 일도 아니다.

그런데 무령왕 3년(503)에 고구려의 부용 세력인 말갈과 전투를 잇달아 벌인 마수책과 고목성도 오늘날의 경기도 포천과 연천으로 비정되고 있다. 문제는 이들 지역을 백제가 영유하고 있었고, 말갈이 공격했다는 사실이다. 수곡성처럼 일시적인 공격이 아니라는 점에서 당시 백제의 영역과 고구려와의 전선을 살펴볼 필요가 있다.

이에 대한 시사점을 주는 것은 무령왕 7년(507)에 고구려가 말갈과 더불어 한성을 공격하고자 횡악 아래에 진군하여 진을 치자 무령왕이 군사를 내어 이들을 물리쳤다는 기록이다. 횡악은 한강 북쪽에 있는 북한산을 말하며, 이는 한성을 공격하는 상황에 비추어보면 거의 분명한 상황 묘사이다. 이를 고려하면 이후에도 무령왕 때 계속 보이는 한강 이북의 지명을 그냥 무시할 수 없다.

그래서 이를 그대로 신뢰하여 무령왕 때 한강 유역을 회복했다고 보는 연구자도 있다. 반면에 지명 이동설에 근거하여 웅진 시기에 보이는 한성 시기의 지명은 웅진 천도 이후 한성 지역의 지명이 옮겨진 것으로 보는 견해도 있다. 한성이 함락되자 한강 이북에 기반을 둔 귀족들이 자기 기반인 주민들과 함께 이동하여 정착하면서 자신들의 과거 생활 기반과 비슷한 지형에 그 이름을 붙였다고 보는 것이다. 이 입장은 결국 무령왕 대 한강 유역 회복을 부정하는 것이라 할 수 있다. 최근 발굴된 몽촌토성에서도 한동안 거주했던 고구려 유적이 보이기 때문에 이런 견해는 나름 설득력이 있다.

그러나 무령왕 7년의 상황이 너무 구체적이고, 무령왕이 재위 23년 한성으로 행차한 점을 무시할 수는 없다. 또 성왕 7년(529) 고구려군이 강화도로 추정되는 혈성을 함락시키고, 황해도 서흥군으로 비정되는 오곡의 벌판에서 3만의 백제군이 패하여 한강 유역 일대가 상실된 상황을 고려하면 무령왕 때 한강 유역 일대에서 전선이 형성되었다고 보는 것은 어느 정도 신뢰할 만하다. 성왕이 즉위하자마자 고구려 군사가 임진강 혹은 예성강으로 추정되는 패수에 이르렀고, 백제가 이를 물리친 것을 보면 이 무렵 한강을 일시 회복했다는 점을 보여준다.

무령왕 때 갑자기 한강 이북 지명이 대거 등장하는데 이것이 모두 지명 이동의 결과라고 보는 것도 어색하다. 더욱이 무령왕 정권이 탄생하면서 한강 유역 회복에 대한 의지를 보이는 점, 무령왕이 개로왕의 아들이라고 하여 한성 계승의식을 보이는 점에서 한강 유역을 그대로 내버려두고 섬진강 유역으로 진출하는 것은 정권의 지향점과도 맞지 않는다. 그리고 한강 유역에 진출하고, 회복하며, 상실하는 일련의 과정도 사료상으로 일치한다. 따라서 지배력의 확보와는 별도로 고구려와 형성된 전선은 한강 일대로 보는 것이 온당할 듯하다.

| 고구려 격파의 의도와 의미 |

무령왕은 한성 지역에 기반을 둔 남래귀족과 왕족들의 염원에 따라 적극적으로 동·북 지역의 영토 회복에 나섰다. 특히 집권 초기에 고구려

와 계속 전쟁을 벌인 것은 동성왕 정권과의 차별성을 분명하게 드러내는 것이다. 동성왕 때 백제와 군사적 협력 관계를 유지했던 신라가 이 시기에는 백제와 고구려의 전투에 거의 관여하지 않았다. 동성왕 때 군사적 협력 관계를 유지하면서 고구려의 공격을 막아낸 상황과는 완전히 다른 것이다.

신라가 백제와 협력 관계를 유지한 것은 두 나라가 연합해야만 고구려의 공세를 막을 수 있다는 위기의식이 작용한 듯하다. 그러나 백제가 고구려와 대등하게 싸울 정도로 국력을 회복하자 신라는 두 나라가 전쟁을 하는 틈을 이용하여 내정에 전념하거나 이득을 취할 수 있는 방향으로 정책을 전환한 것이다. 이제 한반도의 각축은 다시 백제와 고구려의 주도권 싸움으로 전환된 것이다. 성왕 때에 이르러 비로소 백제 왕실의 염원인 한강 유역을 수복한 것도 바로 무령왕 때에 이루어진 적극적인 대고구려 정책에서 기인했음은 두말할 필요가 없다.

그렇다면 이러한 대고구려 정책이 가지는 의미는 무엇일까. 이에 대해 잦은 고구려와의 전쟁으로 불만이 있는 귀족 세력들을 결집하여 왕권 강화를 추진한 것으로 보는 견해가 있다. 물론 이러한 전쟁은 대내적인 결속을 다지는 계기가 되었을 것이다. 그런데 하필이면 무령왕이 즉위하자마자 고구려와 지속적인 전쟁을 한 것은 어떻게 설명할 수 있을까. 이는 무령왕 정권이 한성에 기반을 둔 남래귀족과 왕족들의 지지로 이루어졌기 때문으로 보인다. 이들은 동성왕의 사비 정책에 불만을 품고 있었으며, 한강 유역을 수복하는 것이 바로 자신들의 기반을 회복한다고 생각했기 때문에 적극적인 대고구려 정책을 지지했을 것으로 생각된다.

또한, 무령왕의 대고구려 정책은 동성왕과 일정한 차별성을 두어 정권의 지지와 정통성을 확보하는 수단이 되었을 것이다. 다시 말해 이러한 전쟁을 수행하면서 대내적인 결속과 대외적인 과시란 부수적인 효과를 거뒀던 것으로 보인다. 따라서 무령왕 초기에 이루어진 적극적인 대고구려 정책은 이러한 맥락에서 이해해야 할 것이다.

《양직공도》에 보이는 백제의 위상

무령왕이 고구려를 격파하며 다시 한반도의 강자로 등장한 모습은 당시 중국 양나라 때 제작된 사신도 화첩에 잘 나타나 있다. 《양직공도梁職貢圖》를 통하여 백제의 위상을 다시 평가해보기로 하자.

| 《양직공도》의 백제 사신과 왜 사신 |

《양직공도》는 중국 양나라에 조공한 여러 나라의 사신 모습과 해당 나라에 대한 간단한 설명이 붙어 있는 화첩이다. 저자는 양나라 무제武帝의 아들인 소역蕭繹으로 후에 양 원제元帝가 된 인물이다. 그 내용은 양 무제 재위 시기이며 백제가 양과 교류한 시기에 얻게 된 정보일 것이다.

그런데 《양직공도》에는 보통普通 2년까지의 기록이 마지막으로 나온다. 이는 《양직공도》 백제전 내용의 하한이 보통 2년이라는 것을 말해 준다. 보통 2년은 무령왕 21년(521)에 해당하며, 따라서 무령왕 21년까지의 내용이 《양직공도》에 담겨 있음을 확인할 수 있다. 물론 백제와 양과의 교류는 512년에 확인된다. 또한, 송산리 6호분 '임진壬辰'이라는 간지명 벽돌과 "양나라 관리 와(혹은 선)를 스승으로 삼았다梁官瓦[宣以]爲師矣"라는 명문이 새겨진 벽돌이 출토되어 양나라 기술자의 도움으로 만들어진 것도 알 수 있으므로 512년 양과의 교류가 있었고, 그 이전의 내용도 포함되었음은 당연하다 하겠다. 실제 《양직공도》에는 우리가 잘 알고 있는 백제 지방통치제도인 22담로가 나온다. 그런데 이때 도읍으로 고마, 즉 웅진이 나오기 때문에 웅진 시기에 채록된 내용이라는 점도 확인되고 있다.

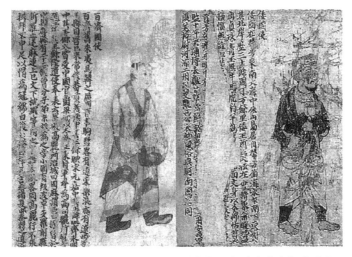

《양직공도》 백제 사신과 왜 사신도

그림의 《양직공도》는 복송北宋 희녕熙寧 10년(1077) 모사한 것으로 25×198센티미터 규모의 화첩이다. 12개국의 사신도와 13국의 제기題記가 새겨져 있다. 모본이지만 원본을 비교적 충실하게 따른 것으로 평가되며, 《양서》의 저본이 되었다. 24개국의 사신도가 있는 당염립본왕희도唐閻立本王會圖와 33개국 사신도가 있는 남당고덕겸모양원제번객입조도南唐顧德謙摹梁元帝蕃客入朝圖가 또한 대만고궁박물관에서 발견되었다.

흥미로운 사실은《양직공도》에는 당시 백제 사신의 모습이 그려졌다는 점이다. 누가 보아도 매우 세련되었으며, 문화적으로 매우 성숙한 나라였음을 엿볼 수 있다. 특히 복장을 잘 갖추어 중국화된 백제의 모습이 잘 나타나 있다. 반면에 왜국 사신의 모습은 공식적인 사절이라고 보기에 민망하며, 왜국 특유의 전통적인 모습을 하고 있다. 이 한 장의 그림이 백제와 왜국의 문화적 격차를 말해주고 있으며, 임나일본부설이 얼마나 허구인지를 여실하게 보여준다.

또한《양직공도》〈백제전〉의 내용은《양서》의 내용과 거의 일치하고 있다. 이를 통해서《양직공도》화첩에 기록된 내용이《양서》의 기본 사료가 되었음을 알 수 있다. 사실《양서》는 당나라 초기에 편찬되었기 때문에 그 당시의 사서라 할 수 없고, 후대의 관점에서 정리되었기 때

《양직공도》의 백제 관련 내용

보통 2년 그 왕 여륭이 사신을 보내 표문을 올려 (다음과 같이) 말했다. 수차례 고구려를 깨뜨렸다. 도성을 고마라 부르고, 읍을 말하길 담로라 하니 중국의 군현과 같으며, 22담로가 있어 자제와 종족을 나누어 그곳에 있게(다스리게) 했다. 주변의 소국으로는 반파, 탁, 다라, 전라, 사라, 지미, 마련, 상기문, 하침라 등이 있고, 백제에 부용했다.

普通二年 其王餘隆遣使奉表云 累破高麗 所治城曰固麻 謂邑曰檐魯 於(如)中國郡縣 有二十二檐魯分子弟宗族爲之 旁小國有叛波卓羅多羅前羅斯羅止迷麻連上己文下枕羅等附之(《梁職貢圖》〈百濟條〉)

문에 신중한 접근이 필요하다. 반면 당대의 기록인 《양직공도》의 존재는 일차 사료이기 때문에 그 가치가 매우 높다고 할 수 있다.

| 백제가 거느린 9소국 |

《양직공도》에는 백제 지방 통치제도인 22담로에 이어 바로 '방소국傍小國'이라 하여 주변의 소국을 열거하고 있다. 지방과는 다른 결이지만 주변의 소국을 거느렸다는 표현을 하여 백제가 대국, 즉 큰 나라임을 과시하고 있다. 문제는 주변 소국의 실체가 간단치 않다는 점이다. 열거된 9국은 고령 대가야로 비정되는 반파국, 창원으로 비정되는 탁국, 합천으로 비정되는 다라국, 함안으로 비정되는 전라국 등 가야의 여러 나라를 포함하고 있다. 백제는 가야의 주요한 나라들을 거느린 대국이 된 것이다.

가장 큰 문제는 '사라'라는 나라 이름이다. 사라는 신라의 다른 이름이기 때문에 신라로 볼 수밖에 없다. 신라를 백제가 주변에 거느린 소국으로 말한 것은 분명 역사적 사실과 맞지 않는다. 그러면 이를 어떻게 이해해야 할까? 이를 해결해줄 수 있는 흥미로운 기사가 《양서》 〈신라전〉에 전한다. 이에 의하면 신라는 소국으로 독자적으로 사신을 파견할 수 없었고, 521년 백제를 따라와 토산품을 바쳤다고 한다. 《양직공도》 백제전의 내용과 접목될 수 있는, 스스로 소국이라고 한 점, 백제 사신을 따라온 점이 주목되는 것이다.

신라가 이처럼 스스로 소국이라고 한 것은 겸양일까. 그렇지는 않다. 같은 책에 백제의 통역이 있어야 의사소통을 할 수 있었다는 기록이 그 까닭을 알려준다. 신라의 사신이 왔지만 직접 자신들의 이야기를 하지 못하고 백제의 통역을 거쳐서 한 것이다. 이때 백제가 당연히 자신들을 높이고 신라를 낮추었음을 알 수 있다. 이를 통해 사라는 신라로 볼 수 있고, 《양서》〈신라전〉은 역사적 사실과는 무관하게 일부 백제의 과장된 말이 그대로 여과 없이 기록된 것임을 알려준다.

끝으로 지미와 마련, 상기문과 하침라 등이 열거되고 있다. 지미는 해남과 강진으로 비정되나 확실하지 않고, 마련은 대체로 광양으로 보고 있다. 상기문 역시 남원으로 보는 연구자가 많아 다수 의견이라 할 수 있으나, 하침라는 강진 혹은 제주도로 비정되는 등 논란이 있다. 그런데 상기문의 '상'에 주목한다면 하기문도 가능하다. 이에 따라 기문의 영역을 넓혀서 보기도 한다. 하지만 상기문과 하침라를 대비되는 개념으로 본다면 위의 기문과 아래의 침라로 볼 수 있다. 결국, 호남 동부 지역의 위쪽에 있는 기문과 아래쪽에 있는 침라로 해석되며, 기문과 침라로 볼 수 있다. 따라서 4국의 위치는 대체로 섬진강을 중심으로 한 호남 동부 지역과 남해안 일대로 비정되며, 제주까지 포함되었을 가능성도 있다.

사실 《양직공도》에 보이는 백제에 부용했다는 9개 소국은 521년 백제 사신이 백제의 상황을 의도적으로 과장되게 설명한 것으로 보인다. 일단 대가야인 반파 등이 백제에 부용한 것은 아니다. 물론 상대적으로 백제보다 국력이 약하기 때문에 소국으로 볼 수도 있으나 백제에 의지했다는 것은 지나친 표현이라 할 수 있다. 이는 백제와 더불어 어엿한 삼국의 한 축으로 자리 잡은 신라도 부용했다는 표현에서 분명하게 드러난다. 신라를 소국으로 기술하고 백제와의 거리가 5천 리가 된다는 《양서》〈신라전〉의 기록은 백제가 통역하면서 의도적으로 백제를 높이고 신라를 낮춘 결과일 것이다.

가야 4국에 이어 신라가 중간에 언급되고 있는 점도 의도성이 엿보인다. 사라에 이어 전남 동부 지역 4국이 열거되고 있는데, 이들 나라는 가야와는 달리 백제에 복속했거나 백제에 부용화된 나라이다. 기문이 이미 무령왕 때 백제의 영역으로 편입된 것은 앞서 살펴보았다. 이들 나라는 앞의 나라와 분명 결이 다르다. 바꾸어 말하면 이들은 백제의 영향력 아래에 있는 가야, 백제와 대등한 신라, 그리고 백제에 복속된 호남 동부 지역으로 구분된다. 따라서 《양직공도》에 보이는 주변의 소국은 실제 상황이 아닌 백제가 양나라에 과시하기 위해 열거한 나라임을 알 수 있다.

그렇다면 백제의 목적은 무엇일까. 이렇게 5천여 리에 이르는 주변의 나라를 거느린 '백제는 대국이다'라는 과시가 아니었을까! 이러한 백제의 전략은 양나라에 통했고, 무령왕이 백제가 받은 가장 높은 관작인 영동대장군을 양으로부터 받은 것도 이와 관련이 있다. 동쪽을 편안하게 했다는 의미의 영동대장군은 주변을 거느린 대국이라는 백제의 위상에 걸맞은 작호였던 것이다.

갱위강국을 만방에 선포하다

무령왕은 40세라는 불혹의 나이에 왕으로 즉위했다. 그것도 정변으로, 아니 동생의 시해라는 극적인 상황에서 추대되었다. 항상 마음에 빚을 지고 있던 무령왕은 민심의 수습을 최우선에 두었다. 그 결과 백성들이 돌아왔다. 인구 증가는 물적·인적 자원의 증대로 이어졌고 백제를 부강한 나라, 힘 있는 나라로 만들었다. 오랜 염원인 고구려를 격파할 수 있는 국력의 증대를 이룬 것이다.

어느 정도 구체적인 성과를 거두고 숨을 돌린 순간 무령왕은 불현듯 세월의 무게를 느끼기 시작했다. 예순이라는 환갑의 나이를 맞이하자, 이제는 인생을 정리할 시점에 이르렀다고 직감했던 것일까. 고심 끝에 그가 다다른 것은 대외적으로도 신라와 가야, 그리고 왜국뿐만 아니라 중국에까지 높아진 백제의 위세를 알리고 싶었다. 이를 통해 백제의 국제적 위상을 높일 수 있다고 믿었다.

갱위강국更爲强國은 말 그대로 다시 강국이 되었다는 의미다. 이러한 내용이 《양서》에 기술된 것은 어떤 연유일까. 이를 이해하려면, 바로 앞에 백제가 고구려에 격파되어 쇠약해진 지 여러 해였다는 내용을 언급하고 있다는 점을 주목해야 한다. 고구려에 격파된 것은 백제로서는 치욕이며, 냉혹한 국제질서에서 밀려난 징표였다. 실제 백제는 웅진이라는 협소한 곳에 도읍지를 정했고, 한동안 고구려의 해상권 장악에 밀려 중국과 제대로 교류하지 못했다.

그런데 무령왕은 체제를 잘 정비하여 백제를 중흥시켰고, 여세를 몰아 고구려를 수차례 격파하였으며, 전선을 한강 유역으로 확대했다. 내부적으로는 안정적인 국정 운영을 이루었지만 한편으로 이에 걸맞은 국제 사회의 대우도 필요했다. 그래서 여러 차례 고구려를 깨뜨려 비로소 우호를 맺었으며 다시 강한 나라가 되었다는 내용을 양나라에 전달하면서 백제가 고구려를 능가하는 강국이 되었으니 그에 걸맞은 대우를 해달라고 요청한 것이다.

《양직공도》에 보이는 방소국은 대국이 된 백제가 거느린 부용국으로 설명되었다. 한반도에서 고구려에 필적할 만한 대국이 되었으며, 그에 걸맞은 대우를 해달라는 백제의 요청에 양나라는 빠르게 화답했다. 양나라 황제가 동쪽을 편안하게 했다는 영동대장군이라는 작爵을 내려준 것이다. 이전 무령왕의 작은 진동대장군이었다. 동쪽을 진무했다는 뜻의 진동대장군은 무력적인 냄새가 나지만 동쪽을 편안하게 했다는 의미의 영동대장군은 자발적인 순종을 의미하는 한 단계 높은 차원의 느낌을 자아낸다. 이러한 새로운 작의 수여는 508년 외국에 대한 관작을 새로 제정한 것에서 비롯된 것이지만 영예로운 영을 내린다는 표현을 하여 작을 높여주었음을 시사한다. 이는 말할 것도 없이 백제가 거느린 방소국 전략이 주효했음을 말해준다. 무령왕 당시 고구려 안장왕은 '영동장군'이란 3품의 작을 받았다. 무령왕이 중국으로부터 고구려보다도 더 높은 작을 받은 것은 큰 의미가 있다. 무령왕은 그의 묘지석에 영동대장군이라는 작을 가장 먼저 기술할 정도로 이에 애착을 가졌다.

사마, 잠들다

한성 순무, 시작과 끝

523년 2월, 한성으로 행차한 무령왕은 한강 북쪽의 백성들을 징발해 쌍현성을 쌓게 했다. 3월에 한성에서 웅진으로 돌아왔으니 오랜 여정이었다. 그리고 5월에 운명하니 이는 무리한 일정 탓일 수도 있겠다. 혼신의 힘을 기울여 마지막 여정을 보낸 게 아닌가 생각된다.

　무령왕은 즉위하자마자 고구려의 수곡성을 공격하기 위해 한강을 넘었다. 그것은 한강 유역을 회복하려는 무령왕 정권의 정체성을 보여주는 상징성 있는 행위였다. 그런데 무령왕의 죽음을 앞둔 마지막 여정 또한 한성이었다. 시작과 끝이 일관되게 한강의 회복에 있었으니, 무엇이 그토록 무령왕을 이끌었을까? 그것은 근초고왕이 한성에서 이룩한 백제의 전성기를 회복하기 위한 염원이라고 생각된다.

혹자는 섬진강 유역으로 진출을 도모한 남방 정책에 주력했다고 비판할 수도 있다. 하지만 남방 정책은 백제가 살아남는 데 필요한 방편이었고, 이는 어디까지나 국력을 증대시켜 한강을 회복하기 위한 실리 추구였다. 마지막 한성 여정이 이를 증명한다.

마지막 고뇌, 신라와 가야

신라는 6세기 지증왕 때에 이르러 비약적인 발전을 했다. 지증왕 3년(502)에 경작을 할 때 소를 이용하는 우경의 시작과 더불어 순장을 금지하는 등 국가 체제의 정비를 서둘렀다. 법흥왕 7년(520)에 율령을 반포하고 이후 불교를 공인한 것도 지증왕 대에 이룩한 사회 체제 전반에 대한 정비가 바탕이 되었기에 가능했다는 점은 쉽게 짐작된다.

백제와 고구려가 치열하게 각축하는 사이에 신라는 내부 정비에 심혈을 기울였지만, 백제의 팽창은 무서우리만큼 빨랐다. 섬진강 유역으로 진출하여 가야를 압박하는 한편 남강을 통한 낙동강으로의 진출도 염려되는 등 신라는 좌불안석일 수밖에 없었다. 백제에게 부탁하여 양나라에 사신을 파견한 것도 백제를 따라잡으려는 방편이었지만 결과는 비참했다. 말도 통하지 않아 답답한 것은 차치하고, 신라는 백제를 치켜세우는 보조자에 불과했다. 백제는 사행을 통하여 영동대장군이라는 최고의 작을 받았지만, 신라는 성과가 하나도 없었다.

다만 발달한 양나라의 문화를 보고 더욱 분발해야겠다는 오기가 발동한 것은 장기적으로 좋은 결과를 가져왔다. 백제를 통하지 않고 직접 중국의 선진 문물과 제도를 받아들이고자 한 각오는 백제와의 연합 전선에서 이탈하여 중국과 직접 교역할 수 있는 항구인 당항성을 차지하는 밑거름이 되었다.

고구려의 남하를 막기 위해 백제와 협력하는 것은 백제 중심의 반고구려 연합 전선의 들러리에 불과하다는 사실을 깨닫고, 신라는 실리 노선을 추구하고자 했다. 즉, 고구려와 싸우고 있는 백제의 아킬레스 건을 건드려 이득을 취하고자 한 것이다. 그것은 바로 백제의 동진東進에 불안해하는 가야를 견인하여 이 지역에서의 신라의 영향력을 확대하는 방향으로 진행되었다.

| 신라, 가야와 손잡고 백제 견제 |

한편 가야는 백제의 남천南遷으로 가장 큰 피해를 본 당사자가 되었다. 한강 유역을 상실한 백제가 잃어버린 영토를 만회하기 위해 섬진강 유역으로 진출한 것이다. 문제는 백제의 진출이 섬진강 유역으로만 끝나는 것이 아니었다는 데에 있었다. 섬진강은 남강과 통하며, 남강은 다시 낙동강과 통한다. 섬진강을 통해서 가야 전 지역으로 파상적인 진출이 이루어질 수 있게 된 것이다. 동성왕의 팽창 때 이림에서 충돌이 있었고, 무령왕 때는 가야 지역으로 유망한 백제인들에 대한 쇄환刷還이 있었다.

섬진강 유역을 확보한 백제의 동진은 가야의 생존에 절대적인 위협이 되었다. 비상수단을 마련해야 하지만 가야는 힘이 없었다. 그렇다면 이를 돌파할 방안은 무엇일까? 고민 끝에 결론은 이이제이 방식이었다. 신라의 힘으로 백제를 막고자 한 것이다.

두 나라의 이해관계가 일치되자 상호 협력에 관한 후속 대책은 일사천리로 진행되었다. 두 나라가 협력하면 고구려와 대치하고 있는 백제에 충분히 대적할 여유가 있다. 북방이 불안한 백제가 함부로 동진하는 무모한 행위를 할 수 없기 때문이다. 이러한 과정을 거쳐 가야와 신라는 최종적이고 불가역적인 관계의 정립에 나섰다. 바로 두 나라 사이의 혼인이다. 혼인은 두 나라를 인척 관계로 맺어주는 최고의 협력 단계인 것이다. 이에 522년 대가야의 이뇌왕이 법흥왕에게 혼인을 요청하고, 신라에서 이찬 비조부의 누이를 시집보냄으로써 두 나라의 혼인은 성립되었다. 가야로서는 힘있는 신라를 끌어들여 백제의 동진을 막고자 한 것이고, 이를 확고히 하기 위해 혼인까지 불사한 것이다.

백제의 동진東進 저지에는 두 나라의 이해가 일치되었으나 속내는 달랐다. 가야는 신라의 도움을 받고자 했지만, 신라는 혼인을 통하여 가야에 영향력을 확대하고 낙동강 유역으로 진출하고자 한 것이다. 서로의 생각이 달랐으니 문제의 접근과 결과가 판이하리라는 것은 충분히 짐작된다.

얼마 되지 않아 신라 왕녀가 데려온 시종 1백 명이 신라의 의복을 입어 두 나라 사이에 심각한 갈등이 발생한다. 가야에 왔으면 가야의 법을 따라야 하는데, 신라의 옷을 입는 것은 명백한 도발이다. 이를 둘러싼 두 나라의 갈등이 격화되면서 결국 혼인은 파탄 났다. 서로의 격차를 줄이지 못한 일방적인 도움과 대가만 생각한 결과물이었다. 화가 난 신라는 돌아가는 길에 가야의 3성과 북쪽 국경의 5성을 함락시키면서 돌아올 수 없는 강을 건넌다.

무령왕은 521년에 갱위강국을 선언하고 그 위상을 높였지만, 이는 주변국을 자극하여 경계심을 불러일으켰다. 신라와 가야의 동맹은 이제까지 두 나라를 같은 편이라고 생각한 무령왕에게는 충격이었다. 나아가 신라가 가야를 부추겨 백제를 자극한 것처럼 고구려가 어떻게 움직일지 몹시 염려되었다. 고구려가 이 틈을 타서 남하할 수 있기 때문이었다.

무령왕이 공들인 갱위강국 선언의 이면엔 주변 나라와의 관계가 뒤틀어진 양면성을 엿볼 수 있다. 이를 고뇌한 무령왕은 죽음을 앞두고 마지막까지 한성으로 순무하여 고구려의 침입에 대비하고자 했다. 얼마나 무령왕이 노심초사하였는가를 보여주는 실례이다.

실제 고구려는 무령왕이 세상을 떠난 후 바로 백제를 침공했다. 여기서 무령왕의 예지력과 대비책을 알아볼 수 있다. 그렇지만 결국 백제는 529년 황해도 서흥으로 비정되는 오곡 벌판에서 고구려에 대패하여 한강 유역을 상실하게 된다. 부왕의 유명을 받든 성왕이 551년에 한강 유역을 회복한 것도 바로 무령왕 때 이루어진 북방 정책의 연속선상에서 이해할 수 있는 것이다.

웅진 땅에 잠들다

무령왕은 한성에 다녀온 이후 후유증으로 앓다가 523년 5월 7일에 영면했다.

사마는 무령왕의 생전 이름이다. 섬에서 태어난 아이가 섬 임금이 되었고, 백제의 임금이 되었기 때문에 붙여진 이름이었다. 그런데 무령왕이 가장 자랑스럽게 여기는 것이 있었다. 자신의 나라를 바로 백성의 나라로 만들고, 그 힘을 바탕으로 주변을 거느린 강국이 되면서 중국으로부터 받은 영동대장군이라는 작호이다. 동쪽을 편안하게 했다는 '영동寧東'이라는 말은 무령왕이 지향했던 목표이자 삶이었다. 무령왕의 묘지석 첫 구절이 바로 '영동대장군 백제 사마왕'이라는 점은 '영동대장군'이라는 작호에 대한 그의 애착을 보여주는 것이다.

묘지석은 당연히 아들인 성왕이 지었을 것이다. 성왕이 아버지 무령왕의 생전 이름인 사마에 더하여 시호를 바칠 때 가장 먼저 떠오른 것은 영동대장군이란 작호였을 것이다. 그래서 아버지에게 시호를 바칠 때 '무령'이란 이름을 지어 바쳤다. '무령'이란 '무력으로 주변을 편안하게 했다'라는 의미다. 무장의 이미지에 편안하게 했다는 '령'을 더한 것이다. 바로 무령왕의 시호는 그가 왕으로 재위했을 적 자취를 담은 이름이었음을 알 수 있다.

무령왕 – 끝나지 않은 신화

영웅담이 아닌 성찰과 실천적 삶

살아서 백제를 중흥시켰던 무령왕은 죽어서도 백제를 문화 강국으로 이끄는 등 두 번이나 백제를 강국으로 다시 일으킨 인물이다. 탄생에서 성장하는 과정, 그리고 권력을 거머쥔 과정이 드라마틱했고, 죽어서도 마치 부활을 보는 듯한 신화를 만들어냈다. 그러면 무령왕을 어떻게 평가할 수 있을까? 이는 무령왕의 삶 자체가 말해준다.

무령왕은 일본 열도의 섬에서 태어났다. 태어나자마자 아버지와 헤어져 정상적이고 평범한 가정에서 자라지 못했다. 더욱이 이역만리 다른 나라에서 힘들게 살고 있는 백제인들의 아픔을 보면서 성장했다. 중흥의 군주 무령왕은 태어날 때부터 완벽하거나 만들어진 영웅이 아니었던 것이다.

무령왕의 자취는 거의 남아 있지 않고 그나마도 뒤에 정리되었기 때문에 남아 있는 편린을 통해 유추해볼 수밖에 없다. 먼저, 인자하고 부드럽다는 인물평이 주목된다. 이런 성품으로 민심을 사로잡을 수 있었지만 잘못하면 우유부단한 결정 장애로 연결될 소지도 있었다. 실상은 어떠했을까? 백제에 입국한 섬 소년이 경쟁자들을 물리치고, 동성왕의 대안으로 떠오르기까지의 지난한 과정을 상상해보면 철저한 관리와 노력을 통한 성취였음을 알 수 있다.

　무령왕의 성장은 자신의 장점을 살리며 약점을 보완하는 노력 끝에 이루어진 것으로 보인다. 모국인 백제로 돌아온 후 서슬 퍼런 동성왕 치하에서 살아남을 수 있었던 것은 그가 처세술에 능했기 때문이라 생각된다. 오해의 여지를 없애고 위험한 상황을 만들지 않으면 생존할 수 있다. 그렇다고 그가 몸을 사리기만 한 것은 아니다. 그가 왕으로 추대될 수 있었던 것은 그만한 역량을 보였기 때문이다. 지나치지도 않고 모자라지도 않은 중용中庸의 길은 평범한 사람이 걸을 수 있는 길이 아니다. 이런 면에서 무령왕은 매우 현명한 사람이었다.

　소통 능력도 무령왕의 삶에서 주목되는 것이다. 동성왕의 몰락 과정을 지켜보면서 그와 대비되는 소통의 이미지를 부각시킨 것은 탁월한 선택이었다. 소통도 일순간에 만들어지는 것이 아니다. 사물은 보는 방향에 따라 달라진다. 다른 방향에서 보는 것도 필요하다. 사물을 다른 각도로 보는 것은 시간과 노력이 필요한 힘든 과정이기 때문에 자기 입장에서만 보기 십상이다. 무령왕은 이런 어려움에도 자신의 판단뿐만 아니라 여러 가지를 고려하여 고민하고 소통했기 때문에 민심을 얻을 수 있었다.

서산 용현리 마애여래삼존상

서산시 운산면 용현계곡에 위치한 마애불이다. 마애불이란 바위에 새겨진 불상을 말하며, 중국의 용문석굴이 잘 알려져 있다. 서산 마애삼존불의 본존불은 입상이 며, 좌우 협시불은 입상과 반가사유상 형태를 취하고 있다. 삼국의 불상 가운데 부 드러운 곡선미와 고졸古拙한 미소로 유명하며, 겁먹은 듯한 큰 눈, 불거져 나온 눈 이 선한 빛을 띠고 있다. 백제 특유의 문화를 가장 잘 보여주어 '백제의 미소'로 알려져 있다. 제작 시기는 7세기 초로 보고 있으며, 국보 제84호이다.

끝으로 결단력과 추진력이다. 무령왕은 부드러운 품성을 가졌지만 동성왕의 정변에는 과감히 참여하는 결단력도 지니고 있었다. 즉위한 후에도 마찬가지였다. 백성을 위해 제방을 쌓고 유망한 백성들을 몰아 농사를 짓게 했다. 결정이 있기까지 최대한 신중하게 여러 문제를 고려하되, 결정 후 과감하게 매진하는 추진력까지 겸비한 것이다. 이러한 면에서 무령왕이 백제를 중흥시킨 것은 우연이 아니다. 과거를 돌아보며, 현재를 직시하고, 미래를 제시하는 매 순간마다의 처절한 고민과 성찰이 있었기 때문에 가능했던 것이다.

백제의 부활은 백제 문화의 구현

무령왕릉이 발굴됨으로써 백제 문화는 부활했다. 나아가 유네스코 세계유산에 등재되는 등 보호해야 할 세계적인 문화유산으로 자리매김했다.

백제 문화가 오늘날 우리의 공감을 불러일으키는 점은 여러 가지를 들 수 있다. 그중에서 '검이불루 화이불치儉而不陋 華而不侈'라는 구절은 백제 문화의 특성을 가장 잘 보여준다. 이 말은 백제의 시조 온조왕이 궁실을 지을 때 삼은 신조이다. 온조왕 때는 역사적 사실과 반하는 기사가 제법 등장한다. 근초고왕 때 있었던 마한 정벌을 의도적으로 온조왕 때라 함으로써 백제와 마한의 일체화가 시조 때부터 이루어진 것이라 강조하려는 의도성이 엿보인다. '검이불루 화이불치'도 문장이 대구가 되는 변려문이기 때문에 후대에 작성되었을 가능성이 크다. 온조

백제금동대향로

향로는 향을 피우는 용기로 중국의 박산博山향로 계통이다.
백제금동대향로는 능산리사지에서 발굴된 유물로 높이가 61.8센티미터,
무게 11.85킬로그램에 달한다. 크게 받침과 몸통, 뚜껑으로 나뉜다.
받침에는 기가 충만한 용이 발톱을 곧추 세워 몸통을 받치고 있다.
몸통은 연꽃이 새겨져 있으며, 불국토를 지향한 백제의 모습을 형상화한 것이다.
마치 용이 지하에서 백제의 땅을 떠받쳐 수호하는 인상을 준다.
뚜껑은 신선들이 사는 천상 세계를 형상화한 것이며, 꼭대기에 여의주를 물고
있는 봉황이 날 채비를 하고 있어 비상하려는 백제의 염원을 담고 있는 작품이다.

왕 때 이 구절을 전진 배치한 의도는 이것이 백제의 전 시대를 관통하는 백제 문화에 대한 시각, 곧 백제의 시대 정신이기 때문이다.

내용을 구체적으로 살펴보면 '검소하되 누추하지 않고 화려하되 사치스럽지 않다'는 말은 서로 대구가 된다. 검소를 강조하였으나 누추하지는 않아야 된다는 점을 이야기하고 있다. 이는 백제 문화가 소박함을 지향했음을 보여준다. 실제 백제의 미소라고 불리는 서산 마애삼존불의 본존불은 동네 아저씨 같은 친근한 인상이다. 눈에 띌 정도로 두드러지지는 않지만 보면 볼수록 감칠맛이 나는 깊은 장맛의 느낌이 든다. 은은한 회백색 계통이 많은 토기도 소박함을 강조한 백제 문화를 잘 보여준다.

화려하되 사치스럽지 않다는 뒷 구절은 앞 구절과 통한다. 즉 검소와 화려는 서로 대구가 된다. 그러나 화려를 뒤로 배치하여 검소를 강조했음을 보여준다. 화려에도 사치스럽지 않다는 단서를 달고 있다. 백제에서 영향을 받은 신라와 일본이 화려하고 사치스러운 문화를 꽃피운 것과는 완전히 다르다. 그렇다면 백제에는 화려하고 사치스러운 문화가 없었을까? 아니다. 백제금동대향로에 나타난 백제의 금속공예 기술은 마치 안견의 〈몽유도원도〉를 보듯이 무릉도원에 와 있는 착각이 들 정도로 탁월하다. 그러나 이는 예외적으로 백제의 이상과 철학이 담겨 있는 특수한 용기를 제작했기 때문이다. 이렇게 화려한 기술이 있으면서도 사치스럽지 않게 하려는 것은 절제된 화려로 소박함을 강조하는 백제 문화의 특징을 가장 잘 보여주는 것이다.

소박함을 강조한 백제 문화는 남을 배려하는 문화를 지향했다. 남을 배려하는 문화는 바로 이 시대에도 필요한 정신이 아니겠는가? 백제 문화와 정신을 제고하여 지금 이 시대에 구현시킬 필요성이 제기되는 대목이다.

| 동북아 역사 문화 전쟁의 대안 |

한국과 중국, 일본은 고대 문화를 공유할 정도로 동질감을 가졌다. 서양인에게 세 나라 사람이 비슷비슷하다고 인식되는 것도 이 때문이다. 그런데 오늘날의 상황은 어떠한가? 세 나라는 총성 없는 역사 문화 전쟁을 치르고 있다.

우리나라는 중국과 삼국의 한 축이었던 고구려가 중국의 역사라는 동북공정으로 한바탕 홍역을 치렀다. 일본과는 고대에 일본이 임나 지역을 지배했다는 임나일본부 등 일본의 역사 왜곡으로 감정의 골이 깊어지고 있다.

세 나라의 문화 전쟁은 사실 영토 분쟁과 밀접하게 관련이 있다. 고구려가 중국의 땅이라는 관점 속에는 북한이 과거부터 중국의 영토였다는 치밀한 전략적 계산이 깔려 있다. 중국의 이어도 영유권 주장, 일본의 독도 영유권 주장은 힘이 지배하는 냉혹한 국제질서의 단면을 보여주며, 약소국의 설움을 실감나게 한다. 그렇다고 이들과 강 대 강, 힘 대 힘의 대결을 벌인다는 건 무모한 행위이다. 서로가 이해할 수 있는 접점을 찾아 공감대와 신뢰를 회복하는 것이 우선이다.

역사 문화 전쟁의 대안은 역시 과거에서 찾아야 한다. 현재는 이해관계가 첨예하기 때문이다. 이 경우 가장 주목되는 것이 바로 백제이다. 백제는 중국과 일본, 한반도를 잇는 가교 역할을 했다. 백제처럼 중국, 일본과 우호적인 교류 관계를 수립한 나라가 없다. 백제의 국제성과 개방성은 오늘날 한국 사회가 지향하고 있는 목표와도 일치한다. 이런 점에서 백제의 역사와 문화는 과거의 것이 아니라 미래 지향적인 것이 될 수 있다. 한·중·일 세 나라의 진정한 동반자적 관계의 수립은 진정성이 우선이고, 그러한 면에서 백제가 지향한 가치와 문화를 모델로 심화시켜 나간다면 바람직한 방향이 되지 않을까 기대된다.

참고문헌

1. 저서

| 국내 |

公州大學校 百濟文化研究所, 1991,《武寧王陵》.
공주대박물관·충청남도 공주시, 1995,《공주의 역사와 문화》.
공주시, 2012,《무령왕릉》.
국립공주박물관, 2011,《百濟의 冠》.
_____, 2011,《무령왕릉을 격물하다》.
_____, 2012,《사진으로 보는 武寧王陵 발굴》.
국립중앙박물관, 1999,《백제》특별전.
김태식, 2016,《직설 무령왕릉》, 메디치미디어.
盧重國, 1988,《百濟政治史研究》, 一潮閣.
文化公報部 文化財管理局, 1973,《武寧王陵 發掘調査報告書》.
朴天秀, 2012,《일본 속 고대 한국문화》, 동북아역사재단.
양기석·노중국 등, 2016,《한류 열풍의 진앙지 일본 가와치 河內》, 주류성.

연민수, 1998, 《고대한일관계사》, 혜안.

俞元載, 1997, 《熊津百濟史研究》, 주류성.

李基東, 1996, 《百濟史研究》, 一潮閣.

이남석, 2010, 《송산리 고분군》, 공주시·공주대학교박물관.

조유전, 2005, 《백제고분 발굴 이야기》, 주류성.

忠淸南道·公州大 百濟文化研究所, 1991, 《百濟武寧王陵》.

충청남도·충청남도역사문화연구원, 2017, 《일본 속의 百濟》-긴키 지역-.

충청남도·충청남도역사문화연구원, 2018, 《일본 속의 百濟》-규슈 지역-.

| 국외 |

文脇禎二, 1987, 《飛鳥-その古代史と風土》 NHKブックス 305, 日本放送出版協會.

山田信夫, 1989, 《北アジア遊牧民族史研究》, 東京大學出版會.

井上秀雄, 1972, 《古代朝鮮》 NHK ブックス 172, 日本放送出版協會.

坂元義種, 1978, 《百濟史の研究》, 塙書房.

2. 논문

| 국내 |

姜鍾元, 1998, 《4世紀 百濟 政治史 研究》, 忠南大學校 博士學位論文.

金起燮, 1997, 《百濟 漢城時代 統治體制 研究》, 韓國精神文化研究院 博士學位論文.

김기섭, 2005, 〈5세기 무렵 백제 도왜인의 활동과 문화〉, 《왜 5왕 문제와 한일관계》, 경
    인문화사.

金壽泰, 1998, 〈百濟 蓋鹵王代의 對高句麗戰〉, 《百濟史上의 戰爭》, 忠南大學校 百濟研
    究所.

김영관, 2012, 〈中國 發見 百濟 遺民 祢氏 家族 墓誌銘 檢討〉, 《新羅史學報》 24.

_____, 2012, 〈百濟 遺民들의 唐 移住와 活動〉, 《한국사연구》 158.

金英心, 1990, 〈5~6世紀 百濟의 地方統治體制〉, 《韓國史論》 22, 서울대학교 국사학과.

_____, 1997,《百濟 地方統治體制 研究》, 서울대학교 박사학위론문.

金恩淑, 1990,《〈日本書紀〉의 百濟關係記事의 기초적 檢討〉,《百濟研究》21.

金澤均, 1992,〈武寧王과 繼體天皇의 出自〉,《江原史學》8, 강원대학교 史學會.

金鉉球, 1993,《任那日本府研究》, 一潮閣.

南亨宗, 1993,〈百濟 東城王代 支配勢力의 動向과 王權의 安定〉,《北岳史論》3, 국민대학교 국사학과.

盧重國, 1978,〈百濟王室의 南遷과 支配勢力의 變遷〉,《韓國史論》4, 서울대학교 국사학과.

_____, 1981,〈高句麗·百濟·新羅 사이의 力關係變化에 대한 一考察〉,《東方學志》28.

_____, 1991,〈百濟 武寧王代의 執權力 强化와 經濟基盤의 擴大〉,《百濟文化》21.

盧泰敦, 1984,〈5~6世紀 東아시아의 國際政勢와 高句麗의 對外關係〉,《東方學志》44, 연세대학교 국학연구원.

林永珍, 1994,〈光州 月桂洞의 長鼓墳 2基〉,《韓國考古學報》31.

文暻鉉, 2000,〈百濟 武寧王의 出自에 대하여〉,《史學研究》60, 韓國史學會.

朴淳發, 1998,〈4~6世紀 榮山江流域의 動向〉,《百濟史上의 戰爭》, 충남대학교 백제연구소.

박재용, 2014,〈6세기 고대일본 백제계 渡倭人과 불교〉,《百濟文化》50.

徐永大, 1995,〈高句麗 平壤遷都의 動機〉,《高句麗 南進 經營史의 研究》, 白山資料院.

梁起錫, 1980,〈熊津時代의 百濟支配層 研究〉,《史學志》14.

_____, 1982,〈百濟 腆支王代의 政治的 變革〉,《湖西史學》10.

_____, 1984,〈5世紀 百濟의 王·侯·太守制에 대하여〉,《史學研究》38.

_____, 1990,《百濟 專制王權 成立過程 研究》, 檀國大學校 博士學位論文.

_____, 1994,〈5~6世紀 前半 新羅와 百濟의 關係〉,《新羅의 對外關係史研究》新羅文化祭 學術發表會 論文集 15, 新羅文化宣揚會.

연민수, 1997,〈백제의 대외외교와 왕족〉,《百濟研究》27.

俞元載, 1996,〈百濟 加林城 研究〉,《百濟論叢》5, 百濟文化開發研究院.

_____, 1997,〈百濟 熊津時代의 地方統治와 貴族勢力〉,《百濟文化》26.

윤용혁, 2003,〈무령왕 출생전승에 대한 논의〉,《百濟文化》32, 공주대학교 백제문화연구소.

_____, 2014,〈백제의 對倭 항로와 가카라시마(加唐島)〉,《百濟文化》51.

李根雨, 1994,《《日本書紀》에 引用된 百濟三書에 관한 研究》, 한국정신문화연구원 博士학위론문.

李基東, 1994, 〈中國史書에 보이는 百濟王 牟都에 대하여〉, 《歷史學報》 62.

李基白, 1959, 〈百濟王位繼承考〉, 《歷史學報》 11.

_____, 1973, 〈百濟史上의 武寧王〉, 《武寧王陵》.

_____, 1982, 〈熊津時代 百濟의 貴族勢力〉, 《百濟研究》 特輯號.

李南奭, 1997, 〈熊津地域 百濟遺蹟의 存在意味〉, 《百濟文化》 26.

李道學, 1984, 〈漢城末 熊津時代 百濟王系의 檢討〉, 《韓國史研究》 45.

_____, 1985, 〈漢城末 熊津時代 百濟王位繼承과 王權의 性格〉, 《韓國史研究》 50·51합.

_____, 1995, 〈百濟文化의 日本傳播〉, 《百濟의 歷史》, 충청남도·공주대.

李在碩, 2001, 〈5세기말 昆支의 渡倭 시점과 동기에 대한 재검토〉, 《百濟文化》 30.

李鍾旭, 1978, 〈百濟의 佐平〉, 《震檀學報》 45.

李進熙, 1982, 〈古代朝日關係史 研究와 武寧王陵〉, 《百濟研究》 특집호.

丁仲煥, 1972, 〈日本書紀에 引用된 百濟三書에 대하여〉, 《亞細亞學報》 10, 亞細亞學術研究會.

鄭載潤, 1992, 〈熊津·泗沘時代 百濟의 地方統治體制〉, 《韓國上古史學報》 10.

_____, 1997, 〈東城王 23年 政變과 武寧王의 執權〉, 《韓國史研究》 99·100合.

_____, 1999, 《熊津時代 百濟 政治史의 展開와 그 特性》, 서강대학교 박사학위논문.

정재윤, 2000, 〈동성왕의 즉위와 정국 운영〉, 《한국고대사연구》 20.

_____, 2000, 〈문주·삼근왕대 해씨 세력의 동향과 곤지계의 등장〉, 《사학연구》 60, 한국사학회.

_____, 2007, 〈熊津時代 百濟와 倭의 關係에 대한 豫備的 考察-《日本書紀》를 중심으로-〉, 《百濟文化》 37.

_____, 2008, 〈백제의 섬진강 유역 진출에 대한 고찰〉, 《백제와 섬진강》, 서경문화사.

_____, 2008, 〈백제 왕족의 왜 파견과 그 성격-곤지를 중심으로-〉, 《百濟研究》 47.

_____, 2009, 〈5~6세기 백제의 남조 중심 외교정책과 그 의미〉, 《百濟文化》 41.

_____, 2010, 〈영산강유역 전방후원형분의 축조와 그 주체〉, 《역사와 담론》 56, 호서사학회.

_____, 2012, 〈4~5세기 백제와 고구려의 관계〉, 《고구려발해연구》 44.

_____, 2013, 〈東城王代 倭系 세력의 동향〉, 《歷史學研究》 49, 湖南史學會.

_____, 2015, 〈5세기 백제계 渡倭人-곤지계를 중심으로〉, 《한국사 속의 백제와 왜》 백제학연구총서 쟁점백제사 6, 한성백제박물관.

_____, 2021, 〈백제의 섬진강유역 진출〉, 《백제는 언제 섬진강유역으로 진출하였나》 백제학연구총서 쟁점백제사 18, 한성백제박물관.

朱甫敦, 1999, 〈百濟의 榮山江流域 支配方式과 前方後圓墳 被葬者의 性格〉, 《韓國의 前方後圓墳》, 忠南大學校 百濟研究所.

최종택, 1995, 〈漢江流域 高句麗土器 研究〉, 《韓國考古學報》 33.

洪思俊, 1981, 〈梁代職貢圖에 나타난 百濟國使의 肖像에 대하여〉, 《百濟研究》 12.

洪性和, 2011, 〈熊津時代 百濟의 王位繼承과 對倭關係〉, 《百濟文化》 45.

| 국외 |

吉川正司, 1981, 〈5世紀後半百濟王權と倭〉, 《立命館文學》 433·434.

東湖, 1995, 〈榮山江流域と慕韓〉, 《展望考古學》, 考古學研究會.

森浩一, 1982, 〈日本内의 渡來系集團과 그 古墳〉, 《百濟研究》 특집호.

木下禮仁, 1961, 〈日本書紀いみえる百濟史料の史料價値について〉, 《朝鮮學報》 21·22合.

武田幸男, 1980, 〈6世紀における朝鮮三國の國家體制〉, 《東アジア世界における日本古代史講座》 4, 學生社.

飯沼二郎, 1973, 〈五世紀にをける農業革命〉, 《日本のなかの朝鮮文化》 20.

山尾幸久, 1978, 〈百濟三書と日本書紀〉, 《朝鮮史研究會論文集》 15.

_____, 1989, 〈河内飛鳥と渡來氏族〉, 《古代お考える河内飛鳥》, 吉川弘文館.

水野正好, 1989, 〈河内飛鳥と漢韓人の墳墓〉, 《古代を考える河内飛鳥》, 吉川弘文館.

小山田宏一, 2001, 〈古代河内の開發と渡來人〉, 《古代の河内と百濟》 枚方歷史フォーラム.

小田富士雄, 1997, 〈韓國의 前方後圓形墳〉, 《福岡大學人文論叢》 28-4, 福岡大學教.

安村俊史, 2014, 〈機内初期橫穴式石室にみる百濟の影響〉, 《百濟文化》 50.

笠井敏光, 2014, 〈昆支王と飛鳥千塚古墳群〉, 《百濟文化》 50.

笠井倭人, 1981, 〈日本文獻に見える初期百濟史料〉, 《東アジア世界における日本古代史講座》 3, 學生社.

田中俊明, 1997, 〈熊津時代 百濟의 領域再編과 王·侯制〉, 《百濟의 中央과 地方》.

井上秀雄, 1982, 〈百濟貴族에 대하여〉, 《百濟研究》 特輯號.

土生田純之, 1999, 〈韓日 前方後圓墳 比較檢討〉, 《韓國의 前方後圓墳》, 忠南大學校 百濟研究所.

坂元義種, 1968, 〈5世紀の百濟大王とその王侯〉, 《朝鮮史研究會論文集》 4.

찾아보기

무령왕, 신화에서 역사로

2021년 10월 2일 초판 1쇄 인쇄
2021년 10월 9일 초판 1쇄 발행

글쓴이	정재윤
펴낸이	박혜숙
디자인	이보용 하민우
펴낸곳	도서출판 푸른역사

　　우) 03044 서울시 종로구 자하문로8길 13

　　전화: 02)720-8921(편집부) 02)720-8920(영업부)

　　팩스: 02)720-9887

　　전자우편: 2013history@naver.com

　　등록: 1997년 2월 14일 제13-483호

ⓒ 정재윤, 2021

ISBN 979-11-5612-203-6 03900